中國史學基本典籍叢刊

宋史全文

四

汪聖鐸 點校

中華書局

宋史全文卷十六上

宋高宗一

丁未建炎元年（即靖康二年）上道君皇帝之第九子也。母曰賢妃韋氏，以大觀元年五月乙巳夜生於宫中，紅光照室。宣和三年十二月壬子，進封康王。上博涉經史，道君問以古事及應詔制述，率常稱旨。嘗侍道君習射於鄆王府，上挽弓至一石五斗。宣和末，金虜入寇〔一〕，淵聖受禪，虜騎抵城下〔二〕，遣使請和，欲得親王、宰相爲質。上毅然請行。遂命少宰張邦昌副上使於虜寨。時列兵四遶，上意閒暇如平日。會都統姚平仲以所部兵劫寨，虜以用兵責使者，邦昌懼而泣，上止之曰：「爲國家何愛身耶。」虜由是憚之，不欲上留，更請肅王。靖康元年閏十一月，上在相州，與幕府從容語曰：「夜來夢皇帝脱所御袍賜吾，吾解舊衣而服所賜，此何祥也？」頃之，京師使人秦仔齎蠟詔命上爲兵馬大元帥，上捧詔嗚咽。

二年（即建炎元年）三月丁酉，虜人以張邦昌僭位〔三〕。

夏四月庚申朔，虜退〔四〕。癸亥，邦昌册元祐孟皇后爲宋太后，御延福宫。探事人張宗得金虜僞詔及邦昌僞赦並迎立太后書〔五〕，上揮涕大慟，期身先士卒，追二聖於河北。諸將固諫乃止。戊辰，邦昌尊太后爲元祐太后，入居禁中，恭請垂簾聽政，以俟復辟。庚午，元祐皇后御内東門小殿垂簾聽政，邦昌以太宰退處資善堂。壬申，副元帥宗澤聞京城反正，爲書貽上言：「今日國之存亡，在大王行之得其道與不得其道耳。所謂道者其説有五：一曰近剛正而遠柔邪，二曰納諫諍而去諂諛〔六〕，三曰尚恭儉而抑驕奢，四曰體憂勤而忘逸樂，五曰進公實而退私僞。」澤謂所親曰：「怨結王之左右矣，不恤也。」癸酉，張邦昌率百官上表勸進。太常少卿兼權起居舍人汪藻爲表文曰：「二帝出郊，既蒙塵而未返。九祧乏祀，將攝裸以爲名。使生靈相顧以無歸，雖溝瀆自經而奚益。輒慕周勃安劉之計，庶幾程嬰存趙之心。」上不許。甲戌，元祐皇后告天下手書曰：「緬惟藝祖之開基，實自皇穹之眷命〔七〕。歷年二百，人不知兵，傳序九君，世無失德。雖舉族有北轅之釁，而敷天同左袒之心。乃眷賢王越居舊服〔八〕，已徇群臣之請，俾膺神器之歸，繇康邸之舊。藩嗣宋朝之大統，漢家之厄十世，宜光武之中興。獻公之子九人，惟重耳之尚在。兹爲天意，夫豈人謀。尚期中外之協心，同定安危之至計。」先是，吕好問言：「今日布告之書，當令明白易曉，不必須詞臣。」遂命汪藻草書看詳行下。

乙亥，金人陷陝州，知州事种廣死之，監酒務劉逵戰死，都監朱弁、監甘棠驛孫旦悉遇害。丙子，范瓊爲龍神衛四廂都指揮使，録京城彈壓之功也。戊寅，直龍圖閣朱勝非至濟州。勝非，邦昌友壻也，械繫邦昌使者，以兵來衛。宣總司前軍統制韓世忠，膚施人，少年善鬭，嘗犯法當死，簽書彰武軍節度判官公事陳豫惜其勇，白經略使釋之。始隸延安兵籍，已而爲王師部曲，從討諸盜，屢有戰功。至是以其軍赴京師〔九〕，遂衛上如南京。庚辰，上發濟州，命張焕、孔彦威、劉浩、丁順等，悉以其軍從鄜延路馬步軍副總管劉光世，引所部兵來會。上以光世爲五軍都提舉。癸未，上至南京。乙酉，張邦昌見上，伏地慟哭請死。上以客禮見，且慰撫之。忠州防禦使屈堅爲金人所殺。上皇過河十餘日，謂管幹龍德宫曹勛曰：「我夢四日並出，此中原争立之象。不知中原之民尚肯推戴康王否？」翌日，出御衣三襯，自書領中曰：「可便即真，來救父母。」又諭勛曰：「如見康王，第奏有清中原之策，悉舉行之，毋以我爲念。」又言藝祖有誓約，藏之太廟：「誓不殺大臣及言事官，違者不祥。」

五月庚寅朔，上即皇帝位於南京。改元建炎，大赦天下。應中外有文武才略出倫，或淹布衣，或沉下僚，禁從監司郡守廣行搜訪。應誤國害民之人見流竄者，更不收叙。應民户借貸常平錢穀，並與除放，常平散斂青苗錢穀，亦令住罷。祖宗以來上供皆有常數，後因奏請增加，當裁損以紓民力。州縣受納稅賦，務加概量，以規出剩，可並行禁止。應臨難死節，出使軍前及沒於王事，優與褒賞。應於民間疾苦，並許中外臣庶詳具利害陳述。

龜鑑曰：群陰翳，大明出。群籟喧，大聲發。天下事激之則起，不激則靡。天之開聖人蓋如是也。且我高宗之生，紅光薦瑞。蓋大觀之元年也。是年金人欲背遼國，已三歲矣。以夷事夷，然猶背之，豈能終事我哉。戎心之不臧，天實知之。於是亟生吾聖人以平之。我高宗之封，靖康著符，蓋宣和之三年也。是時金人倚我爲助，又五歲矣。以燕伐燕，虐尤甚焉，安知其不加諸我哉。國事之失圖，天實念之，於是大任吾聖人以定之。迨其末年，四郊多壘，虜於我乎請命〔一〇〕，我以單車臨之，而見者奪氣。靖康改元，不虞荐至，虜於我俟命〔一一〕，我又以一身當之，而聞者縮頸。至相而百姓遮道，次濟而父老迎謁，人心歸矣。渡子河而河冰合，至磁州而神馬迎，天心眷矣。開府之初，宗澤自磁至，王麟自潞至，梁揚祖自信德府至，張俊、楊沂中皆已在麾下。即位之日，劉光世自鄜延至，路允迪、范宗尹自京師至，則天下豪傑之心歸矣。而況賜袍之夢已應，賜帶之言已驗。勸進之書雖上，而東鄉西鄉且謙遜而不受。惟三月丙寅，張邦昌以稱臣之意至。越翼日，丁卯，謝克家以受命之寶至。四方民大和會，侯甸群后咸任〔一二〕，然必俟道君便可即真之札，然後不得已而就南京，踐天子位焉。此與肅宗即位靈武之事異矣。

黃潛善爲中書侍郎，汪伯彥同知樞密院事。元祐皇后在東京，是日撤簾。辛卯，尊靖康皇帝爲孝慈淵聖皇帝〔三〕，元祐皇后爲元祐太后。詔宣仁聖烈皇后保祐哲宗，有安社稷大功，姦臣懷私誣蔑聖德，著在史册，可令國史院差官摭實刊修，播告天下。

龜鑑曰：罷青苗錢，捐常平穀，裁損上供歲增之數，禁止州縣納租概量賦斂違法之弊〔四〕，是所以回建隆至仁之脉。而曩時誤國害民如京、貫、黼、勔等子孫更不復叙，又所以懲崇、觀不仁之轍。詔改宣仁謗史，追貶確、卞、邢恕，此張敬夫所謂此撥亂反正之閎綱，古今人心之天理也。是以天下之人心，皆翕然欣戴於已成，中興之業而垂諸無窮也。

壬辰，張邦昌封同安郡王，五日一赴都堂參决大事。范訥爲京城留守。癸巳，立嘉國夫人邢氏爲皇后，門下侍郎耿南仲提舉杭州洞霄宫。上薄南仲之爲人，因其告老，遂有是命。甲午，資政殿學士李綱爲尚書右僕射兼中書侍郎，趣赴闕。先是，黄潛善、汪伯彦自謂有攀附之勞，虚相位以自擬，上恐其不厭人望，乃外用綱，二人不平，繇此與綱忤。傅亮通判滑州。亮爲人勁直，不能屈折，上疏曰：「陛下能歸東都，則臣能守滑。陛下未歸，則臣不能守也。」執政摘其語以爲悖傲不遜，降通判河陽。權應天府朱勝非召試中書舍人。乙未，宋齊愈試起居郎。齊愈自京城走行在，自言以病在告，不與僞楚事，故擢用之。王時雍提舉成都府玉局觀。自是受僞命者稍稍引退矣。詔自今天文休咎並令太史局依經奏聞，如或隱蔽，當從軍法。李綱行至太平州，聞上登極，上疏論時事，大略謂：「和不可信，守未易圖，而戰不可必勝，此三者臣慮之至熟，非望清光於咫尺之間，未易殫言。」又言：「恭儉者，人主之常德，英哲者，人主之全才〔一五〕。繼體守文之君，則恭儉足以優於天下。至於興衰撥亂之主，則非英哲不足以當之。惟其英故用心剛，足以斷大事，而不爲小故之所搖。惟其哲，故見善明足以任君子，而不爲小人之所間。在昔人君體此道者，惟漢之高、光，唐之太宗，本朝之藝祖、太宗，願陛下以爲法。」丙申，尚書右丞呂好問兼門下侍郎。簽書樞密院事曹輔薨。始，輔至南都，首陳五事：一曰分屯要害以整兵伍，二曰疆理新都以便公私，三曰甄收人才駕馭用之，四曰經理盜賊恩威並行，五曰裂近邊之地爲數節鎮以謹防秋。上嘉納。丁酉，中書侍郎黃潛善兼御營使，同知樞密院事汪伯彥兼御營副使。自國初以來，殿前、侍衛馬步司三衙禁旅合十餘萬人，靖康末，衛士僅三萬人，及城破，所存無幾。至是，殿前司以殿班指揮使左言權領〔一六〕，而侍衛二司猶在東京。禁衛寡弱，諸將楊惟忠、王淵、韓世忠以河北兵，劉光世以陝西兵，張俊、苗傅等以帥府及降盜兵，皆在行朝，不相統一，於是始置御營司以總齊軍中之政令。因其所部爲五軍，以真定府路馬步軍副總管王淵爲使司都統制，諸將韓世忠、張俊、苗傅等並爲統制官。又命鄜延路馬步軍副總管劉光世提舉使司一行事務。中書舍人朱勝非兼權直學士院。時庶事草創，書詔填委，而院無几案，勝非常憑敗鼓草詔，然辭氣嚴重如平時。戊戌，詔故尚書吏部侍郎李若水忘身徇國，知死不懼，可特贈觀文殿學士，賜其家銀、帛五百匹兩，官子孫五人。修職郎王倫假刑部侍郎，充大金通問使。黄潛善、汪伯彦共議改傅雱爲祈請使。時潛善等復主議和，因用靖康誓書，畫河爲界。己亥，手詔天下曰：「朕將謹視舊章，不以手筆廢朝令，不以内侍典兵權，容受直言，斥去浮靡，非軍功無異賞，非戎備無僝工。若群臣狃於故習，導諛諱過，大臣蔽賢，所舉非實，臺諫糾慝，有言非公，凡此之屬，必罰無赦。」李綱誅軍賊周德於江寧。德既作亂，會經制司屬官鮑貽遜統勤王兵至城下，江淮發運判官方孟卿檄貽遜進兵逼城，德乃受招，而擐甲乘城殺掠如故。綱至太平州，遣使諭以勤王，德始受綱節制，然猶桀驁，不以時登舟，欲乘間遁去。綱次江寧，遂與江南東路權安撫司事李彌遜謀大犒群賊，於轉運司執德與其徒聶旺，皆磔於市。又誅亂黨四十四人。庚子，詔以靖康大臣主和誤國，特進李邦彦責授建寧軍節度副使，安置潯州，責授崇信軍節度副使涪州安置吴敏移柳州，責授秘書少監亳州居住蔡懋移英州。遂責提舉南京鴻慶宫李棁於惠州，提舉亳州明道宫宇文虚中韶州，提舉亳州明道宫鄭望之連州，提舉杭州洞霄宫李鄴賀州，並安置。邦彦、敏靖康初共政，棁、文中、望之、鄴皆使虜請割地者，故責之。辛丑，詔張邦昌可依文彦博例，一月兩赴都堂。先是，御史中丞顔岐言：「邦昌金人所喜，雖已爲三公、宜加同平章事增重其禮。李綱金人所不喜，雖已命相，宜及其未至罷之。」會邦昌累章求退，故有是命。岐又請罷綱，章五上，上曰：「如朕之立，恐亦非金人所喜。」岐乃退。

壬寅，江淮等路發運使梁揚祖提領措置東南茶鹽公事，尚書工部員外郎楊淵同提領，置司真州。時東北道梗鹽筴不通，揚祖言：「真州，東南水陸要衝，宜遣官置司，給賣鈔引〔一七〕。所有茶鹽錢並充朝廷封樁，諸司毋得移用。」朝廷以爲然，故有是命。試開封尹徐秉哲提舉江州太平觀。延康殿學士趙子崧言：「臣聞京城士人籍籍，謂王時雍、徐秉哲、吴幵〔一八〕、莫儔、范瓊、胡思、王紹、王及之、顔博文、余大均皆左右賣國，伏望將此十人付獄鞫治，明正典刑，以爲萬世臣子之戒。」癸卯，太常寺主簿張浚充樞院編修官。乙巳，簽書樞密院事張叔夜薨。叔夜既北遷，道中惟時飲湯，義不食其粟。至白溝，御者曰：「過界河矣。」乃仰天大呼，翌日，扼吭死。時上聞叔夜與御史中丞秦檜之忠，遥拜叔夜觀文殿學士、醴泉觀使。檜落致仕，充資政殿學士、提舉醴泉觀。而何㮚、孫傅輩以誤國故不得録。㮚至虜中〔一九〕，不食死。傅北遷後不知所終。丙午，追貶蔡確、蔡卞、邢恕，坐誣謗宣仁后，且自言有定策功也。金人陷河中府，權府事郝仲連死之。

大事記曰：吾觀元年虜之入寇三道也，不惟監司帥守，如西京之孫昭遠、同州之鄭驤、濰州之韓浩〔二〇〕、潁昌府之孫默〔二一〕、秦州之李積、淮寧府之向子韶〔二二〕、相州之趙不試、大名府之郭永、濮州之楊粹中、開德府之王棣〔二三〕、晉寧軍之徐徽言、長安之唐重楊宗閔桑景詢曾謂郭忠孝〔二四〕，皆死於義。雖以通判如郝仲連、郭伯振〔二五〕，縣官如陸有常、張侃、丁興宗、郭贇，一將一校如李政〔二六〕、杜績、趙叔皎、楊彭年亦死於義，降者惟劉豫、傅亮等三人耳。彼之所以固守者，以朝廷必不棄而必有援兵也〔二七〕。而元年即位之赦，刑部指揮已不賸報於河之東北、陜之蒲解，是明棄三路矣。使忠臣義士守孤城以待盡，惜哉。

丁未，曹勛自燕山遁歸。宣仁皇后令勛奏，上以再使軍前時，有宮人見四金甲神人持弓劍衛上。庚戌，徽猷閣待制宗澤知襄陽府。時黄潛善等不欲澤居中，故有是命。乙卯，監察御史張所按視陵寢還，上疏言：「恭聞行在留南京，軍民俱怨，道路籍籍，不知誰爲此謀者。今亟還京城，誠有五利：奉宗廟保陵寢，一也；慰安人心，二也；繫四海之望，三也；釋河北割地之疑，四也；早有定處，而一意於邊防，五也；一舉五利而陛下不爲不知。誰爲此謀者，臣知其必無長策，曾不過緩急之際意在南渡，殊不知國家之安危在乎兵之强弱、將相之賢不肖，而不在乎都之遷與不遷也。誠使兵弱而將相不肖，雖云渡江而南，安能自保。大河不足恃，則大江不足恃亦明矣。」又條上兩河利害。上欲以其事付所，會所復言黄潛善兄弟姦邪不可用，恐害新政。潛善引去，上諭旨留之，乃罷所言職，尋責鳳州團練副使、江州安置。戊午，太常少卿周望充大金通問使，武功大夫趙哲副之。初遣傅雱使虜，未行，朝論欲更遣重臣以取信，乃更命望。是月，皇叔光化軍節度使士㒟知南外宗正事。士㒟首論大臣誤國，故黃潛善斥之。

六月己未朔，新除尚書右僕射李綱至行在。先是，右諫議大夫范宗尹故主議和，乃言：「綱名浮於實，而有震主之威，不可以相。」章三上，不報。詔中使王嗣昌趣綱入覲。綱至姑熟，中丞顏岐遣人持劾副以遺綱。上聞綱且至，命徽猷閣學士董耘往勞，又命執政燕綱於金果園。綱力辭，上趣召入見於内殿。綱涕泣，上亦感動。綱辭新命，且言：「臣愚憃，但知有趙氏，不知有金人，固宜爲其所惡。然岐之論臣，謂材不足以任宰相則可，謂爲金人所惡則不當爲相，則不可。且爲趙氏之臣而金人喜之，而反可以爲相，則自古賣國以與人者皆爲忠臣矣。外廷之論如此，臣豈敢當此任。願乞身以歸田里。至於陛下命相於金人所喜、所惡之間，更望曲留聖慮。」上曰：「朕知卿忠義智略甚久。在靖康時，嘗欲言於淵聖，使夷狄畏服，四方安寧，非相卿不可。今朕此志已定，卿其勿辭。」綱頓首謝。新知襄陽府宗澤自衛南分兵屯河上，以數百騎赴南都。是日，入對。澤首上三事：其一論人主不可以喜怒爲賞罰。其二論人主職在任相，願於稠人廣衆中，不以親疏，不以遠近，虚心謹擇，參以國人左右之言，爰立作相，而毋使小人參之。其三論諫官人主耳目，臣下有懷奸藏慝嫉賢蔽善者，當使耳目之官瀝心彈糾，毋有所隱，以絶後艱。上納其言，將留澤，而黄潛善、汪伯彦惡之，乃令之襄陽。庚申，詔李綱立新班奏事。執政退，綱留身，上十議：其一曰議國是。大略謂：今日之事，欲戰則不足，欲和則不可，竊恐國論猶以和議爲然。蓋以二聖播遷，非和則所以速二聖之禍。臣竊以爲不然。漢高祖與項羽戰於滎陽，太公爲羽所得，置之俎上者屢矣。高祖不顧，其戰彌厲，羽卒不敢害而還太公。然則不顧其親而戰者，乃所以還太公之術也。爲今之計，莫若一切罷和議，專務自守之策。建藩鎮於要害之地，置帥府於大河及江淮之南，修城壁，治器械，教水軍，習車戰，使其進無抄掠之得，退有邀擊之患，則雖有出没，必不敢深入。三數年間，軍政益修，甲車咸備，然後大舉以討之，報不共戴天之仇，雪振古所無之耻。彼知中國自强如此，豈徒不敢肆凶，而二聖有可安之理矣。二曰議巡幸。大略謂：天下形勢，關中爲上，襄、鄧次之，建康又次之。今四方多故，除四京外，宜以長安爲西都，襄陽爲南都，建康爲東都，各命守臣葺城池、治宫室、積糗糧以備巡幸。三都成而天下之勢安矣。陛下用臣此策，其利有三：一則藉巡幸之名使國勢不失於太弱，二則不置定都使夷狄無所窺伺，三則四方望幸使姦雄無所覬覦。議者或欲留應天，或欲幸建康，臣以爲皆非計。夫汴京，宗廟社稷之所在，天下之根本也。陛下即位之始，豈可不一見宗廟以安都人之心。願先降敕榜，以修謁陵寢爲名，擇日巡幸，計無出於此者。三曰議赦令。大略謂：惡逆不當赦，選人不當盡循資，罪廢之人不當盡復。四曰議僭逆。大略謂：張邦昌久與機政，擢寇宰司，國破而資之以爲利，君辱而攘之以爲榮，願肆諸市朝，以爲亂臣賊子之戒。五曰議僞命。大略謂：國家更大變，士大夫屈膝於僞庭者不可勝數，宜等差定罪以勵士風。六曰議戰。大略謂：軍政久廢，宜一新紀綱，信賞必罰。七曰議守。大略謂：沿河及江淮措置抗禦，以扼虜衝。八曰議本政。大略謂：崇、觀以來，政出多門，閹宦女謁皆得以干預朝政。所謂宰相者，保位固寵而不敢言，遂至紀綱紊亂，宜一歸之中書。九曰議責成。大略謂：靖康間，進退大臣太速，功效蔑著，宜擇人而久任之，以要成功。十曰議修德。大略謂：上初膺天命，宜益修孝悌恭儉之德，以副天下之望。上與黃潛善等謀之，翌日，出其章付中書，惟僭逆、僞命二章不下。開封尹徐秉哲梅州安置。壬戌，李綱同執政進呈議國是劄子。上曰：「今日之事正當如此。可付中書省遵守。」次進呈議巡幸劄子，上命促留守司修治京城，祇備車駕還闕，款謁宗廟。詔永興軍、襄陽、江寧府增葺城池，量修宮室官府，以備巡幸。執政退，綱留身奏：「張邦昌僭逆及受僞命臣僚二事，皆今日政刑之大者，乞早賜施行。」上曰：「執政中有與卿論不同者，少遲議之。」綱曰：「臣請與之廷辯。」上乃召黃潛善、呂好問、汪伯彥再對。上語之故，潛善猶力主之，綱詰難再三，曰：「邦昌當正典刑而反尊崇之，如此何也？况其已僭逆，豈可留之在朝廷，使道路指目，曰此亦一天子哉。」因泣拜曰：「臣不可與邦昌同列，當以笏擊之。陛下必欲用邦昌，第罷臣勿以爲相，無不可者。」伯彦曰：「李綱氣直，臣等不及。」上曰：「卿欲如何措置？」綱曰：「邦昌之罪，理當誅夷。陛下以其嘗自歸，貸其死而遠竄之。受僞命者等第謫降可也。」上乃出綱奏，詔置檢鼓院於行宫便門之外，差官權攝。李綱言：「今日急務，在通下情。」乃置院以達四方章奏。綱又請置看詳官二員，臣民封事僉擬可行者，將上取旨。從之。呂頤浩爲徽猷閣直學士、知揚州。宣和末，頤浩爲燕山府路都轉運使，金人入寇，郭藥師執之以降。已而得歸。至是復用。癸亥，中書侍郎黄潛善爲門下侍郎兼權中書侍郎。太傅、同安郡王張邦昌責授昭化軍節度副使，潭州安置。李綱言：「僞命臣僚王時雍等四人與金人傳導指意，議廢趙氏，又受僞命爲執政，宜爲罪首。」上顧呂好問，好問曰：「誠有之。」時徐秉哲已先竄，於是移王時雍高州〔二八〕、吴幵永州〔二九〕，莫儔全州，並安置。

龜鑑曰：公之十議一施，而議僭叛、議受僞命二章獨留中而不下。綱曰：「此刑政之大者。」蓋爲臣之罪莫甚於僭叛，莫甚於從僞，此而不誅，何以正朝廷，何以示百官，何以曉天下，何以懲戒萬世之事君者。上之所以未遽行此，以祖宗不忍輕用刑誅，不忍於殺大臣也。顧夫祖宗之所以不忍者，豈不忍於此輩哉。君不忍於其臣，臣反忍於其君，邦昌忍於易姓，忍於負宗社。王時雍之徒忍於覆國，忍於事異姓。苟可以謀身者，皆無所不忍。傳曰：人將忍君。嗚呼，此輩非忍君者乎！管、蔡至親，周公亦忍而誅辟之，不以議親之法而減也。若使覆宗社而無誅，宗社何罪焉。棄主事僞而無刑，彼盡忠守節者何辜焉。

故知懷州霍安國以死節顯著，贈延康殿學士。李綱言：「自崇、觀以來，朝廷不復崇尚名節，故士大夫寡廉鮮耻，不知君臣之義。靖康之禍，視兩宮播遷如路人，然罕有能仗節死義者。在內惟李若水，在外惟霍安國，死節顯著，餘未有聞。願詔諸路詢訪，優加贈恤。」始上知若水之忠，首賜詔書褒贈。至是，綱有請，遂自安國及劉韐已下次第褒録之。李綱留身奏事，上曰：「卿昨日内殿爭邦昌事，内侍皆涕泣。卿今可受命矣。」綱因論：「自古創業中興之主，如漢高光、唐太宗皆有英明之資，寬誠之德，仁厚而有容，果斷而不惑，故能戡定禍難，身致太平。」因請以所編三君行事紀要録以進。上可之。甲子，李綱兼御營使。時河東北所失纔十餘郡，餘皆爲朝廷固守。綱言：「今日中興規模有先後之序，當修軍政，變士風，裕邦財，寬民力，改敝法，省冗費，誠號令，信賞罰，擇帥臣，選監司，使吾政事已修，然後可議興師。而所急者當先理河北、河東。蓋兩路國之屏蔽，河北惟失真定等四郡，河東惟失太原等六郡，其餘皆在。且推其土豪爲首，多者數萬，少者數千，謂宜於河北置招撫司，河東置經制司，擇有才者爲使，以宣陛下德意。有能保一郡者，寵以使名，如唐之方鎮，俾自爲守，則無北顧之憂矣。」上曰：「誰可任此者？」綱請詢訪其人以奏。上許之。

大事記曰：嗚呼，建炎之初，肩背初失之時也。河北惟失真定等四郡，河東惟失太原等六郡，其它固在也。天下之勢不進則退，進則當主李綱經理兩河之議，宗澤留守之計，則不惟故疆可全，而讎耻亦可復也。退則不惟河北、河東不可保，而河南亦不可保。不惟淮甸不可保，退而渡江，退而航海矣。

知通州胡安國、提舉杭州洞霄宮許景衡並試給事中，提舉亳州明道宮劉珏試中書舍人。靖康末，三人俱在後省，坐黨附李綱斥去，至是並用之。景衡、珏聞命冒暑赴朝，安國辭不至。乙丑，召張所、傅亮赴行在。初，李綱既建經撫兩河之議，欲薦用所。然以其嘗言黄潛善之故，頗難之。一日過潛善，從容言曰：「今河北未有人，獨一張所可用，公能先國事後私怨，不亦美乎！」潛善許諾。上悦，乃召用焉。丁卯，手詔河東北郡縣諭令堅守。詔略曰：「河東、河北，國之屏蔽也，朝廷豈忍輕棄。方命帥遣師以爲聲援，應州縣守臣，能竭力保有一方及能力戰破賊者〔三○〕，當授以節鉞。應移用賦税，辟置將吏，並從便宜。其守臣皆遷官進職，餘次第録之。」命諸路詢訪死節者以聞。尚書祠部員外郎喻汝礪爲四川撫諭官。初，汝礪自京師入見，上復命爲郎。汝礪因對，論遷都利害，以爲：「中原決不可捨，以爲興王之資。汴都決不可遷，以陷狄人之計。」既對，上命赴都堂與李綱語，綱大奇之。汝礪尋以母老乞歸省，遂除撫諭官，且令督輸四川漕計羨緡及常平錢物。汝礪入辭，復奏言：「金人決渡河，陛下宜亟爲之防，毋以宴安之故而成此酖毒。」上嘉納之。戊辰，新知襄陽府宗澤知青州。澤聞黄潛善等復唱和議，上疏言：「河之東北、陝之蒲、解，此三路者，祖宗基命之地，奈何輕聽姦邪附賊者張皇之言，遂自分裂。今日之事，正宜與賊弗共戴天，弗與俱生，今四十日矣，未聞有所號令，但見刑部指揮不得謄播赦文於河東、河北、陝之蒲、解，兹非新人耳目也，是欲蹈東晉既遷之覆轍，裂王者一統之緒爲偏霸耳。爲是説者，不忠不孝之甚。臣雖駑怯，當躬冒矢石爲諸將先。」上壯之。以澤知青州。初，澤至南都，見李綱，與之語國事。澤慷慨流涕。時開封尹缺，綱爲上言：「綏集舊都，非澤不可。京師根本之地，新經擾攘，人心未固，不得人以撫之，非獨外憂，且有内變。」上許之，使澤知開封府。

龜鑑曰：自綱之入爲右僕射也，以英哲全德勉人主，以修政攘夷爲己任，抗忠數疏，中時膏肓。和守之議决而國是明，僭逆之罪正而士氣作，幸都之謀定而人心安。他如修軍政，變士風，定經制，改弊法，置檢鼓院以通下情，置賞功司以伸國法，減上供之弊以寬州縣，修茶鹽之法以通商賈，劉東南官田而募民給佃，倣保甲弓箭手而官爲教閲，招兵買馬分布要害，遣張所招撫河北，王燮經制河東，宗澤留守京城，西顧關陝，南葺樊鄧，且將益據形便以爲必守中原之計，此朱文公謂李綱入來方成朝廷者，正謂此也。

辛未，以賢妃潘氏生皇子，赦天下。李綱爲上言：河東、北兩路爲朝廷堅守而赦令不及，人皆謂已棄之，何以慰忠臣義士之心。至於勤王之師雖未嘗用，然在道半年，亦已勞矣。恩恤不及，後復有急，何以使人。願因今赦並示德意。上嘉納。壬申，李綱請降見錢鈔三百萬緡，賜兩河市軍需，因遣使臣賚夏藥遍賜兩河守臣將佐。且命起京東夏税絹於北京，川綱河東衣絹於永興軍，以待支俵。於是人情翕然，應募者甚衆。頒軍制二十一條，凡師行鹵掠若違節制者死，臨陣先奔者族，敗軍者誅全隊，一軍危急而他軍不救者刑主將，餘如將法從事。乙亥，同知樞密院事汪伯彦請兩河、京東西增置射士，縣五百人。從之。以諸路盜賊多，故有此請。宗澤至東京，自虜騎退歸〔三一〕，樓櫓盡廢，諸道之師雜居寺觀，盜賊縱横，人情恟懼。澤至京，下令曰：爲盜者贓無輕重，並從軍法。由是盜賊屏息，人情粗安。一日，有金使牛大監等八人以使僞楚爲名，直至京師。澤曰：此覘我也。即白留守范訥械繫之，且以聞於朝廷。戊寅，同知樞密院事汪伯彦進知院事。宣義郎傅雱特遷宣教郎，充大金通問使。初，黄潛善等既奏遣周望往河北軍前通問，而河東獨未有人。李綱爲上言：「今日之事，内修政事，外攘夷狄，使國勢自强，則二聖不俟迎請而自歸。不然，雖冠蓋相望，卑辭厚禮，終恐無益。今所遣使，但當奉表兩宫致思慕之意可也。」己卯，李綱請以河北之地建爲藩鎮，朝廷量以兵力援之，而於沿河、沿淮、沿江置帥府、要郡、次要郡，以備控扼。沿河帥府十一，京東東路治青、徐，西路治鄆、宋，京西北路治許、洛，南路治襄、鄧，永興軍路治京兆，河北東路治魏、滄。沿淮帥府二：治揚、廬。沿江帥府六：治荆南江寧府、潭洪杭越州。大率自川陝、廣南外，總分爲十九路，每路文臣爲安撫使、馬步軍都總管，總一路兵政，許便宜從事。武臣副之。要郡以文臣知州，領兵馬鈐轄。次要郡以文臣知州，領兵馬都監，許參軍事。皆以武臣爲之副。如朝廷調發軍馬，則安撫使措置辦集，以授副總管。若帥臣自行，則漕臣一員隨軍，一員留攝帥事。憲臣文武各一員，彈壓本路盗賊。自帥府外，要郡三十九，次要郡三十八，總爲九十六萬七千五百人，非要郡不預。又别置水軍，帥府兩將，要郡一將。綱又請出度牒、鹽鈔，及募民出財，使帥府常有三年之積，要郡二年，次要郡一年。疏奏，悉從之。先遣御營司幹辦公事楊觀復往江淮造舟，餘路委憲司措置。京城留守范訥落節鉞，淄州居住。秦梓充樞密院編修官。梓，檜兄也。政和中，用梁師成薦，經赴御試除學官。已而廢斥。至是，以檜故用之。金右副元帥宗傑卒於燕山（宗傑即斡離不也）〔三〕。壬午，户部尚書張慤同知樞密院事。乙酉，知開封府宗澤爲延康殿學士、開封尹、東京留守。澤首抗疏請上還京。繼聞有金陵之議，復上疏曰：「賊臣張邦昌僭竊與范瓊輩擅行威福，所以乞暫駐蹕南都，以察人心而觀天意。臣料今臣僚中唱爲異議、不欲陛下歸京者，不過如邦昌輩陰與賊虜爲地。願陛下早降敕令，歸謁宗廟，垂拱九重，幸甚。」初，京西北路提點刑獄許高、河北西路許亢總師防洛口，望風奔潰，坐流瓊州吉陽軍。高、亢至南康，謀爲變，知軍事李定、通判韓璹以便宜斬之。李綱言：「高、亢大棄其師，朝廷不能正軍法，而一軍主守倅敢誅之〔三〕，必健吏也。使後日捍賊者知退走而郡縣之吏有敢誅之者，其亦少知所戒乎。」乃各進一官。丙戌，李綱留身上三議：一曰募兵，大略謂：「熙、豐時内外禁旅合五十九萬人，崇、觀以來，闕而不補者幾半，今所存無幾，何以捍敵。爲今之計，莫若取財於東南，募兵於西北，河北之人爲金賊所擾，未有所歸，而關陝、京東西流而爲盜者不知其幾，請乘其不能還業，遣使招之，合十萬人，於要害州軍別營屯戍，使之更番入衛行在。」二曰買馬，大略謂：「金人專以鐵騎取勝，而吾以步軍敵之，宜其潰散。今行在之馬不滿五千，可披帶者無幾。權時之宜，非括買不可。請先下令，非品官將校不許乘馬。然後令州縣籍有馬者，以三等價取之，嚴隱寄之法，重搔擾之禁，則數萬之馬尚可得也。又請命川陝茶馬司益市馬，募商人結攬廣右之馬，以給諸軍。」三曰募民出財，償以官告、度牒。詔三省以次施行。其募兵，陝西、河北各三萬人，委經制招撫司，京東西各二萬人，委本路提刑司。潰卒廂軍各許改刺。詔京東西、河北東路、永興軍、江淮、荆湖等路皆置帥府要郡。綱又言：「步不足以勝騎，而騎不足以勝車。請以車制頒於京東西路，使製造而教習之。」因繪圖進呈。其法用靖康間統制官張行中所創，兩竿雙輪，上載弓弩，又設皮籬以捍矢石，下設鐵裙以衛人足。長兵禦人，短兵禦馬，傍施鐵索，行則布以爲陣，止則聯以爲營。每車用卒二十有五人，四人推竿以運車，一人登車以發矢，餘執軍器夾車之兩傍。每軍二千五百人，以五之一爲輜重及衛兵，餘當車八十乘，即布方陣，則四面各二十乘，而輜重處其中。諸將皆以爲可用，乃命兩路憲臣總領。丁亥，張所借通直郎，充河北西路招撫使。初，上皇既北遷，龍德宮器玩悉爲都監、帶御器械王球所竊。球，燕國長公主子也。及是，内侍陳烈以其餘寶器來上，皆遐方異物。李綱諫上，亟命碎之。時綱每留身奏事，多所規益。内侍石如岡素凶悍，淵聖斥之。上嘗召如岡，綱諫而止。又論待遇諸將恩數宜均一，上皆嘉納之。右諫議大夫宋齊愈入對，論招軍、買馬、勸民出財助國非是。尚書虞部員外郎張浚夜過齊愈於省中，見其方執籌布算，問之，齊愈笑曰：「李丞相今上三議，李公素有名譽，今建明乃爾。今西北之馬不可得，獨江淮之南而馬不可用。括民之財，豈可藝極。至於兵數，若郡增二千，則歲責十萬緡以養，今詎堪此。齊愈將極論之。」浚曰：「宰相不勝任，論去之，諫官職也。豈有身爲相未幾，上三事而公盡力駁之，彼獨不恚且怨。」齊愈不樂。是日，執政奏事退，齊愈入對，出過省門，執浚手曰：「適上向者之章，上甚喜。」浚搖手曰：「公受禍自此始矣。」

秋七月己丑朔，樞密院都承旨王𤫉爲河東經制使，直祕閣傅亮爲副使。庚寅，命王淵、劉光世、韓世忠、張俊分討軍賊亂兵。自宣和末，群盜蜂起。至是，招安赴行在凡十餘萬人。李綱爲上言：「今日盜賊，正當因其力而用之，然不移其部曲則易叛，而徙之則致疑，正當以術致之，使由而不知。」乃命御營司委官分揀隸諸將，由是無叛去者。獨淮寧之杜用、山東之李昱、河北之丁順王善楊進皆擁兵數萬，不可招，而拱州之黎驛、單州之魚臺亦有潰卒數千爲亂。綱以爲專事招安，則彼無所畏憚，勢難遽平，乃白遣淵等分討之。光世遣其將喬仲福追擊李昱斬之，既而杜用爲淵所殺，餘悉殄平。丁順等皆赴河北招撫司自效，盜益衰。辛卯，右諫議大夫宋齊愈罷。初齊愈既論李綱之過，會朝廷治從逆者罪，言者論齊愈在皇城司首書張邦昌字以示議臣，由是罷諫議大夫，下臺獄。制曰：「所幸探符之未獲，奈何援筆以遽書。遺毒至今，造端自汝。」或曰齊愈論綱不已，故綱以危法中之。皇叔貴州團練使士㻋以義兵復洺州。士㻋，岐簡獻王少子，天資警敏，方童稚，凛然如成人。至是，纔弱冠也。乙未，京城内都巡檢使范瓊爲御營使司同都統制。己亥，詔省臺省寺監官減學官館職之半。以常平事歸提刑司，市舶事歸轉運司，罷諸州分曹置掾，縣户不滿萬勿置丞。堂吏磨勘止朝請大夫，出職止爲通判。宰執子弟任待制以上者並罷。執政官減奉錢三之一，京官奉祠者亦如之。先是，李綱言：「艱難之際，賦入狹而用度增，當内自朝廷，外至監司州縣，皆省冗員，以節浮費。」上命中書省條具，至是行下。辛丑，詔曰：「朕權時之宜，法古巡狩，駐蹕近甸，號召軍馬，以防金人秋高氣寒，再來入寇。朕將親督六軍，以援京城及河北、河東諸路，與之決戰。已詔迎奉元祐太后，津遣六宫及衛士家屬，置之東南。朕與群臣將士獨留中原，以爲爾京城及萬方百姓請命於皇天。庶幾天意昭答，中國之勢寖彊，歸宅故都，迎還二聖，以稱朕夙夜憂勤之意。應在京屯兵聚粮，修治樓櫓器具，並令留守司、京城所、户部疾速措置施行。」時李綱入朝月餘，邊防軍政已略就緒，獨車駕行幸未有定所。綱間爲上言：「今縱未能入關，尤當適襄、鄧，以示不忘中原之意。而近議紛紜，謂陛下將幸東南。果然，臣恐中原非復我有。」上曰：「但欲奉迎太后及六宫往東南耳。朕當與卿等留中原。」綱再拜賀，因乞降詔。上乃命綱草詔頒之兩京焉。右正言鄧肅請竄邦昌僞命之臣。右司諫潘良貴亦言宜分三等定罪。肅言：「叛臣之上者，其惡有五：一曰諸侍從而爲執政者，王時雍、徐秉哲、吴幵、莫儔、李回是也。其二曰諸庶官及宫觀而起爲侍從者，胡思、朱宗、周懿文、盧襄、李擢、范宗尹是也。其三曰撰勸進文與撰赦書者，顔博文、王紹是也。其四曰事務官者講册立之儀，搜求供奉之物，悉心竭力，無所不至。其五曰因邦昌更名者，何昌言、昌辰是也。已上數等，乞定爲叛臣之上，寘之嶺外。所謂叛臣之次者，其惡有三：其一曰諸執政、侍從、臺諫稱臣於僞楚，及拜於庭下者是也。所謂執政者馮澥、曹輔是也。所謂侍從者，其餘已行遣矣，獨有李會尚爲中書舍人。所謂臺諫者，洪芻、黎確等及舉臺之臣是也。當時臺中有爲金人根括而被杖者四人，以病得免，其餘無不在僞楚之庭矣。其二曰以庶官而升擢者，此不可勝數。乞委留守司按籍考之，則無有遺者。其三曰願爲奉使者，黎確、李健、陳戩是也。已上數等，乞定爲叛臣之次，於遠小處編管。」耿南仲、延禧坐父子主和並奪職，仍以延禧提舉江州太平觀。癸卯，腰斬通直郎宋齊愈於都市。齊愈赴獄引伏，法寺當齊愈謀叛斬該大赦罰銅十斤，情重取旨。黄潛善等頗營救之，上曰：「使邦昌之事成，置朕何地？」乃詔：「齊愈探金人之情，親書姓名，謀立異姓，以危宗社，造端在先，其罪非受僞命臣僚之比。可特不原赦。」議者或以爲冤。乙巳，手詔：「京師未可往，當巡幸東南，爲避狄之計。來春還闕。」時執政黄潛善、汪伯彦皆欲奉上幸東南，故有是詔。李綱極論其不可，且言：「自古中興之主起於西北，則足以據中原，而有東南。起於東南，則不足以復中原，而有西北。蓋天下之精兵健馬皆出於西北，江之險不如河，而南人輕脆，遇敵則奔。南方城壁又非北方之比。陛下必以建康爲安，臣竊以爲過矣。望乞收還巡幸東南手詔，令綱與執政議之。」丙午，綱與潛善議於上前，綱曰：「今乘舟順流而適東南，固甚安便。但一去中原，勢難復還。夫中原安則東南安，失中原則東南豈能必其無事。一失機會，形勢削弱，將士之心離散，變故不測。」上乃許幸南陽。同知樞密院張慤言：「户部財用，惟東南歲運最爲大計。自姦臣誤國，變祖宗轉般倉良法，每歲失陷糧斛不可勝計。望依舊法，責發運司官分認，逐季地分各行檢察催促。」從之。丁未，上命京城留守宗澤移所拘金使於別館，優加待遇。澤謂：「二聖在外，必欲便行誅戮，恐貽君父憂。若縱之使還，又有傷國體，莫若拘縻於此，俟車駕還闕，登樓肆赦，然後特從寬貸。」及是詔下，澤上奏曰：「臣不意陛下復聽奸臣之語，浸漸望和，爲退走計，營繕金陵，奉元祐太后，仍遣官奉迎太廟木主，棄河東、河西、河北、京東、京西、淮南、陝右七路生靈如糞壤草芥，略不顧惜。又令還虜使別館優加待遇〔三四〕，不知二三大臣於賊虜情款何如是之厚〔三五〕，而於國家訏謨何如是之薄也。臣之樸愚，必不敢奉詔，以彰國弱。此我大宋興衰治亂之機，願陛下察之。」詔答曰：「卿彈壓强梗，保護都城，深所倚仗。但拘留金使，未達朕心。」澤猶不奉詔，又請上回鑾。詔賜澤襲衣金帶。尚書虞部員外郎張浚爲殿中侍御史。上見浚雍容靜重，即欲用之。黄潛善又稱其賢，遂有是命。癸丑，衛尉少卿衛膚敏言：「今汴都蹂踐之餘，不可復處，睢陽駐蹕，咸以爲宜。但城不高、池不深，封域不廣，不足以容千乘萬騎，而又逼近河朔，虜易以至〔三六〕。建康實古帝都，外連江淮，内控湖海，負山帶海，爲東南要會之地。伏望趣下嚴詔，夙期東幸，别命忠勇大臣，總領六師，留屯京邑。」時上雖用李綱議，營南陽，而朝臣多以爲不可。中書舍人劉珏亦言：「南陽城惡不可恃，騎兵虜之長技，而不習水戰，金陵天險，前據大江，可以固守。東南久安，財力富盛，足以待敵。」於是汪伯彦、黄潛善皆主幸東南，故士大夫率附其議。丙辰，河北招撫使張所、河東經制使王𤩽〔三七〕、副使傅亮辭行。先是，李綱建議遣所、亮措置兩河。所、亮既行，兩河響應。門下侍郎黄潛善疾綱之謀，建議遣河北經制使馬忠節制軍馬，俾率兵渡河。於是權始分矣。工部員外郎李士觀言：「江、池、饒、建州四監歲鑄錢百三十二萬餘緡，淮南等九路十七州歲造上供軍器亦百餘萬件，多未辦者。望令發運司委官催督。」從之。

八月戊午朔，洪芻、陳沖、余大均、周懿文、張卿才、李彞、王及之、胡思八人流竄有差。初，芻等坐圍城中事屬吏，上命殿中侍御史馬伸劾之，及是獄成。

幼老春秋〔三八〕曰：周懿文、余大均等不死，惟從貶竄，君子以知李綱諸人不能輔佐恢復河東北之境土也，日失其刑矣。

杭州軍亂，縱火〔三九〕，殺士曹參軍及副將白均等十二人。己未，元祐太后發京師，都人始望車駕還内，及太后行，莫不垂泣。上初未識太后，比至宫中，愛上如己出，衣服飲食必親調製焉。庚申，侍衛親軍馬軍都虞候、御營使司都巡檢使劉光世爲奉國軍節度使，御營使司左軍統制韓世忠爲定國軍承宣使，御營使司前軍統制張俊落階官，並賞平賊之勞也。時内侍康履始用事，光世曲意承之。壬戌，尚書右僕射李綱守尚書左僕射兼門下侍郎，兼權中書侍郎黄潛善守尚書右僕射兼中書侍郎。先是，綱爲上謀以秋末幸南陽，上許之矣。潛善與知樞密院事汪伯彦力請幸東南，上意中變，於是綱所建白上多不從。綱曰：「天下大計在此一舉，國之存亡於此焉分，吾當以去就争之。」綱知譖愬之言其入已深，一日留身奏事，言：「臣近者屢蒙宸翰改正已行事件，又所進機務多未降出，此必有間臣者。」因極論君子小人不可並立之理，且言：「疑則當勿用，用則當勿疑。」上但慰勉之。綱拜謝而退。後數日，遂有並相之命。同知樞密院事張慤兼御營副使。癸亥，命御營使副大閲五軍人馬。自是執政皆有親兵。丙寅，京畿轉運判官上官悟請悉發諸路坊場錢爲行在贍軍之費。詔諸路提刑司具見在常平錢物數以聞。其後悉令計置輕賫金帛赴行在。丁卯，三省、樞密院奏，以諸路民兵爲忠義巡社，令憲臣提領。論者以爲其法精審而詳整，可以久行，前此論民兵者皆莫及也。庚午，名元祐太后所居曰隆祐宫，於是后更稱隆祐太后。隆祐本欽聖憲肅皇后宫名，不當用，蓋權直學士院王綯、朱勝非失之。壬申，召布衣譙定赴行在。定，涪陵人，學於程頤，靖康中，召爲崇政殿説書，定以言不用辭不受。至是猶在東都。尚書右丞許翰薦於朝。詔宗澤津遣赴行在。自熙、豐間，程顥、程頤以道學爲天下倡，其高弟門人有故監察御史建陽游酢、監西京竹木務上蔡謝良佐、今徽猷閣待制提舉西京嵩山崇福宫將樂楊時。其後黨禍作，屏居伊闕山，學者往從之，而定與尹焞爲首。至大觀以後，時名望益重，陳瓘、鄒浩皆以師禮事時，而胡安國諸人實傳其學。宣和末，或説蔡攸以時事必敗，乃召時至經筵，淵聖皇帝擢爲諫官，以論事不合去。吕好問在政府，首言時之賢於上，復召還朝，未至。而又召定。是時，給事中許景衡、左司員外郎吴給、殿中侍御史馬伸皆號得頤之學。已而傳之寖廣，好名之士多從之，亦有託以自售於時，而識真者寡矣。詔真州守臣以禮敦遣長蘆隱士張自牧赴行在。既至，授從事郎，充御營使司準備差使。癸酉，耿南仲責授單州團練副使、南雄州安置。乙亥，尚書左僕射兼門下侍郎兼御營使李綱罷。先是，河北招撫使張所纔至京師，河北轉運副使張益謙附黄潛善意，奏所置司北京不當。又言自置招撫司河北，盜賊愈熾，不若罷之，專以其事付帥司。同知樞密院事張慤素善益謙，每與之相表裏。綱言：「所今留京師，以招集將佐，故尚未行，不知益謙何以知其搔擾。今朝廷以河北民無所歸，聚而爲盜，故置司招撫，因其力而用之，豈由置司乃有盜賊。今京東、西盜賊公行，亦豈招撫司過耶。益謙小臣，非理沮抑，此必有使之者。」上乃令益謙分析。所方招來豪傑，以忠翊郎王彥爲都統制，效用人岳飛爲準備將。彥，河內人，後徙居覃懷，讀韜略，習騎射。其父奇之，使詣京師，隸弓馬子弟所。稍遷清河尉，能與敵角，所奇其才，故擢爲都統制。飛，安陽人，嘗爲人傭耕，去爲市遊徼，使酒不檢。上之在相州也，飛以效用從軍。至北京，坐論事罷廢。至是，投所軍中。時河東經制副使傅亮軍行纔十餘日，伯彥等以爲逗遛，使即日渡河。亮言：「今河外皆屬虜人〔四〇〕，而遽使亮以烏合之衆渡河，不知何地可爲家計，何處可以得根。」綱爲之請，且言：「潛善、伯彥力沮二人，乃所以沮臣，使不安職。臣每念靖康大臣不和之失，凡事未嘗不與潛善、伯彥熟議而後行。不謂二人設心乃如此。如亮事理明白，願陛下虛心觀之。」既而潛善有密啓，明日，上批：「亮兵少不可渡河，可罷經制司，赴行在。」綱留御批再上，上曰：「如亮人材，今豈難得。」綱曰：「亮謀略智勇，可爲大將。今未嘗用而遽罷之。古人之用將，恐不如此。」因求去，上不語。綱以御批納上前，曰：「聖意必欲罷亮，乞以御批付潛善施行。臣得乞身歸田里。」綱退聞亮竟罷，乃再章求去。於是殿中侍御史張浚亦論綱〔四一〕，以爲綱雖負才氣，有時望，然以私意殺侍從，典刑不當，有傷新政，不可居相位。又論綱杜絶言路，獨擅朝政，士夫側立，不敢仰視，事之大小，隨意必行。買馬之擾，招軍之暴，勸納之虐，優立賞格，任吏爲姦，擅易詔令，竊庇姻親等十數事。浚素與宋齊愈厚〔四二〕，且潛善客也。上召綱入對，諭曰：「卿所争細事耳，何爲乃爾。」綱曰：「人主之職，在論一相。宰相之職，在薦進人才。方今人才以將帥爲急，恐不可以爲細事。若以爲細，臣以去就争之，而聖意不回，臣亦安敢不必去。」因再拜曰：「潛善、伯彦，自謂有攀附之功，方虚位以召臣，蓋已切齒。及臣至而議論僞楚，建請料理河東北兩路，謂車駕宜留中原，皆不與之同，宜其娼嫉無所不至。臣東南人，豈不願陛下順流東下爲安便哉。顧一去中原，後患有不可勝言者。故不敢雷同衆説，以誤大事。望陛下勿以臣去而其議遂改也。」因泣辭而退，遂上第三表劄。客或謂綱曰：「公決於進退，於義得矣。顧讒者不止，將有患禍不測奈何。」綱曰：「大臣以道事君，不可則止。吾知全吾進退之節而已。畏禍患而不去，彼獨不能諷言者詆訾而逐之哉。天下自有公議，此不足慮。」翌日，遂罷綱，提舉杭州洞霄宫。綱在相位凡七十五日。右正言鄧肅言：「人主之職，在論一相，陛下初登九五之位，召李綱於貶所，而任以台衡，待之非不專也。然綱學雖正而術疏，謀雖深而機淺。陛下嘗顧臣曰：『李綱真以身徇國者』。且兩河百姓雖願效死，而數月間茫然無所適從。及綱措置，不一月而兵民稍集。又僞楚之臣紛紛，皆官於朝。綱先逐邦昌，而叛黨稍正其罪。今綱去則二事將何如哉？兩河無兵則夷狄驕，叛臣在朝則政事乖。綱於此不可謂無一日之長也。」肅尋與郡，而言者極論其罪。上曰：「肅亦何罪，但黨耳。」然猶送吏部〔四三〕。尚書右丞許翰亦言：「綱忠義英發，捨之無以佐中興。今綱罷而留臣無益。」因力求去。上未許。然潛善等皆怒，有逐之之意矣。初，綱嘗請減上供之數以寬州縣，修鹽茶之法以通商賈，劃東南官田募民給佃，倣陝西弓箭刀弩手法養兵於農，籍陝西保甲、京東西弓箭社，免支移、折變，而官爲教閱。上命中書省條具。會綱去位，皆不果行。黃潛善、汪伯彥共議悉奏罷綱所施行者。是日，罷諸路買馬，惟陝西諸州各買百匹。其勸民出財助國指揮勿行。已而傅亮以母病歸同州，張所亦以罪貶，招撫經制司皆廢矣。

龜鑑曰：綱之言雖忠，綱之謗愈多。顏岐，邦昌黨人也，於公未至而沮之。宗尹嘗仕邦昌者也，於公已至而沮之。宋齊愈又嘗豫立邦昌議也，及與公議國事，又從而沮之。君子之難進易退也如此。加之藩邸舊人，公肆排毀，並相之命下而綱之權已分，經制之司罷而綱之去已決，中山之功未成而謗書盈篋。綱之秉政凡七十五日，而所與共治者它有人矣。當時挽而留之者，不投之散地，則置之極典。公之去就甚輕，而關於天下之安危者甚重。綱在位則措置兩河，民兵相集，綱去則兩河無兵，而夷狄橫矣。綱在位則叛臣僞黨稍正典刑，綱去則叛臣在朝，而政事乖矣。綱在位則必主幸襄、鄧之策〔四四〕，從宗澤還京之請，綱去則維陽有驚〔四五〕，而翠華南渡矣。

庚辰，詔賜杭州黃榜，招諭作過軍民。建炎後，以黃榜招安叛兵自此始。壬午，斬太學生陳東、撫州進士歐陽澈於都市。先是，上聞東名，召赴行在。東至，上疏言：「宰執黃潛善、汪伯彥不可用，李綱不可去。」且請上還汴治兵親征，迎請二帝。其言切直。章凡三上，潛善等憾，欲以伏闕事中東，然未有間也。會澈亦上書極詆用事者，其間言宮禁燕樂事。上諭輔臣以澈所言不審，潛善乘是密啓誅澈，並以及東，皆坐誅。東始未識綱，特以國故，至爲之死，行路之人有爲之哭者。上甚悔之。乙酉，御史中丞許景衡言：「臣聞議者多指開封尹宗澤過失，未知所指何事。若只拘留金國使人，此誠澤之失也。然原其本心，但激於忠義，未審國家事體耳。臣自浙渡淮以至行在，聞澤之爲尹，威名政術卓然過人，誅鋤强梗，撫循善良，都城帖然莫敢犯者。又方修守禦之備，歷歷可觀。今若較其小疵，便以爲罪，不顧其盡忠報國之節，其不恕亦已甚。且開封，宗廟社稷之所在，苟欲罷澤，別選留守，不識今之縉紳其威名政績亦有加於澤者乎。伏望聖慈上爲宗社，下爲億萬生靈，特賜主盟，厚加任使。」疏入，上大悟。詔朝廷別無行遣，亦無臣僚章疏，仍封景衡奏示澤。由是澤賴以安。

九月己丑，建州軍亂。壬辰，河北經制使馬忠貶秩二等，坐逗遛不進也。於是黃潛善、汪伯彥共政，方決策奉上幸東南，無復經制兩河之意矣。詔江、池、饒、建州所鑄錢以「建炎通寶」爲文。甲午，東京留守宗澤引兵至河北視師，且乞罷講和，仍修武備。丁酉，詔：「荆襄、關陝、江淮皆備巡幸，並令因陋就簡，毋得搔擾。凡所過與所止之處，當使百姓莫不預知朕飲食取足，以養氣體，不事豐美，亭傳取足以庇風雨，不易卑陋，仗器輕便，不求備用，供帳簡寡，不求備儀，可賫以行，皆無取於州縣。橋梁舟楫取足濟渡，道路毋治，官吏毋出，一切無所追呼。有司百吏敢搔擾者，重寘於法。惟是軍馬芻糧，必務豐潔，將士寨柵，必令寬爽。官吏毋得少懈。播告諸道，咸使聞知。」庚子，宗澤自河北引兵還京師。壬寅，河北西路招撫司參謀官王圭陞招撫判官，代張所也。於是所落直龍圖閣，嶺南安置，死貶所。起居舍人衛膚敏言：「今二聖北狩，鑾輿未復，寰宇痛心，況陛下抱父兄之念，爲何如哉？惟陛下至誠克己，處心積慮，不忘報雪之志，處堂陛則思二聖乖温凊之宜，御飲食則思二聖失膳羞之節。念土地有所未復，念人民有所未安，日慎一日，深自貶損。卑宫室，菲飲食，惡衣服，減嬪御之數，斥聲樂之奉，以至歲時上壽，春秋賜燕，一切罷之。雖享郊廟，亦不用樂，必俟奉迎二聖歸復宫庭，然後修禮之常。庶幾孝悌之誠，上有以格天，下有以感人，人心得而天意孚，則我之所向無有不遂矣。」乙巳，東京留守宗澤復上表，請車駕還京師。時澤募戰士守京城，且造決勝戰車千一百乘，每乘用五十有五人，運車者十有一，執器械輔車者四十有四，回旋曲折，可以應用。又據形勝立二十四壁於城外，駐兵數萬。澤往來按試之，周而復始。沿大河鱗次爲壘，結連兩河山水寨，及陝西義士。開五丈河以通西北商旅。京畿瀕河七十二里，命十六縣分守之，縣各四里有奇，皆開濠深廣丈餘，於其南植鹿角。又團結班直諸軍及民兵之可用者。乃上表略曰：「今逆胡尚熾，群盜繼興。比聞遠近之驚傳，已有東南之巡幸，此誠王室安危之所繫，天下治亂之所關。慮增四海之疑心，謂置兩河於度外，因成解體。未諭聖懷，儻胡人乘之而縱橫〔四六〕，則中國將何以制御。」不報。澤又上疏曰：「陛下回鑾汴京，是人心之所欲。妄議巡幸，是人心之所惡。」又不報。澤遂抗疏極言：「京師，祖宗二百年基業，陛下奈何欲棄之以遺海陬一狂寇。今陛下一歸王室，再造中興之業復成，如以臣爲狂率，願延左右之將士試一詢之，不獨謀之一二大臣，天下幸甚。」澤每疏奏，上以付中書省，黃潛善、汪伯彥皆笑以爲狂。張慤獨曰：「如澤之忠義，若得數人，天下定矣。」二人語塞。丁未，中書舍人劉珏言：「黃潛厚爲户部尚書，潛厚乃潛善之親兄，祖宗以來，未有弟爲宰相、兄爲八座，而同居一省者。惟蔡京、蔡卞、蔡攸則不然。竊聞濳厚、濳善皆有章疏力辭，濳善身爲宰輔，必不肯私其兄以壞祖宗之法。濳厚身爲法從，必不敢冒榮進而負天下之公論。從而允之，亦所以全其謙抑守法之美，而不置之於有過之地。」疏入，上遣張慤諭旨，珏言不已，於是濳厚卒改命。戊申，河北招撫司都統制王彥率裨將張翼、白安民、岳飛等以所部渡河，與金人戰，破之，遂復新興縣。己酉，詔：「諜報金人欲犯江浙，可暫駐蹕淮甸，捍禦稍定，即還京闕，不爲久計。應合行事件，令三省、樞密院措置施行。」募民入貲授官，自迪功郎以下凡六等。尋命每路以監司一員董其事。庚戌，始通當三大錢於淮、浙、荆湖諸路。用張慤請也。慤嚴明通敏，論錢穀利害猶指諸掌，文移所至，破奸若神，國用賴以無乏。然中書自作酒肆，議者或以爲苛碎焉。壬子，詔責授昭化軍節度副使張邦昌賜死。始李綱議誅邦昌，黄濳善、汪伯彥皆持不可。及是，聞虜以廢邦昌爲詞復入寇〔四七〕，上將南幸而邦昌在長沙，乃共議賜邦昌死。乙卯，詔：「成都、京兆、襄陽、荆南、江寧府，鄧、潭州，皆備巡幸，帥臣修城壘，治宮室，漕臣積錢糧。」京城留守宗澤言：「本朝提封萬里，京城號爲腹心。今兩河雖未敉寧，猶一手臂之不伸也。乃欲去而之他，是並心腹而棄之。願陛下且駐蹕南都，未可輕議。」是時宗廟宮室臺省澤皆營繕略備，又以東門乃回鑾奉迎之地，特增修之。河北招撫司都統制王彥及金人戰於新鄉縣，敗績，彥奔太行山聚衆。準備將岳飛引其部曲去，自爲一軍。未幾，彥軍復振，岳飛單騎扣壁門請罪，左右勸彥斬之，彥壯其勇而惜其才，賜飛卮酒而罷。自是兩人始有隙。

冬十月丁巳朔，上登舟幸淮甸。翌日發南京。戊午，隆祐太后至揚州。庚申，東京留守宗澤復上疏，論其治兵大略，且言：「今年河流不冰，請上還京，消滅虜寇。」〔四八〕又言：「陛下奈何偏聽奸邪之語〔四九〕，以巡幸爲名，於偏遠州軍爲朝宗之地。」言極切至。始澤所建明，上多報可，惟經三省、樞密院，則每爲黃潛善等沮之。至是，澤條上五事：「臣竊見黃潛善福建人，汪伯彥徽州人，内張慤雖是北人，然無公議，無遠見，議論偏頗，皆欲贊陛下南幸。」既而澤見詔書有「俟四方稍定即還京闕」之語。壬戌，澤上表以謝。澤理財有方，凡兩河及京西諸郡求軍須者皆輟東京所有與之，不以爲間。上遣中使撫問，既而澤聞上已南幸，又上疏請還京，且言：「欲遣閭勍、王彥各統大軍盡平賊壘，望陛下早還京闕。臣之此舉可保萬全。或奸謀蔽欺，未即還闕，願陛下從臣措畫，勿使奸臣沮抑，以誤社稷大計。陳師鞠旅，盡掃胡塵，然後奉迎鑾輿復還京闕，以塞奸臣之口，以快天下之心。」上優詔答之。癸亥，募群盜能併滅賊衆者授以官。甲子，觀文殿大學士、提舉杭州洞霄宮李綱落職，依舊宮祠。時殿中侍御史張浚論綱罪未已，章再上，乃有是命。丁卯，御營使司都統制王淵爲捉殺杭州盜賊制置使。有内侍自京賫内府珠玉二囊來上，上投之汴水。翌日，以諭輔臣。黄潛善曰：「可惜。有之不必棄，無之不必求。」上曰：「太古之世，擿玉毁珠〔五〇〕，小盜不起，朕甚慕之，庶幾求所以息盜耳。」初，太祖少子秦康惠王生英國公惟憲，惟憲生新興侯從郁，從郁生華陰侯世將，世將生東頭供奉官令繒，令繒生子偁，中進士第，至是，爲嘉興丞。一夕，其妻張氏夢神人自稱崔府君，擁一羊，謂之曰：「以此爲識。」已而有娠。戊寅，生子伯琮。是夕赤光滿室，如日正中，或聞庭下馬嘶劍甲之聲。己卯，上次寶應縣，御營後軍作亂，孫琦者爲之首。左正言盧臣中從駕不及，立船舷叱賊，爲所逼，墜水死。上命求臣中所在，得之水中，拱立如故。殿中侍御史張浚以爲雖在艱難中，豈可廢法，乃劾統制官韓世忠師行無紀，士卒爲變。詔世忠罰金。中書舍人劉珏言：「無以懲後。」浚再上章，論且乞擒捕爲變者，乃降世忠觀察使。上下聳然，始知有國法。李則言：「舊制，閩、廣市舶司抽解舶貨，以貴細者計綱上京，餘本州打套出賣。大觀後，始盡令計綱，費多而弊衆，望復舊法。」從之。庚辰，命御營使司提舉一行事務劉光世討鎮江府叛兵，御營統制官苗傅從光世行。癸未，上至揚州，駐蹕州治。舊制，三衙管軍未嘗內宿，至是始日輪一員直宿行宮。詔：「內侍不許與統兵官相見，如違，停官送遠惡州編管。」時入內內侍省押班康履，以藩邸舊恩用事，頗忽諸將。諸將多奉之，而臺諫無敢言者。兩浙制置使王淵率統制官張俊等至鎮江府，軍賊趙萬等不知其猝至，皆解甲就招。淵等紿賊以過江勤王，其步兵先行，每一舟至岸，盡殺之，餘騎兵戮於市，無得脱者。

［十一月］戊子，提舉杭州洞霄宮李綱鄂州居住。時殿中侍御史張浚等論：「綱素有狂愎無上之心，復懷怏怏不平之氣，而常州風俗淺薄，知有李綱而已，萬一盜賊群起，藉綱爲名，臣恐國家之憂不在金人，而在蕭墻之内。」故有是命。中書舍人汪藻草制曰：「朋姦罔上，有虞必去於驩兜。欺世盜名，孔子首誅於正卯。」辛卯，朝奉郎王倫爲大金通問使。時河東軍前通問使傅雱、副使馬識遠至汴京。詔趣還，復遣倫與王弁見宗維議事（宗維即黏罕也）〔五二〕。乙未，同知樞密院事張慤守尚書左丞兼提舉户部財用，工部尚書顔岐同知樞密院事。乙巳，詔：「自今被受中使傳宣者，晝時密具所得旨實封以聞，如事有未便者，許執奏。」又詔：「凡宣旨及官司奏請事元無條貫者，並中書、樞密院取旨，非經三省、樞密院者，官司毋得受。」復舊典也。丙午，尚書左丞張慤守中書侍郎，兼職如故。戊申，同知樞密院事顔岐守尚書左丞兼權門下侍郎，御史中丞許景衡守尚書右丞，刑部尚書郭三益同知樞密院事。辛亥，中書舍人汪藻言：「軍政不修，則無以立國，望特詔侍從官以上，各以所見考古軍制可行於今者，條具以聞。」從之。金人陷河間府。

十有二月丙辰朔，詔：「朕朝夕延見大臣，咨訪庶務，群臣進對，隨事盡言。退閱四方奏牘，少空則披覽載籍，鑒觀前古，獨於講學久未遑暇念。雖羽檄交馳，巡幸未定，亦不可廢。其以侍從四員充講讀官。萬幾之暇，就内殿講讀。」先是，御史中丞王賓乞開講筵，上納其言，故有是旨。詔諸路轉運司類省試以待親策。先是，諸州發解進士，當以今春試禮部，會國難，不果。上以道梗難赴，乃命諸路提刑司選官即轉運司所在州類省試。丁巳，詔：「朕罔好游畋，有以鷹犬輒稱御前者流海島。」辛酉，初命侍從監司、郡守各舉所知一人。至是，悉命赴都堂審察，除應待報人外皆罷之。御營使司都統制王淵入杭州。淵與統制官張俊馳至城下，傳呼秀州趙龍圖來。賊陳通出不意，遂出迎淵。後三日，淵、俊入州治，命軍士分守諸門，通等立於譙門之外，淵召其首二十人至庭下，遽執之。遂執其餘黨於門外，悉要斬之，凡百八十餘人。俊取杭州甲妓張穠以歸。癸亥，金人犯汜水關。初，左副元帥宗維聞上幸維楊，乃約諸酋分道入寇〔五二〕，中原大震。甲子，徽猷閣待制邢焕爲光州觀察使。用右諫議大夫衛膚敏論也。膚敏上疏論三事：「一曰守法度，二曰慎爵賞，三曰正紀綱。何謂守法度，祖宗之法，后族戚里不得任文資。迺者邢焕除徽猷閣待制，孟忠厚除顯謨閣直學士，士大夫莫不驚駭，願改正焕及忠厚官職，悉從舊法。」疏入，上以隆祐太后故，未忍奪忠厚職名，乃詔邢焕可特换光州觀察使。乙丑，諫官衛膚敏言：「比來王羲叟除命〔五三〕，旨自中出，用御寶以行下，既不由宰臣之進擬，又不由銓部之差注，議者咸謂因戚里佞幸干請而與之。願特詔有司，自今除授並行遣有罪之人，並須經由三省及宰執進呈，方得施行。或有干求請託，乞御寶以行下者，並重置於法。令御史臺覺察以聞。庶幾政事之本，一出朝廷，而天下治。」從之。戊辰，衛膚敏上疏，論營繕工作內降錫賚四事。給事中劉珏亦奏疏論內降營繕二事。上皆嘉納之。京兆府路經略制置使唐重度虜且入〔五四〕，以書別其父克臣曰：「忠孝不兩立，義不苟生，以辱吾父。」克臣報之曰：「汝能以身徇國，吾含笑入地矣。」重聞虜已濟河，復移書成都漕臣趙開，屬以身後，見者皆義之。庚午，除名勒停人李志道復添差入內內侍省都知。志道，憲養子，靖康末，坐典砲失職，有旨遠竄。至是，復用之。衛膚敏言：「志道在上皇朝弄權怙寵，勢可炙手，撓法害政，以亂天下，其惡不在童貫、譚稹、梁師成之下，奈何用赦復之。」上亟寢其命。甲戌，婁宿犯同州〔五五〕，守臣鄭驤死之。丙子，詔：「侍讀官於所讀書內或有所見，許讀畢具劄子奏陳。」用翰林學士朱勝非請也。宣政使容機落致仕，與外任宮觀。既草詞，衛膚敏言：「自古宦官用事〔五六〕，未有不爲國家患者。帝王作興，當蒐求賢佐以自輔，未聞有求閹宦於閒退之中而進用之者。」命遂格。戊寅，言者請：「以臺諫論奏係國之治亂、民之休戚、有裨今日政事、可以爲鑒戒者，陳諸黼扆之側。」詔：「自來年正月爲首置簿，令大臣擇其已施行者編寫進入。」庚辰，給事中劉珏試尚書吏部侍郎，右諫議大夫衛膚敏試中書舍人。初，膚敏受命纔再旬，言事至十數，黃潛善等忌之。會膚敏論孟忠厚未已，珏言：「憲度者，祖宗所以維持天下，列聖奉之而不敢違者。陛下欲承隆祐太后之意，而拂於祖宗之法，臣恐非所以爲孝也。忠厚與煥均以外戚而備超擢，均以文資而得法從，今一則易以廉車，一則尚仍舊授，臣恐非所以爲公也。」疏入，詔：「忠厚係隆祐太后之親，宜體朕優奉太后之意，書讀行下。」於是潛善等批上意，諭珏。珏堅持不可。膚敏奏：「若臣言是，則當罷忠厚法從之職。臣言非，則當正臣妄言之罪。」詔朝廷以次遷除，非由論事。膚敏力辭，遂與珏俱謁告不出。提舉西京嵩山崇福宫楊時試尚書工部侍郎〔五七〕。時年七十五矣。時入見，首言：「自古聖賢之君，未有不以講學爲先務者。」上深然之。中書舍人劉觀試給事中。觀嘗言：「今日之患在中國不在夷狄，在朝廷不在邊鄙，在士大夫不在盜賊。臣願陛下委諫官、御史，取崇寧以來饕餮富貴尤亡狀之人，編爲一籍，已死者著其惡，未死者明其罪。」且曰：「此以開邊用兵進者也，此以花石應奉進者也，此以三山河賞進者也，此以刻剥聚斂進者也，此以交結宦官貨賂權倖進者也。如此之類，列爲數十條，概其罪惡，疏其名氏，有司鏤板，播告天下，與衆棄之。如此，夷狄聞之莫不畏，盜賊聞之莫不服。」疏奏，上嘉納，遂命臺諫具名以聞。三省、樞密院參酌，省、臺各録副本，不許堂除及任守令。後不果行。初，温、杭二州上供物寄留鎮江，其間椅卓有以螺鈿爲之者。守臣錢伯言奏發赴行在。上惡其靡，亟令碎之通衢。詔：「自今服采在職，其各悉心極言。凡言動舉措之過差，暨軍旅財用之闕失，人情之逆順，政事之否臧，號令不便於民，法制無益於國，若時施設，咸得指陳，切至而有根源，忠鯁而無顧忌，亟當獎擢，昭示勸旌。」

臣留正等曰：忠言之於國，猶脉理之於身也。脉理通而後身安，忠言用而後國治。否則手足不相爲用，君臣不能無異意矣。漢高祖、唐太宗俱以能聽言而開創大業，武帝奢縱，能容一汲黯。武后淫虐，能容一狄仁傑，而不至於亂亡。言之有益於人之國也如此。太上皇帝導臣使言，委曲開諭，無所不至，三紀之間，博謀兼聽，見於施設者不可勝紀。間有逆耳咈意之論，自敵己以下受之，所不能堪者，亦欣然聽用而不拒，非甚盛德，其何能爾。中興之功，有光前代，端自是而致。

校證

〔一〕金虜　原作「金人」，再造本闕頁，據文海本回改。

〔二〕虜　此「虜」及以下三「虜」字，原均作「敵」，再造本闕頁，據文海本回改。

〔三〕虜人　原作「金人」，再造本闕頁，據文海本回改。

〔四〕虜　原作「金」，再造本闕頁，據文海本回改。

〔五〕金虜　原作「金人」，再造本闕頁，據文海本回改。

〔六〕去諂諛　文海本同，再造本闕頁，中興聖政卷一、繫年要録卷四、陳均皇朝編年綱目備要卷三作「拒諂諛」。宋史卷三六〇宗澤傳、宗澤宗忠簡集卷一上大元帥康王劄子作「拒諛佞」。

〔七〕皇穹　文海本同，再造本闕頁，中興聖政卷一作「皇天」，繫年要録卷四作「高穹」。

〔八〕舊服　再造本闕頁，文海本、中興聖政卷一同，繫年要録卷四作「近服」。

〔九〕至是　「至」字原脱，文海本同，再造本闕頁，據中興聖政卷一、繫年要録卷四補。

〔一〇〕虜　原作「敵」，據再造本、文海本回改。

〔一一〕虜於我矦命　原作「敵於我矦命」，再造本作「虜於我矦命」，文海本作「虜伺我釁」，今暫從再造本。

〔一二〕咸任　再造本、文海本、中興聖政卷一均作「咸在」。

〔一三〕靖康　李校：中興聖政卷一作「乾龍」。汪按：再造本、文海本亦作「乾龍」。

〔一四〕納租　文海本、中興聖政卷一同，再造本闕文，繫年要録卷五引何俌龜鑑作「納税」。

〔一五〕全才　再造本、文海本、中興聖政卷一、繫年要録卷五均同，李綱梁谿集卷五六上皇帝封事、歷代名臣奏議卷三四八作「雄才」。

〔一六〕殿班指揮使　再造本、文海本、中興聖政卷一、繫年要録卷五同，汪藻靖康要録卷一〇、文獻通考卷一五五兵考作「横行指揮使」。

〔一七〕給賣　原作「給賈」，據再造本、文海本、中興聖政卷一、繫年要録卷五校改。

〔一八〕吴幵　原作「吴开」，據上下文及再造本、文海本、中興聖政卷一、繫年要録卷五校改。

〔一九〕虜中　原作「北邊」，據再造本、文海本回改。

〔二〇〕濰州　原作「維州」，再造本、文海本、吕中類編皇朝中興大事記講義卷二同，然宋朝自景祐三年改維州爲威州後，即祇有濰州而無維州。今據宋史卷二五高宗紀、卷四四八忠義傳，中興聖政卷三，繫年要録卷一二校改。

〔二一〕潁昌府　原作「潁川府」，再造本、文海本、類編皇朝中興大事記講義卷二同，然宋無潁川府。今據宋史卷二五高宗紀、卷八五地理志，繫年要録卷一二、續宋中興編年資治通鑑卷一校改。

〔二二〕向子韶　原作「向子褒」，再造本、文海本、類編皇朝中興大事記講義卷二同，然據宋史卷二五高宗記、卷四四七忠義傳、繫年要録卷一三等，時任知淮寧府者乃向子韶，向子褒是其弟，時任知唐州，據以校改。

〔二三〕開德府之王棣　「開德府」原作「開寧府」，再造本、文海本同，然宋無開寧府，今據類編皇朝中興大事記講義卷二、宋史卷二五高宗紀、繫年要録卷一八、佚名靖康要録卷一〇及本書卷一六正文校改。「王棣」原作「楊隸」，再造本、文海本、類編皇朝中興大事記講義卷二同，據宋史卷二五高宗紀、中興聖政卷三及本書卷一六正文校改。另可參李正民大隱集卷一王棣贈資政殿學士制。

〔二四〕楊宗閔　原作「楊宗閱」，據本書前文、繫年要録卷五引吕中大事記、繫年要録卷一二正文、宋史卷二五高宗紀卷四四七忠義傳校改。「曾謂」，原作「曹謂」，再造本、文海本同，據宋史卷二五高宗紀卷四四七忠義傳、繫年要録卷一二、徐夢莘三朝北盟會編卷一一五及本書卷一六校改。

〔二五〕郭伯振　再造本、文海本、類編皇朝中興大事記講義卷二及繫年要録卷五注引大事記同，宋史卷二五高宗紀、卷四五三忠義傳，繫年要録卷一二及本書卷一六正文，均載建炎二年初，鄭州通判趙伯振因抵抗金軍而死，疑「郭伯振」爲「趙伯振」之訛。

〔二六〕一將一校　再造本、文海本同，繫年要録卷五注引大事記作「將校」。

〔二七〕必不棄　原作「必不葉」，文海本字殘，據再造本、繫年要録卷五引大事記校改。

〔二八〕高州　原脱，據再造本、文海本、中興聖政卷一補。

〔二九〕旲玕　原作「吴玕」，據再造本、文海本、中興聖政卷一、繫年要録卷六校改。下文「吴玕」同此，不復出校。

〔三〇〕破賊　「賊」，原作「賦」，中興聖政卷一、繫年要録卷六均作「敵」，據再造本、文海本校改。

〔三一〕虜　原作「敵」，據再造本、文海本回改。

〔三二〕斡離不　原作「斡里雅布」，據再造本、文海本回改。

〔三三〕一軍主　李校：中興聖政卷二作「一軍至」，繫年要録卷六作「一軍壘」，要録是。汪按：再造本、文海本亦誤作「一軍至」，中興小紀卷一、梁谿集卷一七五建炎進退志總叙卷一七九建炎時政記均作「一軍壘」，可作李校補證。

〔三四〕虜使　「虜」原作「金」，據再造本、文海本回改。

〔三五〕賊虜　原作「金人」，據再造本、文海本回改。

〔三六〕虜　原作「敵」，據再造本、文海本回改。

〔三七〕河東經制使　「河東」，原作「江東」，再造本、文海本、中興聖政均同，然前文言王𤩽被任命爲河東經制使，此不應作江東經制使，且下文言李綱建議措置「兩河」（河北、河東），又繫年要録卷七作「河東」，據校改。

〔三八〕幼老　李校：原作「勤老」，據中興聖政卷三改。汪按：再造本、文海本、繫年要録卷八注文亦作「幼老」。

〔三九〕縱火　李校：原作「縱人」，據中興聖政卷三、繫年要録卷八改。汪按：再造本作「火」，文海本字模糊。當從李校。

〔四〇〕虜　原作「金」，據再造本、文海本回改。

〔四一〕張浚　原作「張俊」，文海本同，據前文及再造本、中興聖政卷二、繫年要録卷八校改。

〔四二〕浚　原作「俊」，據前文及再造本、文海本、中興聖政卷二校改。

〔四三〕但黨耳　再造本、文海本、中興聖政卷二、繫年要録卷八均無此三字，而多「然猶送」三字，尋味文義，似當兩存，據補「然猶送」三字。

〔四四〕必主　二字原脱，再造本、文海本同，據繫年要録卷八注引龜鑒、劉時舉續宋編年資治通鑑卷一補。

〔四五〕維揚　原作「淮揚」，再造本、文海本、中興聖政卷二同，據繫年要録卷八注引龜鑒、續宋編年資治通鑑卷一校改。

〔四六〕胡人　原作「敵人」，據再造本、文海本回改。

〔四七〕虜　原作「敵」，據再造本、文海本回改。

〔四八〕虜　原作「敵」，據再造本、文海本回改。

〔四九〕邪　原作「邢」，據文義及再造本、文海本校改。

〔五〇〕擿玉　原作「摘玉」，據文義及莊子胠篋、再造本、文海本、中興聖政卷二校改。

〔五一〕王弁　再造本、文海本、中興聖政卷二同，繫年要録卷一〇作「朱弁」。據下文，似作「朱弁」是。下注文「黏罕也」，原作「尼雅滿」，據再造本、文海本回改。

〔五二〕諸酋　原作「諸帥」，據再造本、文海本回改。

〔五三〕王羲叟　原作「王義叟」，文海本同，據再造本、中興聖政卷二、繫年要録卷一一校改。

〔五四〕虜　此「虜」及下文「虜已濟河」之「虜」，原均作「敵」，據再造本、文海本回改。

〔五五〕婁宿　原作「羅索」，據再造本、文海本回改。

〔五六〕宧官　原作「宦官」，據再造本、文海本、中興聖政卷二校改。

〔五七〕工部　李校：原作「二部」，據中興聖政卷三、繫年要録卷一一改。汪按：再造本、文海本亦作「二部」。李校是。

宋史全文卷十六下

宋高宗二

戊申建炎二年春正月丙戌朔，上在揚州。戊子，金女真萬户銀朱陷鄧州，轉運副使劉汲攝守事，虜大至〔一〕，汲死之。丁亥，詔略曰：「河東、河北郡縣，自太原、真定失守之後，皆困攻圍，官吏軍民誓以死守，在昔兵火之際，有一城固守不下，則褒載信史，誇耀後世。今數千里之廣，億萬之衆，無一人忍負國者，忠義之俗，前古未有。訪聞失職之吏，失次之軍，失業之民，渡河東南者，未有所歸。其令帥臣、監司，悉心謀置，分布收繫。」壬辰，知鎮江府錢伯言奏：「已依處分，螺鈿椅桌於市中焚毁，萬姓觀者，莫不悦服。」上曰：「朕早來語御史張浚，還淳返朴，須人主以身先之，天下自然向化。」詔併真州榷貨務都茶場於揚州，以行在務場爲名。以黄潛厚言「真州地近行在，而兩處給鈔非便」故也〔二〕。金人犯東京，至白沙鎮，留守宗澤遣兵擊卻之。癸巳，復置明法科，嘗得解或被貢人許就試。乙未，詔：「自今犯枉法自盗贓人，令中書省籍記姓名，罪至徒者，永不叙用。按察官失於舉劾者，並取旨科罪，不以去官原免。」時議者以爲，崇、觀以來，贓吏甚衆，其害民甚於盜賊。故條約之。戊戌，婁宿陷長安〔三〕，守臣京兆府路經略使唐重死之。陝府西路轉運副使桑景詢、判官曾謂、京兆府路提點刑獄公事郭忠孝、經略司主管機宜文字王尚及其子建中，與馬步軍副總管楊宗閔皆死。提舉軍馬陳迪猶率餘衆巷戰，嘔血誓衆，虜大入，死之。忠孝，逵子，嘗事程頤授其易與中庸學。己亥，河南尹孫昭遠爲叛兵所殺。葉夢得提舉江州太平觀，坐守杭州軍變故也。庚子，主客員外郎謝亮持詔書賜夏國主乾順，何澤爲大學博士偕行。虜游騎至京城下，見宗澤不之備，疑不敢入。是日，統制官劉衍與虜遇於板橋，敗之，追擊至滑州。又敗之，虜引去。辛丑，入內內侍省押班邵成章除名，南雄州編管。時金人攻掠陝西、京東諸郡，而群盜起山東。黃潛善、汪伯彥皆蔽匿不以奏。及張遇焚真州，去行在六十里，上亦不聞。成章上疏條具潛善、伯彥之罪，曰必誤國。上怒，故有是命也。

臣留正等曰：自古人君求言之路至廣也。上自公卿百執，下逮芻蕘庶人，惟宦官、宮女不與焉〔四〕。豈以其皆無能言者與，直以其非所當言爾。非所當言而言，借曰有益，已非所宜〔五〕，況其未必有益，而常至於黨邪害正者乎。唐明皇時，雲南數喪師，邊將擁兵太盛，在朝之臣無一敢言，高力士一日獨爲明皇言之，可謂切矣。而論者猶以爲朝廷無賢，百官失職，而至於宦者言天下事，蓋深爲明皇不取也。邵成章言大臣之失，未必非衆人之所難言者。太上皇帝謂祖宗以來所未有，蓋以爲非所當言而言，故斷然竄黜之，可謂深得聽言之道矣。且内侍毁大臣，固在所當責，而其輒爲之譽者，亦豈免妄言之罪。或毁或譽，俱不由於左右近習，而以至明來天下之公論，不亦善乎。

劉豫，阜城人，世爲農，至豫始舉進士。中書侍郎張慤與豫有舊，力薦於朝，除知濟南府。時山東盜起，豫欲易東南一郡，而執政皆拒之，豫痛憾而去。金人陷鄭州，通判州事趙伯振率兵巷戰，爲流矢所中墜馬，虜剖其腹而殺之。癸卯，金人陷濰州。時右副元帥宗輔引兵犯山東，而京東無帥。朝議大夫周中世居濰州，獨不肯去，率家人乘城拒守。中弟辛盡散其財以享戰士，城陷，中闔門百口皆死。守臣韓浩亦遇害。浩，琦孫也。宗輔又陷青州。知臨淄縣陸有常率民兵拒守，死於陣。知益都縣張侃、知千乘縣丞丁興宗亦死。甲辰，知壽春府康允之奏丁進解圍。上謂輔臣曰：「此郡守得人之效也。卿等六人，宜廣詢人才，若人得二人，則列郡便得十餘守稱職，然須參議，不可徇私。」尋遷允之直龍圖閣。時進既受閤門宣贊舍人、京城外巡之命，遂引所部屯京城。往參留守宗澤，將士疑其非真，主管侍衛步軍司公事閭勍等請以甲士陰衛，澤曰：「正當披心待之，雖木石可使感動，況人乎。」及進至，澤拊勞甚至，待之如故吏。進等感服。

翌日，請澤詣其壁，澤許之不疑，進益懷感畏。後其黨有陰謀以亂京師者，進自擒殺之。丁未，詔曰：「凡今日奪攘縱暴之侶，皆異時忠義向方之人。白日照臨，明爾遷善之意。皇天覆幬，監予止殺之誠。應盜賊能回心易慮，散歸田野，或失業不能自還者，令所在官司條具以聞，朕當區處，其日前罪犯一切不問。」

臣留正等曰：民流散而至於奪攘，皆非其本心，苟生朝夕，失計而爲之也。從而殲之，不爲無罪。要非先有以化誨而使之自新，聖人不忍遽絶之也。斯詔之頒，勉其遷善之意，諭以止殺之誠，丁寧懇惻，亦云至矣。昔周之於頑民，勿庸殺而姑教之，且曰：「我惟一人，弗恤弗蠲，乃事時同於殺。」蓋言民爲亂而我不哀恤之，不蠲潔之，雖民以罪致死，與我殺之何異。周之待頑民如此，卒能致其保受。威命明德，同於友民，忠厚之風，詩人歌之。切讀斯詔，豈非所謂忠厚之至。

東京留守宗澤復奉表請上還京師，且曰：「京師乃太祖大一統之本根，薄海内外莫不率俾之地，陛下奈何不念四海生靈切切徯后之意，乃偏聽奸邪之言，託爲時巡，駐蹕淮甸，不思二帝蒙塵、朝夕懷迎取之志，陵寢園廟，久缺祭祀。願陛下以祖宗二百年基業爲意，早敕回鑾，則天下皆知一人來歸，盜賊屏息，夷狄鑠謀。」辛亥，詔曰：「近緣臣僚論列，乞以崇寧以來無狀之人編爲一籍，已降指揮，候諫官、御史具到，令三省、樞密院參酌施行。然念才行難於兼全，一眚不可終廢，當宏大度，咸俾圖新。除參酌到罪惡深重不可復用人外，並許隨材選任。如顯有迹效，可以補前行之失者，因事奏陳，特與湔洗，仍許擢用。」兩浙制置使王淵招賊張遇降之，得其軍萬人隸世忠。壬子，顯謨閣直學士提舉醴泉觀孟忠厚爲常德軍承宣使。用臺諫、給舍六章論列也。仍詔后族自今不得任侍從官，著爲令。詔以京師乏糧，出榷貨務錢五十萬緡，付留守司，召江淮兩浙商人入中。癸丑，太學生魏祐上書，論黄潛善、汪伯彦誤國十罪。不報。金人陷潁昌府，守臣孫默爲所殺。

二月乙卯朔，言者請令群臣入對，其所得上語，除機密外，關治體者，悉録付史官。從之。丙辰，詔：「太史局天文，自今除報御前外，並不許報諸處。」虜再犯東京〔六〕，宗澤遣統制官李景良、閻中立，統領官郭俊民等領兵萬餘，趨滑、鄭，遇虜大戰，爲虜所乘，中立死之，俊民降虜，景良以無功遁去。澤捕得，謂曰：「勝負兵家之常，不勝而歸，罪猶可恕，私自逃遁，是無主將也。」即斬之。既而俊民與虜將史姓者及燕人何祖仲直抵八角鎮，都巡檢使丁進與之遇，生獲之。虜令俊民持書招澤，澤謂俊民曰：「汝失利就死，尚爲忠義鬼。今乃爲虜游説，何面目見人邪。」捽而斬之，謂史虜曰〔七〕：「上屯重兵近甸，我留守也，有死而已，何不以死戰我，而反以兒女語脅我邪。」又斬之。謂：「祖仲本吾宋人，脅從而來，豈出得已。」解縛而縱之，諸將皆服。癸亥，罷在京及諸路市易務，以其錢輸左藏庫。惟抵當庫仍舊。甲子，金人犯滑州。東京留守宗澤聞之，謂諸將曰：「滑，衝要必争之地，失之則京城危矣。不欲再勞諸將，我當自行。」果州防禦使張撝曰：「願效死。」澤大喜，即以鋭卒五千授之。乙丑，開封府判官范延世奉宗澤表至行在。上諭以旦夕北歸之意。澤復上表以謝。丁卯，復延康殿學士爲端明殿學士，述古殿直學士爲樞密直學士。從舊制也。己巳，張撝至滑州，身率將士與虜迎，敵衆且十倍，諸將請小避其鋒，撝曰：「退而偷生，何面目見宗元帥。」鏖戰數合，日暮虜少卻。澤遣統制官王宣以五千騎往援，未至，撝再戰，死之。後二日，宣至滑州與虜大戰於北門〔八〕，士卒争奮，虜出不意，退兵河上。宣曰：「虜必夜濟。」收兵不追，半濟而擊之，斬首數百，所傷甚衆。澤即命宣權知滑州，且令載撝喪以歸，爲之服緦，厚加賻恤，仍請於上，贈撝拱衛大夫、明州觀察使，録其家四人。虜自是不復犯東京矣。辛未，殿中侍御史張浚試侍御史。時浚方上疏論：「祕書省正字胡珵，自託李綱，服童僕之役，而出入其寢室，朝夕交結，陰中善良。逮綱遭逐，營爲百計，密招群小鼓唱浮言，陳東之書，珵實筆削，意欲使布衣草萊之士，挾天子進退大臣之權，一時閧然，幾致召亂。按珵罪狀，天地不容。願褫奪官爵投之荒裔，永爲臣子立黨不忠之戒。」詔：「自今犯枉法自盜贓抵死者，籍其貲。」時議者以爲：「贓吏之盛，所在填溢，願明詔有司，應緣贓得罪及曾經按發，迹狀明白，並毋得與堂除及親民。自今有犯者，仍籍其貲。即監司、守倅失按郡縣，及監司失按守倅與失於互察者，並科違制之罪，不以去官原免。」上酌其言，乃詔贓、情俱重者籍沒，餘從之。祕書監李朴卒〔九〕。朴舉進士，國學、禮部皆第一，操履勁特，自爲小官，天下高其名。蔡京將强致之，俾其所厚導意，許以禁從。朴力拒不見，京怒形於色，然終不害也。壬申，中書舍人汪藻、滕康、衛膚敏並罷。或曰膚敏等在後省數論事，爲黃潛善所惡，故斥之。癸酉，銀朱陷蔡州。知汝陽縣丞郭贇朝服駡虜，不肯降而死。甲戌，詔曰：「自來以内侍官一員兼鈐轄教坊。朕方日拯憂念，屏絶聲樂，近緣内侍官失於檢察，仍帶前項。可減罷，更不差置。」丙子，金人陷淮寧府，知府事向子韶死之。其弟新知唐州子褒等與闔門皆遇害。子韶，子諲兄也。己卯，胡琿勒停，送梧州編管。用張浚章疏也。庚辰，禮部請令曾得解及免解武舉人，就淮南轉運司附埸類省試。從之。

三月丙戌，先是，執政以山東盜賊踵起，建請敕榜東京，其詞有云：「遂假勤王之名，公爲聚寇之患。」宗澤恐豪傑解體，是日，上疏言：「自移淮甸，强盜如蝟毛而起，正以去朝廷遠，無所歸，至於此耳。臣謂自京城圍閉，天下忠義之士梯山航海數千里争先勤王者，大臣不能撫而用之，使之饑饉流離，弱者填溝壑，强者爲盜賊，此非勤王之人罪，皆一時措置乖謬耳。今河東、河西不隨番賊而自保山寨者，不知其幾千萬人，諸處節義士夫不愛其身，而自刺其面爲爭先救駕者，亦不知其幾。陛下以勤王者爲賊，則此二者豈不失其心邪。此皆詞臣失職之過，願陛下黜代言之臣，更降罪己之詔，許還闕之期，則天下之人盡皆遷善遠罪，不犯有司，豈復有爲盜者。」不報。時有王策者，本遼舊將，善用兵，虜以千餘騎付之〔一〇〕，往來河上，澤密遣統制官王師正擒之，釋縛解衣，坐之堂上，爲言：「契丹本我宋兄弟之國，汝何不悟義協討，以刷社稷之耻。」策感泣，誓以死報。澤時呼策與語，策具言虜中虛實，澤又益喜，大舉之計遂決。尚書工部侍郎楊時兼侍講。辛卯，金人陷中山府。自靖康末受圍至是三年乃陷。甲午，詔經筵讀資治通鑑，遂以司馬光配享哲宗廟庭。時上初御經筵，侍講王賓講論語首篇，至「孝悌爲仁之本」，因以二聖母后爲言，上感動涕泣。侍讀周武仲進讀通鑑，上掩卷問曰：「司馬光何故以紀綱爲禮？」武仲敷述其義甚詳，因爲通鑑解義以進，每至安危治亂之機，必旁搜遠紹，極其規諫焉。侍讀朱勝非嘗言：「陛下每稱司馬光，聖意有恨不同時之嘆。陛下亦知光之所以得名者乎？蓋神宗皇帝有以成就之也。熙寧間，王安石創行新法，光每事以爲非是，神宗獨優容，乃更遷擢，其居西洛也，歲時勞問不絕。書成，除資政殿學士。於是四方稱美，遂以司馬相公呼之。至元祐中，但舉行當時之言耳。若方其爭論新法之際便行竄黜，謂之立異好勝，謂之沽譽賣直，謂之非上所建立，謂之不能體國，謂之不遵稟處分，言章交攻，命令切責，亦不能成其美矣。」上首肯久之。己亥〔一〕，東京留守復上疏乞車駕還京。時澤招撫河南群盜聚城下，又募四方義士，合百餘萬，糧支半歲。澤聞兩河州縣虜兵不過數百餘，皆脅使胡服〔二〕，日夜望王師之來，即召諸將，約日渡河。諸將皆掩泣聽命。澤乃上疏，大略言：「祖宗基業可惜，又陛下父母兄弟蒙塵沙漠，日望救兵。河北、河東、京之東西、陝西、淮甸間，億萬生靈之衆陷於塗炭，乃欲南幸湖外，蓋姦邪之臣，一爲賊虜方便之計〔三〕，一爲姦邪親屬皆已津置在南，爲臣不忠，一至於此。」時上遣中使譚璨賫詔書茶藥撫諭。澤上表謝。又請上還京師。庚子，河南統制官翟進復入西京。宗澤言於朝，即以進知河南府，充京西北路安撫制置使。石壕尉李彥仙復陝州，事聞，即以彥仙知陝州兼安撫司事。彥仙以信義治陝，與其下同甘苦，由是人多歸之。信王榛既唱起義兵，即遣和州防禦使馬廣赴行在〔四〕，先以其疏附東京留守宗澤以聞。

夏四月甲寅朔，磁州統制官趙世隆以所部詣宗澤降。世隆本磁州書佐，澤在磁，以爲中軍將。澤既去磁，以州事付兵馬鈐轄李侃。金人圍磁州急，州有禁軍，有民兵，民兵甚衆，禁軍恐其勢盛，將校郭進乃作亂。世隆與進謀，遂殺侃，以通判趙子節權州事。至是，世隆與其弟世興將三千人歸澤，將士頗疑之。澤曰：「世隆，吾一校耳，必無他，有所訴也。」乙卯，世隆入拜，澤面詰之，世隆辭服。澤笑曰：「河北陷没，而吾宋法令上下之分亦陷没邪。」命引出斬之。時衆兵露刃於庭，世興佩刀侍側，左右皆懼。澤徐語世興曰：「汝兄犯法當誅，汝能奮志立功，足以雪耻。」世興感泣。會滑州報虜騎留屯城下〔一五〕，澤謂世興曰：「試爲我取滑州。」世興忻然受命。丙辰，詔：「文臣從官至牧守，武臣管軍至遥郡，各薦所知二人，置爲二籍，一留禁中，一付三省、樞密院。遇監司、帥守、將官、鈐轄有闕，於所舉人内擢用之，犯贓連坐，即罪廢及法不當得之人，皆毋得舉。」用議者請也。戊午，趙世興至滑州，掩虜不備，急攻之，斬首數百，得州以歸，宗澤復厚賜之。時有降寇趙海者，屯板橋，輒塹路以阻行者。管軍閭勍嘗過其壘，海怒而羇之，覘事者以告。澤召之，海以甲士五百自衛而入。澤方對客，海具伏，即械之繫獄。客曰：「彼甲士甚衆，姑徐之。」澤笑謂其次將曰：「領衆還營。」明日誅海於市，聞者股慄。統制官楊進屯城南，王善者有衆二千餘，皆山東游手之人，先進來降，屯城北，二人氣不相下，一日各率所部千餘，相拒於天津橋，都人頗恐。澤以片紙諭之曰：「爲國之心固如是邪。當戰陣立功時，勝負自見。」二人相視，慚沮而退。己未，詔除京畿東西、河東北、陝西路許置巡社外，餘路並罷。先是，杭、温二州言已就緒，詔許存留。至是亦罷。宗澤復上表，請上還京，略曰：「陛下有姦臣之臆説，凴賊虜之詭辭〔一六〕，忘周室之中興，循晉惠之往轍。」時契丹九州人日有歸中國者，間有捕獲虜衆。澤選契丹漢兒引近坐前，推誠與語，諭以期奮忠義，共滅金賊〔一七〕，以刷父君之耻。即給資糧遣之。且賜以公憑，俟官軍渡河，以爲信驗，人令持數百本去。又爲榜文，散示陷没州縣，及爲公據付中國被虜在此之人，因驛疏以聞。澤遂結連諸路義兵，燕趙豪傑，嘗謂人曰：「事可舉矣，必俟回鑾，當以身先之。」故請上歸京尤力。庚申，詔御前軍器所見織戰袍工匠發還綾錦院，依限織進。初命監綾錦院姜焕擇良工，就御前軍器所專織戰袍，欲以賜有功將士。中書侍郎張慤等言於上，曰：「前日中人因事輒置局，紊亂紀綱，不可不深鑒。今若以織文責綾錦院，而使少府監督其程限，則事歸有司，於體爲正。」上曰：「甚善。」故有是命。上諭大臣曰：「故事，端午罷講筵，至中秋開。朕以寡昧，適兹艱難，知學先王之道爲有益，方孜孜經史，若講筵暫輟，則有疑無質，徒費目力〔一八〕。朕欲勿罷可乎？」大臣皆稱善。乃詔勿罷。時上在宫中，内侍有言講讀官某人敷陳甚善，臣今擬奬諭詔書以進。上曰：「此當出自朕意。若降詔書，自有學士，爾等小臣，豈宜不安分如此。」

臣留正等曰：閹寺之禍著矣。佞柔側媚，以狗馬聲色惑其君，禍之小者也。剽略書傳、誦説古今，以才藝自售，則其爲禍，豈易測哉。建炎之初，天子厲精求治，而宦者投隙肆言猶敢如此，亦可謂姦人之雄矣。非聖武英斷，絶其萌芽，則基亂胎禍，將何所不至。嗚呼。方其伺顔色、售方藝，能赫然拒絶之，固已難矣。又暴其情狀，盡告大臣，豈不甚難哉。至於清心寡欲，屏遠聲色，皆中興之本。臣是以論著之特詳焉。

乙丑，上諭輔臣曰：「朕每退朝，押班以下奏事，亦正衣冠再坐而聽，未嘗與之款昵。又性不喜與婦人久處，多坐殿傍小閣，筆硯外不設長物，静思軍國大事，或閲章疏。宫人有來奏事者，亦出閤子外，處分畢而後入。每日如是。」上恭己勤政如此。戊辰，尚書工部侍郎兼侍講楊時以老疾求去，章四上，既而除龍圖閣直學士提舉杭州洞霄宫。河北招撫司都統制王彦與金人戰於太行山，大敗之。東京留守宗澤復抗疏請上還京，且言：「丁進有衆數十萬，願爲陛下守京城。李成願扈從還闕，即渡河剿絶虜寇。楊進等領衆百萬，亦願渡河。兹二頭項人皆同寅協恭，共濟國事，願陛下速歸九重。盜賊、戎虜皆無足畏矣。澤以他日迎奉二聖還京，先修龍德宫以備道君皇帝臨御，以淵聖皇帝未有宫室，奏修寶籙宫爲之。」不報。皇弟信王榛爲河外兵馬都元帥。初，馬廣至東京見宗澤，至是始赴行在。廣既見，出榛奏事。於是，廣特遷元帥府馬步軍都總管。廣將行，奏四事，上皆從之。又許廣過河得便宜從事。時汪伯彦、黄潛善終以爲疑，乃以烏合之衆付廣，且密授朝旨，使幾察之。廣行，復令聽諸路帥臣節制。廣知事變，遂以其軍屯於大名。

五月甲申朔，宗澤再上表乞還京，且言：「今城壁已增固，樓櫓已修飾，龍濠已開濬〔一九〕，兵械已足備，寨栅已羅列，戰陣已習熟，人氣已勇鋭，蔡河、五丈河皆已通流，陝西、京東、滑臺、京洛番賊皆已掩殺，望陛下毋聽姦邪之言，以失兩河山寨之心，沮萬民敵愾之氣，而循東晉既覆之轍。」奏未至，會尚書右丞許景衡建請渡江，宰相黄潛善持不可，朝廷既得信王榛奏，或言榛有渡河入京城之謀，乙酉，下詔還京，詔略曰：「朕即位之初，踟躕近服。李綱上江左之章，繼執南陽之議，鳩工蕆事，寖失時幾，旋爲淮甸之行，就弭寇攘之患。守中原而弗遠見，朕意之所存，昨稽時措之宜，默辨言還之計，設施有序，播告未先。或者不知，尚多有請，可無委積，以謹備虞？宜令發運司盡起淮浙入京物解及軍須輜重等物〔二〇〕，以次發遣赴京師，朕將還闕，躬謁宗廟。」丙戌，詔後舉科場講元祐詩賦、經術兼收之制。中書省請習詩賦舉人不兼經義，習經義人止習一經。解試、省試並計數各取通定高下。禮部侍郎王綯嘗爲上言：「經義當用古注，不專取王氏説。」上以爲然。至是，申明行下。戊子，翰林學士朱勝非守尚書左丞。己丑，宗澤再奏：「乞掃洒龍德而改建寶籙宮，使天下知陛下孝於父而悌於兄，乞自御前處分。」不報。澤又上疏言：「今不忠不義之臣，但知身謀，謂祖宗基業不足恤，謂宗廟社稷不足顧，謂二聖后妃親王不足救，謂山陵園寢不足護，謂周室中興不足效，謂晉惠覆轍不足羞。效巡狩之名，守偏伯之地，儲金帛以爲虜資〔三〕，修器械以爲虜用，慮勇敢之殘虜，則禁守禦之招募，慮流移之安業，則掊保甲以助軍。凡誤國之事，靡不爲之。願陛下以此章揭之朝堂，令朝臣指摘，如臣言涉狂妄，乞明正典刑。不然，乞明告回鑾之期，以安天下之聽。」上優詔答之。辛卯，陝西、京東諸路及東京、北京留守並奏金人分道渡河。詔遣御營左軍統制韓世忠、主管侍衛步軍司公事閭勍率所部迎敵。命宗澤遣本司統制官楊進等援之。先是，澤聞河北都統制王彦聚兵太行山，即以彦爲忠州防禦使、制置兩河軍事。彦所部勇士萬數，以其面刺八字，故號「八字軍」。彦方繕甲治兵，約日大舉，欲趨太原。澤亦與諸將議六月起師，且結諸路山水寨民兵，約日進發。上奏曰：「臣欲乘此暑月，遣王彦等自滑州渡河，取懷、衛、濬、相等州，遣王再興等自鄭州，直護西京陵寢，遣馬廣等自大名取洺、相、真定，楊進、王善、丁進、李貴等各以所領兵分路並進。既渡河，則山寨忠義之民相應者不啻百萬，契丹漢兒亦必同心殲殄金人。事方就緒，乞朝廷遣使聲言立契丹天祚之後，講吾舊好，以攜虜情。遣知幾辯博之士，西使夏，東使高麗，諭以禍福，必出助兵，同加掃蕩。如此則二帝有回鑾之期，兩河可以安帖矣。願陛下早下還京之詔，臣當躬冒矢石，爲諸將先，則我宋中興之業，必可立致。若陛下以臣言爲不可用，望賜骸骨，放歸田里。」疏入，黃潛善等忌澤成功，從中沮之。澤歎曰：「吾志不得伸矣。」因憂鬱成疾。澤尹京幾歲，修城池，治樓櫓，不擾而辦。屢出師以挫虜鋒。其抗疏請上還京，凡二十餘上，言極切至。潛善與汪伯彥等雖嫉之深，竟不能易其任也。乙未，詔：「蘇軾立朝，履歷最爲顯著，追復端明殿學士，盡還合得恩數。」丙申，宇文虛中充大金通問使，武臣楊可輔副之。尋改虛中爲祈請使。壬寅，中書侍郎兼御營副使提舉措置户部財用張慤薨。慤立朝謇謇有大臣節，不可干以私，惟善許景衡與許翰，論事頗合。自爲執政，諫諍愈切，無所顧避。時黄潛善當國，專務壅蔽，自汪伯彥而下皆奴事之，不敢少忤其意。惟慤以直道自持，事必力争，雖言不行而不少屈。秉政未踰歲，遽薨於位，士民皆痛惜之。癸卯，大金通問使王倫始渡河，與其副朱弁至雲中，見宗維議事。金留不遣。乙巳，提舉杭州洞霄宫許景衡薨。景衡罷政而歸，至瓜州得暍疾，及京口，疾甚，端坐自語曰：「陛下宜近端人正士，以二聖、蒼生爲念。陸宣公奏議盡之矣。」景衡博通經史百家書，而其要歸於孔、孟。嘗曰：「孔門自洒掃應對以上，皆欲中道，以故修身行己，雖細必矜，與朋友言，怡怡辭氣。」及公言廷争，正色直前，視權倖若無有者。丁未，復置兩浙福建路提舉市舶司。其後遂並廣司復之。己酉，秀州軍亂。詔御營中軍統制張俊討之。庚戌，增天下役錢以爲新法弓手之費。癸丑，罷借諸路職田。自軍興始有拘借之命，至是詔：「圭田，士大夫仰以養廉，自今毋得借。」

六月乙卯，成都府轉運判官靳博文權罷邛州鑄鐵錢〔二二〕。以其歲用本錢二十一萬緡，而所鑄纔十一萬緡，得不償費故也。博文以便宜增印錢引六十二萬緡。自後諸大臣相繼視師，率增印矣。尚書省言：「檢會靖康元年已降指揮，人户願將金帛錢糧獻助者，計價依條補授名目。除河北、河東路已降官告外，餘路未曾給降。」詔尚書省度量給付逐路，如納及七千貫補承節郎，六千貫補迪功郎，並不作進納人，不得抑勒科配。丙辰，建州軍再亂，葉濃等進犯福州。戊午，尚書禮部侍郎王綯試御史中丞。黄潛善以綯柔懦無能，故薦爲臺長。己未，前知通州胡安國已除給事中指揮，更不施行。初趣赴行在，安國因於免奏有言曰〔二三〕：「臣賦性疏拙，全昧事幾。前當贊書，積日雖淺，適緣六押兼管兵刑，所降詞頭，苟有未便，不敢觀望，迷誤本朝，須至盡忠逐件論執，遂因繳奏，遍觸貴權，貽怒既多，幾蹈不測。今陛下撥亂反正，將建中興，而政事人才弛張升黜，凡關出納，動繫安危，聞之道途，揆以愚見，尚未合宜。臣切寒心。而況瑣闈典司封駁，儻或隱情患失，緘默不言，則負陛下委任之恩，其罪至大。若一一行其職守，事皆違異，必以戇愚妄發，干犯典刑，徒玷清時，無補國事，臣所以不敢上當恩命者也。」疏入，黄潛善大怒，言者因論安國被命經年，託疾不至，要流俗之譽，失人臣之禮。安國遂罷。庚申，侍御史張浚知興元府。浚好謀有大志，數招諸將至臺，講論用兵籌策。浚本黄潛善所引，至是，因請汰御營使司官屬，又論無謂虜不能來，當汲汲修備治軍，常若寇至，潛善始惡之。浚以母在蜀中求去，故有是命。未行，留爲尚書禮部侍郎。浚入對，上諭曰：「卿在臺中，知無不告，言無不盡。朕將有爲，政如欲一飛沖天，而無羽翼者。卿爲朕留，當專任用。」浚頓首謝。乙丑，御營中軍統制張俊引兵入秀州，前知州事趙叔近爲所殺，秀卒嬰城縱火，翌日，俊破關捕徐明等斬之。丁丑，命京畿、淮甸捕蝗。己卯，言者以東南武備利於水戰，宜於大江要害處精練水軍，廣造戰艦，緩急之際，庶幾可倚。詔江浙州軍措置，限一月畢。以知延安府王庶節制陝西六路軍馬。涇原經略司統制官曲端充節制司都統制。復置諸州學官四十三員。初，二帝既徙中京，御史中丞秦檜實從。既而聞上中興，上皇欲作書貽左副元帥宗維，與約和議。上皇草書已，諭駙馬都尉蔡鞗曰：「爲我示秦檜，更潤色之。」檜讀書嗚咽，即厚遺本路都統達於宗維，宗維有慚色。

秋七月癸未朔，資政殿學士、東京留守開封尹宗澤薨。澤爲黄潛善等所沮，憂憤成疾，疽作於背，至是疾甚。諸將楊進等排闥入問，澤矍然起曰：「澤固無恙，正以二帝蒙塵之久，憂憤成疾耳。爾等能爲我殲滅醜虜[二四]，以成主上恢復之志，雖死無恨。」衆皆流涕曰：「願盡死。」諸將出，澤復曰：「吾度不起此疾。古語云：『出師未捷身先死，長使英雄淚滿襟』。」遂薨，年七十。是日風雨冥晦，異於常日。澤將没，無一語及家事，但連呼「過河」者三，遺表猶贊上還京。先言已涓日渡河而得疾，其末曰：「囑臣之子，記臣之言，力請鑾輿亟還京闕。大震雷霆之怒，出民水火之中，夙荷君恩，敢忘尸諫。」澤自奉甚薄，方謫居時，饘粥不繼，吟嘯自如。晚年俸入稍厚，亦不異疇昔，食不兼味，衣敝不易。嘗曰：「君父當側身嘗膽，臣子乃安居美食耶？」所得俸賜，遇寒士與親戚貧困者輒分之，養孤遺幾百餘人。死之日，都人爲之號慟，朝野無賢愚皆相弔出涕，三學之士千餘人爲文以哭澤。初，澤既拘留金使，上屢命釋之，澤不奉詔。至是，宇文虚中至東京攝留守事，遂歸之。時上已除澤門下侍郎兼御營副使、東京留守，命未下而訃聞。詔贈觀文殿學士，進六官，後謚忠簡。

龜鑑曰：吾深惜夫宗澤，抱忠義之志，竟爲讒沮，鬱而不得少伸也。澤之尹京數月，城築已增固，樓櫓已修飾，壟濠已開浚，寨栅已羅列，義士已團結，蔡河、五丈河已皆通流，陝西、京東西、河東北盜賊皆已歸附，又非靖康戰守無備之比。然有張仲孝友主於內，而後吉甫得以專征戰於外。汪、黄既主幸東南之議，則宗澤還京之請雖二十疏而何益。百計排沮，憂憤成疾，出師未捷身先死，長使英雄淚滿襟。蓋亦抱無窮之恨。澤死而杜充代之，是何異以淵代遜，以姜維而續孔明之事功也。宗澤在則盜可使爲兵，杜充用則兵皆爲盜矣。

甲申，葉濃自福州引還建州，命謝嚮爲本路捉殺官，又遣御營統制張俊、兩浙提刑趙哲將卒二千人偕往討捕。丁亥，御筆：「國步多艱，人才爲急。如蔡京、王黼當國日久，孰不由其擬授，果賢且才，豈可不用。自今毋得分別。」時宰相黃潛善本王黼門人，故多引黼親黨以進，議者非之。戊子，詔：「自今士卒有犯，並依軍法，毋得過爲慘酷。」

史臣曰：愛而不能令，厚而不能使，亂而不能治，此兵法之患也。治軍固不可不嚴，然治之自有常法。若師出以律，孰敢不畏者，而諸將過爲慘酷，豈撫軍之道哉。

楚州發歸朝官至行在。上諭宰執曰：「聞州郡多囚繫此輩，甚者至經歲不得釋，少涉疑似則殺之，覆幬間皆吾赤子也，朕欲發諸郡拘囚歸朝官盡赴行在存撫之，庶幾可召和氣。」

臣留正等曰：古人有殺一不辜，而得天下弗爲者也〔二五〕。彼奸雄忍酷之言，至曰：寧我負人。嗚呼，人之用心，何止天壤之異哉。方建炎之初，所在盜起如蝟，窮荒絶漠，狼子野心之人，錯諸郡縣，有司爲之禁防，或未過也。而太上皇帝推天地覆載之德，視夷夏之民皆吾赤子，惻然哀矜，形於聖訓，凜然有三代王者之風。雖漢高帝之恢廓大度，〔二六〕不足言也。彼雖夷狄，亦人耳，脱身九死之餘，譬彼蛇雀，豈不知所以報哉。

辛丑，詔：「以春霆夏旱，飛蝗爲沴，命監司、郡守條政事之未便於民者，其大水飛蝗最甚之地，令百姓自陳量輕重捐其租焉。」壬寅，詔：「京官知縣兩任已上、實及六考，方許關陞諸州通判。」舊法不拘考數，至是申明之。甲辰，「詔：」「降充顯謨閣待制、北京留守杜充復樞密直學士，充開封尹、東京留守，且命充鎮撫軍民，盡瘁國事，以繼前官之美，遵稟朝廷，深戒妄作，以正前官之失。」自宗澤薨，數日間將士去者十五，都人憂之，相與請於朝，言澤子宣教郎穎嘗居戎幕，得士卒心，請以繼其父任。詔以穎起復充留守判官。充無意於虜〔二七〕，盡反澤所爲，由是，澤所結兩河豪傑皆不爲用。

八月癸丑朔，復諸路常平官，遂命諸路拘催青苗積欠本錢，自崇寧以來，皆不得免。甲寅，初鑄御寶：一曰皇帝欽崇國祀之寶，二曰天下合同之寶，三曰書詔之寶。戊午，詔：「行在左藏庫湫隘，自今綱運令户部於江寧、平江府置庫樁管。」〔二八〕尚書吕頤浩、侍郎葉夢得請命江、湖、二廣綱赴江寧，閩浙綱赴平江，惟川陜、京東西、淮南綱赴行在。從之。庚申，殿中侍御史馬伸言〔二九〕：「陛下龍飛河朔，近得黄潛善、汪伯彦以爲輔相，一意委任，不復致疑。然自大任以來，措置天下事未能愜當物情，遂使夷虜日强〔三〇〕，盜賊日熾，國步日蹙，威權日削。如吴給、張闓以言事被逐，邵成章緣上言遠竄，今是何時，尚以言爲諱。潛善近來自除臺諫，仍多親舊，李處遯、張浚之徒是也。又如張慤、宗澤、許景衡，公忠有才智，皆可重任，潛善、伯彦惡之，沮抑至死。周任有言曰：『陳力就列，不能者止。』孔子亦曰：『危而不持，顛而不扶，焉用彼相。』二人方且偃然自任，屹然不動。伏望速罷潛善、伯彦政柄，别擇賢者，共圖大事。」疏留中不出。承議郎趙子砥自燕山遁歸，至行在奏北事甚悉，言：「邇來遣使數輩，皆不得達。劉彦宗云：『金國只納楚使，焉知復有宋。其不可講和明矣。』」賜對嘉獎，以子砥知台州〔三二〕。辛酉，詔江淮六路量添賣酒錢，以爲造糧舟之費。己巳，詔試學官並用詩賦自來年始。辛未，淮南等路制置發運使梁揚祖遷徽猷閣直學士，以措置就緒也。茶法自政和以來，許商人赴官買引，即園户市茶，赴合同場稱發。淮、浙鹽則官給亭户本錢，諸州置倉，令商人買鈔算請，每三百斤爲一袋，輸鈔錢十八千，閩、廣鹽則隸本路漕司，官般運賣以助歲計，公私便之。自揚祖即真州置司，歲入錢六百萬緡，合東南産鹽之州二十二，總爲二萬七千八百一十六萬餘斤〔三三〕，通收鹽息錢一千七百三十餘萬緡，茶引錢二百七十萬餘緡。後增至二千四百萬緡，而四川三十州歲産鹽約六千四百餘萬斤，後隸總領財賦所贍軍。成都府路九州、利路二州歲産茶二千一百二萬斤，隸提舉茶馬司買馬，皆不繫版曹之經費焉。甲戌，上策諸道正奏名進士於集英殿。殿中侍御史馬伸試衛尉少卿。乙亥，策特奏名進士。初，吏部員外郎程昌寓與黄潛善論事不合，出知蔡州，郡已爲金人所破，昌寓招集流民，簡練師旅，日與群盜戰，每戰必克，遂爲强兵。

九月壬午朔，詔以杭州和買絹偏重，均十二萬匹於浙東西諸州。癸未，新除衛尉少卿馬伸責監濮州酒務。伸以論事不行，辭不拜，且録其所劾黄潛善、汪伯彦等疏申御史臺，乞誅責。詔：「伸言事不實，趣向不正，日下送吏部，與京東監當。」促使上道，死中路，天下冤之。甲申，丁進叛，率衆犯淮西。進初受宗澤招，澤薨乃去。尋命御營右軍副統制劉正彦以所部收進。庚寅，上御集英殿，賜諸路類省試正奏名進士李易等四百五十一人及第、出身、同出身。初，有司欲以上十人所對策進呈，且請以上意定名次。上曰：「朕委主司取士，必不錯。」乃悉從所擬，不復更易。

臣留正等曰：恭惟太上皇帝當建炎之初，策士於庭，一委主司，不以一人之好惡爲之升黜，天下之至公也。及紹興中，權臣罔上，假國家之科目，以私其子弟親戚，則聖斷赫赫然拔寒畯，抑權貴〔三三〕，亦天下之至公也。惟一出於至公，故靜則爲天地之度，動則爲之斷〔三四〕。傳曰：公生明。太上皇帝實有焉。

壬辰，詔褚宗諤等二十一人並令乘驛赴行在。校書郎富直柔、太學生王覺並令赴都堂審察。先是，黄潛善請用祖宗故事，命近臣各舉所知，以俟選擇。至是得召。癸巳，金人陷冀州，權知軍州事單某自縊死，將官李政屢禦退之，虜以計誘其副將使害政〔三五〕，故不能保，而城陷。丁酉，賜及第進士錢千七百緡爲期集費，自是以爲故事。李易等以上憂勞辭聞喜宴。從之。戊戌，上以所書資治通鑑第四册賜黄潛善。時上退朝，日覽四方章奏，暇則讀經史，嘗取孟子論治道之語書之素屏，因爲潛善言：「論孟乃幼年所習，讀之了無凝滯。」後五日，又書旅獒篇大有大畜卦以示輔臣。壬寅，統領密州軍馬杜彦獻赤芝，彦言：「草葉純赤，實符建炎美號。」癸卯，輔臣進呈，上曰：「朕以豐年爲瑞，今密爲盜區，且彦所獻何足爲瑞。其還之。」甲辰，黄潛善等奏謝宣示親書素屏易孟子，有旨勿拜。上曰：「朕自幼習孟子書，至成誦在口，不覺寫出。如旅獒乃因葉夢得進讀資治通鑑及之。又欲寫無逸篇，偶其字多，屏狹不能容，見別營度。」上又曰：「如孟子言用賢與殺皆察於國人。朕詳味斯言，欲謹守之，神交尚友，如與孟子端拜而議。」

冬十月丙辰，河北制置使王彦爲閤門宣贊舍人。彦至自東京赴行在，見黄潛善、汪伯彦力陳兩河忠義民兵引頸以望王師，言辭憤激，大忤潛善、伯彦之意，遂降旨免對，而有是命。庚申，命江淮制置使劉光世討李成。時成犯淮西故也。壬戌，詔葉夢得、孫覿、張澂討論常平法，條具取旨。始用覿奏也。癸亥，初復鈔旁定帖錢。先是，政和間，陳亨伯始議創經制錢。靖康初廢。至是，先取定帖錢，命諸路提刑司掌之。經制錢自此始。詔御營平寇左將軍韓世忠以所部自彭城至東平，中軍統制官張俊自東京至開德，以金人入寇故也。仍命河外元帥府總管馬廣互相應援。蓋未知廣已敗也。甲子，命常德軍承宣使孟忠厚奉隆祐太后幸杭州。癸酉，京西北路安撫制置使知河南府翟進戰死。進與金人夾河而戰，屢破之。時東京留守杜充酷而無謀，士心不附，諸將多不安之。馬廣、王彦既還朝，餘稍稍引去。宗潁屢争不從，力請歸持服。統制官楊進亦叛，進率其軍與楊進戰，爲賊所害。初，宗澤日繕兵爲興復計，兩河豪傑皆保聚形勢，期以應澤。未出師而澤卒，充無遠圖，由是河北諸屯皆散，而城下兵復去爲盜，掠西南州縣，數歲不能止，議者咎之。始命有司討論崇、觀以來濫賞。丙子，詔令到部官自陳有無繫討論之人，仍結除名罪。江淮制置使劉光世敗李成於新息縣，成遁走。御營都統制劉正彦擊丁進降之，分其兵隸諸軍。

十有一月癸未，初賣四字師號，每道價二百千。甲申，提舉西京嵩山崇福宫李綱責授單州團練使、萬安軍安置。初，綱既貶，會有旨，左降官不得居同郡，而責授忻州團練副使范宗尹在鄂州，乃移綱澧州居住。至是，有上書訟綱之冤者，御史中丞王綯因劾綱經年不赴貶所，又論綱靖康中要功劫寨，結衆伏闕，覆師太原，凡三罪，請投之嶺海。疏奏，遂有是命。壬辰，金人陷延安府，通判府事魏彦明死之。先是，虜諜知都統制曲端與經略使王庶不協，遂併兵寇鄜延。時端盡統涇原精兵駐邠州之淳化，庶日移文趣其進，且遣使臣十數輩，往説諭端，端不聽。端欲蕩賊巢穴，遣吴玠攻華州。端與玠會於寧之襄樂，延安城陷，庶無所歸，乃自馳至襄樂勞軍，欲倚端以自副。端彌不平，謀誅庶而奪其兵，不果，乃奪庶節制使印而遣之。癸巳，趙哲與葉濃戰於建州城下，大敗之，濃遂降。其後濃至張俊軍中，復謀爲變，俊執而誅之。乙未，金人陷濮州，又犯澶淵。知開德府王棣率軍民固守，爲軍民所害。經略司主管機宜文字鄭建古亦爲亂兵所殺。時相州圍久，守臣趙不試登城，遥謂金人請開門投拜乞勿殺，乃具降書啓門，而納其宗屬於井中，然後以身赴井。庚子，初，成都府路轉運判官趙開言榷茶、買馬五害，請用嘉祐故事，盡罷榷茶，仍令漕司買馬，或未能然，亦當痛減額以蘇園户，輕立價以惠行商。如此則私販衰而盜賊息矣。朝廷然之。擢開同主管川陝茶馬。是日，開至成都，遂大更茶法：官買賣茶並罷，倣政和都茶場法印給茶引，使商人即園户市之。茶引錢，每斤春七十、夏五十，市例、頭子在外。所過征一錢，住征一錢有半。置合同場以譏其出入，重私商之禁，號合同場，爲茶市，交易者必由市，而引與茶必相隨，違者抵罪。至四年冬，買馬乃踰二萬匹，引息錢至一百七十萬緡。辛丑，樞密都承旨邢焕爲保静軍承宣使。焕嘗爲上言：「馬伸言事切當，宗澤忠勞可倚。」再上疏言黄潛善、汪伯彦誤國，進戰退守皆無策可施。壬寅，親祀上帝於圜丘，配以太祖。詔曰：「朕承祖宗有道之長，賴黎獻戴宋之舊，嗣守神器，適歲當郊，衹見於皇天后土。大懼菲德〔三八〕，弗獲顧歆，乃先事三日，繁陰凝翳，震於朕心，罔燭靈旨，逮祖廟及壇，垂象燦炳，夜氣晏温，風靄澄霽，迄用成禮。朕既獲祇事，弗敢謂幸，矧敢怠康，方恐懼修省，以靈承扶持全安之眷。股肱大臣，其同寅協恭，思艱圖易，輔朕不逮，以倡百辟。耳目風憲，有言達於予聽，必忠必誠，毋奪於私。凡爾有官君子，飭躬謹行，惟職業是修，令部使者暨爾百僚，有爲有行，其必曰毋傷於民〔三七〕，毋害於國。中國爪牙之臣，敵愾戡難，毋貽名節羞。軍民戰士，咸奮忠力，毋至失業，毋依怙衆爲暴。」〔三八〕甲辰，金人犯德州，兵馬都監趙叔皎死之。陝州安撫司都統制邵興敗金人於絳州曲沃縣。金人陷淄州，涇原兵馬都監吴玠襲叛賊史斌斬之。葛進圍棣州，守臣姜剛之與戰，城破爲所害。初，河北制置使王彦既渡河，其前軍準備將岳飛無所屬，遂以其衆千人降於東京留守杜充。時种師道小校桑仲爲潰卒所推，亦降於充。充皆以爲將。

十有二月乙卯，隆祐太后至杭州。庚申，金人陷東平府。又攻濟南府，守臣劉豫遣其子刑曹掾麟與戰，虜圍之數匝〔三九〕，通判事張東益兵援之，虜乃去。即遣人啖豫以利，豫因有邪謀，與東偕往投拜。民遮道不從，豫遂縋城詣軍前通款。壬戌，言者論：「福建路茶之所自出，祖宗以來，商販自便，望罷鈔法，令都茶場照本路歲額印造茶引，付茶事司，廣行招誘客人入錢請買，計置輕賫赴行在〔四〇〕，毋得抑配州縣，及科率民户僧寺出買引錢。」從之。甲子，金左副元帥宗維陷北京，河北東路提點刑獄公事郭永死之。金人陷襲慶府，衍聖公孔端友已避寇南去。漢兒將啓宣聖墓，左副元帥宗維問其通事高慶裔曰：「孔子何人？」曰：「古之大聖人。」宗維曰：「大聖人墓豈可犯。」皆殺之，故闕里得全。乙丑，金人陷虢州。己巳，尚書右僕射兼中書侍郎黄潛善遷左僕射兼門下侍郎，知樞密院事汪伯彦守右僕射兼中書侍郎，仍並兼御營使。二人入謝，上曰：「潛善作左相，伯彦作右相，朕何患國事不濟。宜同心以副朕之意。」皆稽首謝。潛善入相踰年，當上初政，天下望治，潛善獨當國柄，專權自恣，而卒不能有所經畫。伯彦繼相，略與之同。由是胡寇益無所憚。尚書左丞顏岐守門下侍郎，尚書右丞朱勝非守中書侍郎，兵部尚書盧益同知樞密院事。戊寅，禮部侍郎張浚兼御營使司參贊軍事。上以邊事未寧，詔百官言所見。吏部尚書呂頤浩上備禦十策，言收民心，定廟算，料彼己，選將帥，明斥候，訓强弩，分兵器，備水戰，控浮橋，審形勢。其説甚備。殿中侍御史張守上防淮渡江利害六事，又請詔大臣惟以選將治兵爲急，凡細務付之都司六曹。潛善、伯彦滋不悦，乃請遣守撫諭京城。至是，聞北京陷，議者以爲虜騎且來，而廟堂偃然不爲備。浚率同列爲執政力言之，潛善、伯彦笑且不信，乃命浚參贊軍事，與頤浩教習河朔長兵。

校證

〔一〕虜　此「虜」及本月下文五「虜」字，原均作「敵」，據再造本、文海本回改。

〔二〕給鈔　原作「積鈔」，據再造本、文海本、中興聖政卷三、繫年要録卷一二校改。

〔三〕婁宿　原作「羅索」，據再造本、文海本回改。

〔四〕宫女　再造本、文海本、中興聖政卷三、繫年要録卷一二注文均作「女子」。

〔五〕已非所宜　再造本、文海本、中興聖政卷三、繫年要録卷一二注文均作「已爲非宜」。

〔六〕虜　此「虜」及下文六「虜」字，原均作「敵」，據再造本、文海本回改。

〔七〕史虜　原作「敵將」，據再造本、文海本回改。

〔八〕虜　此「虜」及下文四「虜」字，原均作「敵」，據再造本、文海本回改。

〔九〕李朴卒　李校：「卒」，原作「立」，據中興聖政卷三、要録卷十三改。汪按：再造本作「卒」，文海本作「立」，再造本可作校改依據。

〔一〇〕虜　此「虜」及本月下文二「虜」字，原均作「敵」，據再造本、文海本回改。

〔一一〕李校：己亥，原作「己巳」，中興聖政同，均誤，兹據要録卷十四改。汪按：再造本、文海本均作「己巳」，依干支時序，作「己亥」是，今從李校。

〔一二〕胡服　李校作變服，變字原爲空闕，據中興聖政卷三補。汪按：再造本、文海本均作「胡服」，應據回改。

〔三〕賊虜　原作「金人」，據再造本、文海本回改。

〔四〕馬廣　文獻中「馬廣」又作「馬擴」、「馬横」。宋史卷二五高宗紀作「馬擴」，而卷二四六宗室傳卻作「馬廣」，似原名「馬擴」，因避宋寧宗諱而改「擴」爲「廣」、「横」，當係作者所改，故不校改。

〔五〕虜　此「虜」及本段下文二「虜」字，原均作「敵」，據再造本、文海本回改。

〔六〕賊虜　原作「金人」，據再造本、文海本回改。

〔七〕金賊　原作「金人」，據再造本、文海本回改。

〔八〕目力　再造本、文海本字均不清，中興聖政卷三、繫年要録卷一五均作「日力」。

〔九〕龍濠　文海本、宗澤宗忠簡集卷一乞回鑾疏、歷代名臣奏議卷八六同，再造本、中興聖政卷三、劉時舉續宋編年資治通鑑卷一作「壟濠」，繫年要録卷一五作「池濠」。

〔一〇〕物解　再造本、文海本、中興聖政卷三同，繫年要録卷一五作「物料」，依宋人習慣，似應作「物斛」，「解」、「料」各係「斛」之形近訛。

〔一一〕虜　此「虜」及本月下文三「虜」字，原均作「敵」，據再造本、文海本回改。

〔一二〕邛州　原作「卭州」，據再造本、文海本、中興聖政卷三、繫年要録卷一六校改。

〔一三〕於免　再造本、文海本同，繫年要録卷一六作「放免」，似是。

〔二四〕醜虜　原作「仇敵」，據再造本、文海本回改。

〔二五〕天下　原作「夫下」，據再造本、文海本、中興聖政卷三、繫年要録卷一六注文校改。

〔二六〕漢高帝　原脱「高」字，再造本、文海本同，據繫年要録卷一六中興聖政「臣留正等曰」及文義補。

〔二七〕虜　原作「敵」，據再造本、文海本回改。

〔二八〕椿管　「椿」字原脱，據再造本、文海本、中興聖政卷三、繫年要録卷一七補。

〔二九〕馬伸　原作「馬仲」，文海本同，據再造本、中興聖政卷三、繫年要録卷一七校改。

〔三〇〕夷虜　原作「敵國」，據再造本、文海本回改。

〔三一〕台州　原作「合州」，據再造本、文海本、中興聖政卷三、繫年要録卷一七、續宋編年資治通鑑卷一校改。

〔三二〕李校：「總爲」，原作「鹽爲」，據中興聖政卷三改。汪按：再造本、文海本、繫年要録卷一七均作「總爲」不誤。

〔三三〕按繫年要録卷一七注引中興聖政「臣留正等曰」此處有「以端仕進之路」六字，再造本、文海本、中興聖政卷三均無。

〔三四〕動則爲之斷　再造本、文海本、中興聖政卷三同，繫年要録卷一七注引中興聖政「臣留正等曰」作「動則爲雷霆之威」，似是。

〔三五〕虜　原作「敵」，據再造本、文海本回改。

〔三六〕菲德　原作「非德」，據再造本、文海本、中興聖政卷三、繫年要録卷一八注引中興聖政、中興小紀卷四、徐夢莘三朝北盟會編卷一一九校改。

〔三七〕於民　中興聖政卷三作「下民」，與下文不協，且與上引諸書不同，今不取。

〔三八〕怙衆　中興聖政卷三作「怙終」，與上引諸書不同，今不取。

〔三九〕虜　此「虜」及下文「虜」字，原均作「敵」，據再造本、文海本回改。

〔四〇〕計置　原作「計直」，據再造本、文海本、中興聖政卷三、繫年要録卷一八校改。

宋史全文卷十七上

宋高宗三

己酉建炎三年春正月庚辰朔，上在揚州。[甲申]資政殿學士路允迪簽書樞密院事。丁亥，金人陷青州，又陷濰州。辛卯，陝西都統制邵興及金人戰於潼關，敗之。乙未，京城留守杜充襲其統制官張用於城南，不克，將官李寶爲所執。丙申，張守試起居郎兼權直學士院。守撫諭京師還，面奏：「虜人必來〔一〕，願陛下早爲之圖。」戊戌，京城統制官張用以一騎送李寶歸京師。丙午，金左副元帥宗維陷徐州，守臣王復死之。御營左將軍韓世忠潰軍於沭陽〔二〕，其將張遇死於漣水軍之張渠村。宗維入淮陽軍，京東轉運副使李祓從軍，爲所殺〔三〕。己酉，金人犯泗州。先是，禮部尚書王綯聞虜騎且南侵，率從官同對，上命至都堂議。黄潛善、汪伯彦笑曰：「諸公所言，三尺童子皆能及之。」是夕，泗州奏虜且至，上大驚，禁中倉皇以内帑所有通夕搬挈。

二月庚戌朔，駕御舟泊河岸。上即欲渡江，黄潛善等力請少留俟報，且搬左藏庫金帛三分之一。上許之。虜以數百騎奄至天長軍〔四〕，亟遣江淮制置使劉光世將所部迎敵，而士無鬭志，未至淮即潰。是日，揚州城内居民争門以出，踐死者無數。從官有詣都堂問二相者，黄潛善、汪伯彦皆曰：「已有措置，不必慮。」百官聞此，復自相慰。壬子，金人陷天長軍。上遣左右内侍鄭詢往天長軍覘事，知爲金人至，遽奔還。上得詢報，即介冑走馬出門，惟御營都統制王淵、内侍省押班康履五六騎隨之〔五〕。黄潛善、汪伯彦方會都堂，或有問邊耗者，猶以不足畏告之。堂吏呼曰：「駕行矣。」二人乃戎服鞭馬南騖〔六〕，軍民争門而出，死者不可勝數。上次揚子橋，一衛士出語不遜，上掣手劍刺殺之。時軍民怨黄潛善刻骨，司農卿黄鍔至江上，軍士呼曰：「黄相公在此。」數之曰：「誤國害民，皆汝之罪。」鍔方辨其非是，而首已斷矣。

龜鑑曰：虜破北京，張浚歷言，汪、黄笑而不答。虜迫揚州，群臣有問者，而汪、黄猶以不畏答之。大駕南幸，而都堂會食猶罔聞知，其雍容待敵，果何所恃而然哉？昔秦軍迫淮淝，而安石圍棋自如，安石所恃者，指授將帥之規模素定也。契丹犯澶淵，而萊公酣寢不動，萊公所恃者，決親征之策勝負已了然於胸中也。若汪、黄之所恃者，宇文虚中之使未回，庶幾和議可成耳。和其果足恃哉？

吕頤浩、張浚聯馬追及上於瓜洲鎮，得小舟即乘以濟。

張滙進論曰：黏罕之犯揚州也〔七〕，時御營之師必有十萬，而黏罕止有五六千騎。自建炎二年秋九月離雲中，下太行，渡黎陽，攻澶、濮山東諸州郡，以至犯揚州，可見疲勞之甚，此强弩飄風之末，無足畏也。兼是時兩河州郡尚有未陷者，山東州郡十陷二三，人心未安，糧道未集，盜賊蜂起，而不顧後患，投身深入我境，又可見其無知之甚也。時若我師乘其遠來新至，行列未定而擊之可也。或則深池堅城，拒而勿戰，以挫其鋭，以沮其意，且多方出兵邀其出掠者，彼萬里孤軍，後無委積，忌於相持，利於速戰，求戰不能，糧道不繼，又且野不能掠，以此制之，賊遁必矣。俟其既遁，襲而擊之，捨而縱之，皆可也。而乃望風之際，車駕渡江，六師自潰，爲賊乘之，席卷而去。此失於退一也。

是晚虜遊騎至揚州縱火，城内煙焰燭天。上至鎮江，宿於府治。癸丑，上召宰執、從官、諸將對宅堂計事。吏部尚書吕頤浩降階拜伏庭下。上顧濬善問之，頤浩以首叩地曰：「願且留此，爲江北聲援。不然，虜賊乘勢渡江〔八〕，愈狼狽矣。」二府皆曰善。既而王淵入對，言：「暫駐鎮江，止捍得一處，若虜自通川渡先據姑蘇，將若之何？不如錢塘有重江之阻。」諸内侍以爲是。禁衛涕泣，語言不遜，上顧中書侍郎朱勝非曰：「卿出問之。」勝非傳旨，皆以未見家屬爲對。勝非諭之曰：「已有旨分遣舟專載衛士妻孥矣。」衆帖然。勝非還奏，上曰：「已晚矣。」適議定不若徑往杭州，此中諸事暫留卿處置。事定即來。」即上馬行，以頤浩充江浙制置使，劉光世爲行在五軍制置使，屯鎮江，控扼江口。又以主管侍衛馬軍公事楊惟忠節制江南東路軍馬，屯江寧府。金人入真州。甲寅，上次常州。御營平寇前將軍范瓊引兵至壽春，其所部執守臣紹密殺之。乙卯，上至無錫縣。丙辰，上次平江府，始脱甲冑御黄袍，侍衛者皆有生意。命承信郎甄援往江北招集衛兵。援本太學諸生，靖康中，十上疏論利害，及還，遷保義郎。丁巳，衛膚敏入對。膚敏在維揚，數請早幸建康，上思其言，復召。金人犯泰州。戊午，上將發平江，中書侍郎朱勝非自鎮江來。初，上以吴江之險可恃，議留大臣鎮守。勝非既對，上欲除勝非兼知秀州。輔臣言：「秀非大臣鎮守之地。」乃以御札命勝非充平江府、秀州控扼使。勝非再留身，言：「臣雖備員執政，與諸軍無素。更乞從官一員同治事。如吕頤浩、張浚皆兼御營司參贊軍事，可用也。」於是上問近臣誰能佐勝非者，浚慷慨願留，遂命浚同節制控扼等事，仍詔勝非事有奏陳不及者，聽便宜施行。訖奏，浚受命即出城決水溉田，以限戎馬，列烽燧，募土豪，措置捍禦。金人陷滄州。己未，上次秀州。庚申，御舟次崇德縣。江淮制置使吕頤浩從上行，即拜同簽書樞密院事、江淮兩浙制置使。上諭以：「金人尚留江北，卿可還屯京口。」頤浩即以王淵所部精兵二千人還鎮江府，遣御營中軍統制張俊以所部八千人往吴江縣防捍〔九〕。時朝廷方以虜寇渡江爲患〔一〇〕，故命大將楊惟忠守金陵，劉光世守京口，王淵守姑蘇，分授二大臣節度。於是韓世忠在海道未還，而范瓊自壽春渡淮引兵之淮西，境上扈駕者惟苗傅一軍而已。壬戌，上至杭州，以州治爲行宮。金人陷晉寧軍，守臣徐徽言死之。統領孫昂亦不屈而死。癸亥，朝群臣於行宮，降詔罪己，求直言。乙丑，德音：釋諸路囚雜犯死罪以下，士大夫流徙者悉還之，惟責授單州團練副使李綱不以赦徙，蓋黃潛善建陳，猶欲罪綱以謝虜也。

大事記曰：汪、黃之所主者和議而已，故竄馬伸，殺陳東、歐陽澈，罷衛膚敏、許景衡，以遂其私。方且奏復科舉，策進士，行郊祀，定配享，置講讀官，以文其欺。幸而渡江，猶罪李綱以謝虜，冀和議之可成耳。彼其説曰：非和則所以速二聖之禍。然虜與我有不共戴天之讎，則其不可和也明矣。祈請使還，而兩河被兵，通問使遣，而維揚入寇，虜豈虛言之所能動哉。

命侍從及寺監長貳、郎官限二日，舉有才術之士二人。故事，薦士不及郎官，蓋特恩也。一日進呈奏狀，上曰：「今所薦士不比常時，便當擢用之，命赴都堂審察。」明日，復曰：「不若便令登對，朕當親自延見之。」出宮人百八十人。宰相黃潛善、汪伯彦再上疏請罪。自上即位以來，二人專持國柄，至是盜賊充斥，宗社播遷，議者皆欲正其誤國之罪，而潛善等居位偃然，猶無去意，中外爲之切齒焉。置江寧府榷貨務都茶場。戊辰，詔：「國步艱難，謀慮之士咸願獻陳，可令左右司輪官設次，看詳所陳納尚書省。」〔一〕金人焚揚州，士民皆死，存者纔數千人而已。己巳，尚書左僕射黄潛善、尚書右僕射汪伯彦罷。時御史中丞張澂上疏劾潛善、伯彦大罪二十，疏入未報，遂以狀申尚書省。潛善、伯彦乃復求去。簽書樞密院事路允迪奏曰：「時方艱棘，不宜遽易輔相，乞責以後效。」詔押赴都堂治事。已而皆罷爲觀文殿大學士，潛善知江寧府，伯彦知洪州。

大事記曰：方上之在相州也，虜兵未退，此申包胥哭於秦庭之時也。時則當以宗澤進兵京城之請爲義，而黄潛善、汪伯彦沮之。迨上之次濟州也，虜兵已退，此晉大夫反首茇舍之時也。時則當以宗澤邀虜歸路之請爲義，而汪、黄又沮之。迨上之即位南京，此肅宗即位靈武、二年而復兩京之時也。時則當以李綱獨留中原之請爲義，而汪、黄又沮之。中興之初，綱在内，澤在外，此天擬二人以開建紹之業者也，而綱爲汪、黄所沮，纔七十五日而去位，豈非天邪。澤爲汪、黄所沮，未及一年而憤死，又豈非天邪。綱罷而汪、黄相於内，澤死而杜充繼於外，天下事一變矣。綱在位，則措置兩河兵民稍集，綱去，則經制招撫罷，而兩河無兵矣。綱在位，則僞臣叛黨稍正典刑，綱去，則叛臣在朝而政事乖矣。綱在，則澤之志行，綱去，則澤之志沮。澤在，則盜可爲兵，充守，則兵皆爲盜。澤在，則黏罕遁，充用，則虜至維揚矣。内無綱外無澤，此建炎之失其機，則汪、黄二人爲之也。

户部尚書葉夢得守尚書左丞，御史中丞張澂守尚書右丞。辛未，湖州民王永從獻錢五萬緡以佐國用，上不納，或曰：「曩已納其五萬緡矣。」乃命併先獻者還之，仍詔自今富民毋得輒有陳獻。詔御營使司止管行在五軍，其邊防措置等事並歸三省、樞密院。壬申，觀文殿大學士黃潛善提舉南京鴻慶宮，汪伯彥提舉西京嵩山崇福宮，所除職去大字。用言者奏劾也。甲戌，潛善、伯彥落職奉祠。乙亥，詔陳東、歐陽澈並贈承事郎〔三〕，官有服親一人，令所居州縣存恤其家。降授奉議郎、監濮州酒務馬伸除衛尉少卿，赴行在。先是，尚書左丞葉夢得初謝，上諭宰執曰：「始罪東等，出於倉卒，終是以言責人，朕甚悔之。今方降詔求言，當令中外皆知此意。」上復曰：「伸前責去亦非罪，可召還。」或奏曰：「伸已死。」又贈直龍圖閣。丙子，詔曰：「朕以菲躬，遭時多故，舉事失當，知人不明。昨以宰臣非才，任用既久，專執己見，壅塞下情，事出倉皇，匹馬南渡，深思厥咎，在予一人。既已悔過責躬，洗心改事，放斥宮嬪，貶損服御，罷黜宰輔，收召俊良。尚慮多方，未知朕志，自今政事闕遺，民俗利病，或有關於國體，或有益於邊防，並許中外士民直言陳奏，朕當躬覽采擇施行，旌擢其人，庸示勸獎。」知婺州蘇遲言：「本州上供羅乞減其半。」詔減二萬八千匹，著爲定制，仍令給以本錢。戊寅，呂頤浩奏已復揚州。

三月己卯朔，詔金人已退，當進幸江寧府，經理中原。庚辰，中書侍郎朱勝非守尚書右僕射兼中書侍郎兼御營使。金人分兵犯江陰，至夏港。守臣胡紡遺統制官王換等拒敵，且謂簽書判官廳公事李易曰：「吾曹有死城郭之義，公母宜勉之少避。」易歸告其母蔣氏，蔣氏曰：「我去則汝決不肯堅守，願與汝同死生。」聞者感泣。降授右武大夫、和州防禦使馬廣應詔上書言：「前日之事，其誤有四，其失有六。願陛下幸巴蜀之地，用陝右之兵，留重臣使鎮江南，委健吏以撫淮甸，破金賊之計〔三〕，回天下之心，是爲上策。都守武昌，襟帶荆湖，控引川廣，招集義兵，屯布上流，扼據形勢，密約河南諸路豪傑，許以得地世守，用爲屏翰，是爲中策。駐蹕金陵，備禦江口，通達漕運，亟製戰艦，精習水軍，厚激將士，以幸一勝，觀敵事勢，預備遷徙，是爲下策。若貪顧江湖陂澤之險，納探報之虚言，緩經營之實績，倚長江爲可恃，幸金賊之不來，猶豫遷延候至秋冬，使金賊再舉，驅虜舟檝〔四〕，江淮千里，數道並進，方當此時，然後又悔，是爲無策。」累數千言，皆切事機。是日，日中有黑子。辛巳，尚書左丞葉夢得罷。上批：「夢得深曉財賦，可除提舉中太乙宫兼侍讀、提領户部財用，充車駕巡幸頓遞使。」夢得執政凡十四日而罷，辭不拜，遂徑歸卞山。御營使司都統制王淵同簽書樞密院事仍兼都統制。淵自平江赴行在，既對，遂有是命。諸將多不悦者。淵輕財好義，家無宿儲，每曰：「朝廷官人以爵，使禄足代其耕也，若切切事錐刀，我何愛爵禄，不爲大賈富商耶。」同簽書樞密院事、江淮兩浙制置使吕頤浩爲江南東路安撫制置使兼知江寧府。御營使司參贊軍事張浚請沿江要害州軍置强弩營，選州禁兵、縣弓手爲之。仍專置軍器提舉官，募公私匠人以除戎器，乃命諸路憲臣措置製造赴行在。命學士、給舍輪日於禁中看詳臣民章奏，條上，仍不用内侍輪送，止實封往反。壬午，初，扈從統制苗傅自負世將有勞，以王淵驟得君，頗觖望。起復威州刺史劉正彦嘗招降劇盜丁進等，以賞薄怨。始淵既薦正彦，復檄取其所予兵。正彦執不遣，以此怨淵。上在維揚，入内内侍省押班康履頗用事，妄作威福，諸將多疾之。及幸浙西，道經江左右，宦者以射鴨爲樂。比至杭州，江下觀潮，中官供帳赫然遮道。傅等曰：「汝輩使天子顛沛至此，猶敢爾邪。」有中大夫王世修者，爲傅幕賓。世修嘗疾閹宦恣横，爲尚書右丞張澂言之。澂不納。世修退爲劉正彦言之，正彦曰：「君言甚忠，當與君同去此輩。」俄聞淵入右府，傅、正彦以爲由宦者所薦，愈不平，遂與世修及其徒王鈞甫、馬柔吉、張逵等謀先斬淵，然後殺内侍。鈞甫、柔吉皆燕人，所將號赤心軍。議已定，癸未，制以劉光世爲檢校太保、殿前都指揮使，百官入聽宣制，傅、正彦令世修伏兵城北橋下，俟淵朝退，即捽下馬，誣以結宦官謀反，正彦手斬之，遂遣人圍康履家，分兵捕内官，凡無鬚者皆殺。正彦既斬淵，即與傅擁兵至行宫北門外。衛士出刃以指其軍，傅、正彦遂陳兵於門下。中軍統制吴湛遣人口奏：「傅、正彦手殺王淵，以兵來内前，欲奏事。」上大駭愕。朱勝非請往問之。勝非急趨樓上，厲聲詰問專殺之由。吴湛引傅所遣使臣入内附奏曰：「苗傅不負國家，止爲天下除害耳。」知杭州康允之見事急，率從官扣內東門求見，請上御樓慰諭軍民。日將午，上步自內殿登闕門，百官皆從。權主管殿前司公事王元大呼曰：「聖駕來。」傅等見黃蓋，猶山呼而拜。上憑欄呼傅、正彥問故。傅厲聲曰：「陛下信任中官，賞罰不公，軍士有功者不賞，內侍所主者乃得美官。黃潛善、汪伯彥誤國至此，猶未遠竄。王淵遇賊不戰，因交康履乃除樞密。臣自陛下即位以來，立功不少，顧止作遥郡團練使。臣已將王淵斬首，中官在外者皆誅訖，更乞康履、藍珪、曾擇斬之，以謝三軍。」上諭以：「內侍有過，當流海島，卿可與軍士歸營。」傅曰：「今日之事，盡出臣意，三軍無預焉。且天下生靈，無辜肝腦塗地，止緣中官擅權，若不斬履、擇，歸寨未得。」上不得已，命吴湛執履，衛士擒至闕門，履望上呼曰：「何獨殺臣？」遂以付傅等，即樓下腰斬之，梟其首與淵首相對。上諭傅等歸寨，傅等因前出不遜語，大略謂上不當即大位，將來淵聖皇帝來歸，不知何以處。上命朱勝非縋出樓下，委曲諭之。傅請隆祐太后同聽政，及遣使金人議和。上許諾，即下詔書恭請隆祐太后垂簾權同聽政。傅、正彥聞詔不拜，曰：「自有皇太子可立。況道君皇帝已有故事。」上徐謂勝非等曰：「朕當退避，但須禀於太后。」勝非言：「無此理。」顏岐曰：「若得太后自諭之則無辭矣。」上乃令岐入奏，又命吴湛諭傅等曰：「已令請太后御樓商議。」太后御黑竹輿出立樓前，見傅等，執政皆從之。傅、正彥拜於輿前，曰：

「今百姓無主，肝腦塗地，望太后爲天下主張。」后曰：「自道君皇帝任蔡京、王黼，更祖宗法度，童貫起邊事，所以招致金人，養成今日之禍，豈關今上皇帝事。況皇帝聖孝，初無失德，止爲汪伯彥、黄潛善所誤，今已竄逐，統制豈不知？」傅曰：「臣等已議定，豈可猶豫。」后曰：「待依所請，太后權同聽政。」傅等抗言必欲立皇子。后曰：「皇子方三歲，太后以婦人之身，簾前抱三歲兒，何以令天下。夷狄聞之，豈不轉加輕侮。」傅、正彦號哭固請，后不聽。傅等語言益迫，太后還入門。上遣白以：「事無可奈何，須禪位。」上即所御椅子上作詔曰：「朕自即位以來，强敵侵凌，遠至淮甸，其意專以朕躬爲言。朕恐其興兵不已，枉害生靈，畏天順人，退避大位。朕有元子，毓德東宫，可即皇帝位。恭請隆祐太后垂簾同聽政事，庶幾消弭天變，慰安人情。敵國聞之，息兵講好。」上書詔已，遣人持下，宣示二凶。勝非至樓下，呼傅幕屬將佐問之。王鈞甫進曰：「二將忠有餘而學不足耳。」宣詔畢，傅、正彦麾其軍退。勝非又奏：「母后垂簾，須二人同對。臣有獨奏事，不可形於紙筆者，豈可與他人同之。欲降旨以時事艱難，許臣僚獨對。」太后曰：「彼不疑否？」勝非曰：「乞自苗傅始。仍與其徒日引一人上殿，以弭其疑。」勝非退，太后語上曰：「賴相此人，若汪、黄未退，事已不可收拾矣。」他日，傅等入對，太后勞勉之，傅等皆喜。由是，臣僚獨見論機事，賊亦不疑矣。是日，上移御顯忠寺。甲申，太后與魏國公垂簾，朱勝非稱疾不出。太后命執政詣其府，勝非乃出。是日，上徽號曰睿聖仁孝皇帝，以顯忠寺爲睿聖宮。制曰：「太上睿聖仁孝皇帝以權宜之計，駐蹕吴江，深慮敵人指爲釁隙，興師不已，結禍彌深，濫使無辜，肝腦塗地。退避大位，傳於眇躬。隆祐太后練達國家之務，深得臣庶之情，恭請垂簾同聽政事。宜霈湛恩，以宥多辟。可大赦天下。」丙戌，赦書至平江府，節制軍馬張浚聞有赦，慮時方艱危，事變莫測，諭守臣湯東野遣親信官至前路發封以告。少頃，東野馳來曰：「事變矣。」袖以示浚。浚遂走人入杭州伺其實。時右司員外郎黄槩、兩浙轉運司幹辦公事吕摭亦遣進武副尉魏傳齎蠟書，遺浚及吕頤浩，言傳等叛逆之詳。江東制置使吕頤浩至江寧，舍館未定，忽奉内禪詔赦，遂會監司議，皆莫敢對。退謂其屬官李承邁曰：「是必有兵變。」承邁曰：「詔詞有畏天順人之語，此恐其出於不得已也。」其子抗侍側，曰：「主上春秋鼎盛，豈肯遽遜位於沖幼乎。灼知兵變無疑矣邪。」頤浩即走人入杭伺賊，並寓書於張浚、劉光世，痛述國家艱難之狀，别以片紙遺浚曰：「時事如此，吾儕可但已乎。」時有自杭州齎傳等檄文至平江者，浚讀之慟哭，乃決策舉兵。夜召兩浙路提點刑獄公事趙哲，告以故，令哲盡調浙西射士，以急切防江爲名，使湯東野密治財計。戊子，御營前軍統制張俊以兵至平江府〔一五〕。俊初屯吴江縣，傳等以其兵屬趙哲，使俊之鳳翔。會統制官辛永宗自杭乘小舟至俊軍，具言城中事，將士洶洶，俊諭之曰：「若等無譁，當詣張侍郎求決。侍郎忠孝，必有籌畫。」至是，俊至平江〔一六〕，平江人大恐，會俊被省劄召赴行在，令將所部人馬盡付趙哲。浚披衣起坐，不能支持。頃之，湯東野直入，浚問知其故，浚知上遇俊厚，而俊純實可與謀事，諭東野亟開門納之，一軍遂定。浚曰：「太尉知皇帝遜位之由否？此蓋苗傅等欲危社稷。」言未訖，泣數行下。俊亦大哭。浚諭以決策起兵問罪。俊泣拜，且曰：「此事須侍郎濟以機術〔一七〕，勿令驚動官家。」浚哽咽首肯。移時，辛永宗、趙哲至，浚即同趙哲馳入張俊軍撫諭，且厚犒之，人情大悅。浚以蠟書諭呂頤浩、劉光世起兵狀，又命俊先遣精兵二千扼吳江。己丑，制以建炎三年三月十一日爲明受元年。先是，傅乞改年號，劉正彥乞移蹕。又二日，傅、正彥至都堂申言二事。勝非以移蹕爲不可，傅趣遣使，勝非曰：「已議定，朝夕行。」傅曰：「人言炎字是兩火，故多盜，乞早改元。」勝非以奏太后，曰：「三事中惟年號稍輕，若全然不從，恐別生事。」節制平江府常秀湖州江陰軍軍馬張浚言：「臣竊以當今外難未寧，内寇並起，正人主憂勞自任，馬上求治之時。恐太母以柔靜之身，皇帝以幼沖之質，端居深處，責任臣僚，萬一强敵侵陵，則二百年宋朝社稷之基拱手而遂亡矣。臣愚不避萬死，伏乞太母陛下、皇帝陛下特軫宸慮，祈請睿聖念祖宗委託之重，思二帝屬望之勤，不憚勤勞，親總要務，據形勝之地，求自安之計，抑去徽名，用柔敵國。然後太母陛下、皇帝陛下監國於中，撫靜江左。如此則國家大計似爲得之。」前密州州學教授邵彪見浚於軍中，浚問策安出，彪曰：「以至順誅大逆，易特反掌，顧公處之何如耳。」浚曰：「張俊指天誓地，願以死援君父之辱。韓世忠有仗節死難之志。二人可倚以辦事。惟浚士卒單弱，恐不足以任茲事。但呂樞密屯兵江寧，其威望爲人所信向，且通亮剛決，能斷大事，當爲天下倡。劉光世屯軍鎮江，兵力强悍，謀議沈鷙，可以倚仗。浚皆馳書往矣。」是日，呂摭書至江寧。頤浩執書以泣，曰：「果如所料，事不可緩矣。」再發書與張浚及諸大將約會兵。庚寅，提舉南京鴻慶宮黄潛善、提舉西京嵩山崇福宮汪伯彥並責祕書少監〔一八〕，潛善衡州，伯彥永州，並居住。置行在都茶場出賣茶引。紹興二年閏四月，又置務場於建康〔一九〕。同簽書樞密院事、江淮兩浙制置使兼知建康府呂頤浩言：「臣契勘，自崇寧以來，内侍童貫、譚稹互掌兵柄二十餘年，基禍流毒，遂令徒黨爲害。近聞將相大臣剿戮内侍，誠可以快天下之心，紓臣民忿怒之氣。但方今强敵乘戰勝之威，諸盜有蜂起之勢，興衰撥亂，事屬艱難，豈容睿聖皇帝退避大位，而享安逸。伏望太后陛下、皇帝陛下不憚再三祈請睿聖皇帝亟復皇帝位，親總萬幾，然後駕幸江寧，以圖恢復。如此，則宗廟社稷有無疆之休，將相大臣有無窮之福。」先是，張浚欲遣辯士持書説二賊，使無他圖，以待諸將之集。念無可遺者，夜分不寐。浚客遂寧馮轓素負氣節，聞之，慷慨請行。虜陷鄜州。辛卯，張浚遣馮轓赴行在。浚爲咨目，具以請主上親總萬務，事稟朱勝非，及與傅、正彦書，勉以事當改圖，不宜固執。壬辰，兩浙轉運副使王琮言：「本路上供和買紬絹，歲爲一百七十萬匹有奇，請每匹折納錢兩千，計三百五萬緡省，以助國用。」許之。東南折帛錢蓋自此始。張浚被旨以所部赴行在。浚奏辭新命，且遺傅等書云：「朝廷屢差官交割張俊人馬，所遣官皆畏避生事，不敢任責。浚度將士久從張俊，且又率强悍，捨俊無以彈壓。」欲款賊使不致疑。癸巳，初，御營平寇左將軍韓世忠既走鹽城縣，收散卒，得數千人。聞上渡江，以海舟還赴難。至是，次常熟。張俊聞之，馳見禮部侍郎張浚，喜躍不自持，曰：「世忠之來，此事必辦。」浚與俊更相慶慰，即遣使召之。甲午，馮轓再見傅、正彦於軍中，從容白之曰：「轓爲國家而來，今已再日，未聞將軍之命，願一言而決。」正彦見轓詞色不屈，即與王鈞甫、馬柔吉引傅耳語，衆諭轓曰：「侍郎欲復辟，此事固善，然須面議。」詞語甚遜。翌日，即遣還，遺張浚書，約浚至杭面議。吕頤浩以勤王兵發江寧。先是，張浚三遺劉光世書，諭以勤王，且遣參議軍事楊可輔至鎮江促之。光世不報。初，保義郎甄援在城中，竊録明受詔赦及二凶檄書以出，至餘杭門爲邏者所得。苗傅命斬之，援笑曰：「將軍方爲宗社立功，奈何斬壯士？」傅嫚駡，且詰其故。援曰：「今誤國姦臣多散處於外，願賫將軍之文，糾忠義之士誅漏網以報將軍耳。」傅意解。正彥曰：「此未可信。」即使人拘之，居數日，防禁少緩，援更衣踰墻而出。至是，見張浚於平江。援詭言嘗更服見睿聖皇帝於别宫，上謂曰：「今日張浚、吕頤浩必起兵，劉光世、韓世忠、張俊等必竭力相輔，語令早來。」詞旨甚切。浚微察其意，不復窮問，即遣詣張俊軍。俊與其將士聞之皆感慟。浚遂令援遍往韓世忠、劉光世諸軍宣諭。援明辯善爲説詞，諸將人人自以爲上所倚望，感泣争奮。由是士氣甚振。乙未，衡州居住黄潛善再責鎮東軍節度副使、英州安置。吕頤浩引兵至丹陽，劉光世引部曲來會。金部郎中李迨自鎮江馳至偕行。丙申，韓世忠以所部至平江。初，世忠在常熟舟中，聞張浚遣人來，被甲持刃不肯就岸，取浚及統制官張俊所遺書，遣人讀之，世忠乃大哭，舉酒酹神曰：「誓不與此賊共戴天。」舟中士卒皆奮。世忠見浚曰：「今日大事已成，世忠與張俊以身任之，願公無憂。」世忠欲即進兵，浚諭之曰：「事不可急，投鼠忌器，急則事恐不測。浚已遣馮轓甘言誘賊矣。」丁酉，馮轓至平江，張浚得二賊書，率皆不情之語，其中云：「苟可安社稷，利國家，救生靈，息兵戈，傅等皆聽命。」馬柔吉、王鈞甫亦同致書。浚得之，即欲擕親兵至杭，與賊面決。張俊、韓世忠皆告以賊知主盟在公，勢必加害，願勿聽。戊戌，韓世忠以所部發平江，張浚大犒世忠及張俊兩軍，酒五行罷，浚引諸將至府園，屏左右問曰：「今日之事，孰逆孰順？」衆皆曰：「我順彼逆。」浚曰：「若違天悖人，可直取浚頭顱歸賊，聞以觀察使求，即日富貴矣。不然，一有退縮，當以軍法從事。」衆皆諾。世忠發平江，舟行不絕者三十里，甲士盡載其上，軍勢甚振。浚慮傅等以僞命易置，仍令世忠偏將張世慶搜絕郵傳，凡自杭來者，悉投之水中。己亥，張浚復遣馮轓入杭，移書傅等，告以禍福，使之改圖。先是，傅又遺浚書云：「朝廷以右丞待侍郎，伊尹、周公之事，非侍郎其孰當之。請速赴行在。」浚報書云：「自古言涉不順則謂之指斥乘輿，事涉不順則謂之震驚宮闕。至於遜位之説，則必其子若孫年長以賢，則託以政事，使之利天下而福蒼生。不然，謂之廢立。廢立之事，惟宰相、大臣得專之。伊尹、霍光之任是也。若不然，則謂之大逆賊矣。凡爲人臣者，握兵在手，遂可以責其君之細故而議廢立，自古豈有是理也哉。天之所興，孰能廢之。願二公畏天順人，無顧一身利害，借使事正而或有不測，猶愈於暴不忠不義之名，而得罪於天下後世也。」初，浚發書及所措置事皆託他詞，未敢誦言誅之，傅等雖聞大集兵，猶未深信，得此書始悟見討，奏請誅浚以令天下。辛丑，内降詔書，略曰：「永惟内擅之初〔三〇〕，恭奉太上之旨，責躬避位，事理甚明。訪聞有侍從掌兵之官，不能曉授受本末，弗計宗社安危，輕易以惑人心，遷延而違詔命。惟爾將帥士民，各宜體悉，期救艱虞。」傅等聞張浚將起兵，乃下是詔。新除捧日天武四廂都指揮使韓世忠爲定國軍節度使，依前御營使司提舉一行事務；都巡檢使、新除捧日天武四廂都指揮使張俊爲武寧軍節度使、知鳳翔府。二人皆以深曉内禪詔旨，不受張浚詿誤，故有是命。詔：「新除禮部尚書張浚，陰有邪謀，欲危社稷，責黄州團練副使、郴州安置。令平江府差兵級防送，經由行在赴貶所。」中書舍人季陵當制，有輕脱寡謀之語。時兩宫音問幾不相通，太母忽遣小黄門至睿聖宫白曰：「張浚早來不得已郴州安置。」上方啜羹，不覺覆羹於手。初，傅得浚手書，即請絀浚，右僕射朱勝非沮止之，至於五六。及是傅等至都堂見勝非，具言浚見詆爲逆賊，所不能堪。勝非見其悖甚，恐生他變，謂之曰：「罷張兵權而以付吕樞密，必無事矣。」傅意稍解，遂有郴州之命。初，傅、正彦日至都堂議事。御史中丞鄭瑴奏疏言〔三〕：「臣訪聞朝廷日近差除行遣，多出御營都副苗傅、劉正彦之意，二人出入都堂，殆無虚日，望戒諭將帥之臣，無以私請干與朝政。」太后出其章示傅、正彦，傅、正彦銜之，及是又請留吕頤浩守金陵，張浚不當貶，又言浚特以私書與傅、正彦往來切磋，而爲忠義，今峻責之，是堅天下之疑心，以動四方之兵也。不報。瑴遂遣所親奉議郎謝嚮變姓名爲賈人，至平江，具言城中事，令遲重緩進，使賊自遁，毋致城中之變。浚然之。然韓世忠扼秀州，張俊前軍在吴江，賊氣奪矣。時節制司參議官辛道宗總舟師，與統領官陳思恭亦自華亭進發。張浚又親作蠟圓書云：「不得驚動三宮聖駕。」浚書名，張俊亦書名，募人齎赴管軍左言等八人，慮傅等因大軍之入，或有他變，書皆達。是晚馮轓至臨平，馬柔吉見之曰：「君尚敢來耶？昨旦張侍郎有書來，詞不委曲，二公大怒，且發兵出杭矣。」轓曰：「張公無他意，大率欲規正，故不得不激。」傅、柔吉意少解。夜二鼓，柔吉與轓俱縋入城，翌旦，與傅等議於軍中。浚繆爲書遺轓曰：「浚近發苗都統書，論列睿聖皇帝事，反復數百言。適有客自杭來，知二公於朝廷社稷初無不利之心，甚悔輕易，未識體察否。然浚無他也。欲此忠義大節終歸二公，無使他人爲之。會見望致意。」傅等初謂有他謀，發書無異詞，遂大喜。轓由是得免。壬寅，呂頤浩軍行至平江之北。先是，頤浩以所部萬人發江寧府，道募得三千人與俱至平江之北四十五里〔三〕。張浚乘輕舟迓之道，遇小舟得郵筒，屏人發封，乃浚郴州謫命。蓋賊以浚限截往來文字，故更遣使臣自湖州轉遞以來。浚得之，恐將士觀望不盡力，呼書吏曰：「朝廷趣赴行在，爲我申，即日起發。」浚見頤浩，相與對泣，以大計咨之，頤浩曰：「事不諧，不過赤族。」頤浩曩諫開邊之失，幾死宦官之手，承乏漕輓，幾陷穹廬之域。近者倉卒南渡，舉室幾喪。今日爲社稷死，豈不甚快邪。」浚壯其言。頤浩即召其屬官李承造於舟中草檄，而浚爲潤色之。初，苗傅聞韓世忠在秀州，取其妻梁氏及其子保義郎亮於軍中，以爲質。朱勝非聞之，乃好謂傅曰：「今當啓太后招二人慰撫，使報知，平江諸人益安矣。」傳許諾。勝非喜曰：「二凶真無能爲矣。」太后召梁氏入見，封爲安國夫人，錫予甚渥。后執其手曰：「國家艱難至此，太尉首來救駕，可令速清巖陛。」梁氏馳出都城，遇苗翊於塗，告之故。翊色動，手自捽其耳。梁氏覺翊意非善，愈疾驅一日夜，會世忠於秀州。俄而傳等以麻制授世忠，世忠曰：「吾但知有建炎，豈知有明受。」斬其使，焚其詔。又遣使持麻制授張俊，俊械以送獄。馮轓又說王鈞甫曰：「此事若了在他人，公何以贖過。」鈞甫頗以爲然。癸卯，太后詔：「睿聖皇帝宜稱皇太弟，領天下兵馬大元帥，復封康王。皇帝稱皇太姪監國。御營都統制苗傅、副都統制劉正彥並賜鐵券。」時傅、正彥聞勤王兵大集，意甚懼，呼馮轓議復辟。轓知其可動，即見朱勝非白云：「今國步艱難，當以馬上治之。今日之事，當以淵聖皇帝爲主。睿聖皇帝嘗受淵聖詔爲大元帥，宜仍舊。少主爲皇太姪，太后垂簾。」張逵退謂苗傅曰：「趙氏安矣，苗氏危矣。」進士馮轓特補奉議郎、守尚書兵部員外郎，更名康國。呂頤浩、張浚議進兵，韓世忠爲前軍，張俊以精兵翼之。劉光世親以選卒爲游擊，頤浩、浚總中軍。光世分軍殿後。遂以勤王所爲名。頤浩、浚傳檄中外曰：「逆臣苗傅，躬犬豕不食之資，取鯨鯢必戮之罪，乃因艱難之際，敢爲廢立之謀。劉正彥以孺子狂生，同惡相濟，自除節鉞，專擅殺生。仰惟建炎皇帝，憂勤恭儉，志在愛民，聞亂登門，再三慰勞。而傅等陳兵列刃，凶焰彌天，迫脅至尊，倉皇避位。語言狂悖，所不忍聞。大臣和解而不從，兵衛皆至於掩泣，詔書所至，遠邇痛心，駭戾人情，孰不憤怒。顧惟率土，何以戴天。況傅等揭榜闤市，自稱曰予，祖宗諱名，曾不回避，迹其本意，實有包藏。今者進兵，以討元惡，師次秀州，四方響應，用祈請建炎皇帝亟復大位，以順人心。今檄諸路州軍官吏軍民等，各奮忠義，共濟多艱。所有朝廷見行文字，並係傅等僞命，及專擅改元，即不得施行，敢有違戾，天下共誅之。」乙巳，制曰：「睿聖仁孝皇帝，頃自靖康之初，實總元帥之重，早緣推戴，繼遂纂承。比以强敵侵陵，生民荼毒，深自損抑，發於至誠，若止仍太上之稱，何以慰天下之望。今恭依太后聖旨，請加上太上睿聖仁孝皇帝，處分兵馬重事。」

御營前軍統制張俊以勤王兵發平江，殿前都指揮使劉光世繼之。呂頤浩與張浚餞於門外，登樓閱兵，器甲鮮明，士氣鋭甚。丙午，呂頤浩、張浚以大軍發平江。丁未，宰相朱勝非召苗傅、劉正彦至都堂議復辟事，勝非語之曰：「反正事已定日迎請，朝廷百官皆有章奏，公等可別作一章。」傅面頰發赤，慚恧無語，回顧正彦，正彦起曰：「前日所請，本爲和戎。今使命雖不通，未嘗更遣，遽請反正，前後事體相違。」勝非責之曰：「和戎之使既無路可通，況事已彰露，州縣誰不知之。且勤王之師未來者，使是間自反正耳。前日王淵不當作樞密，人情猶能如此，今日之事孰爲輕重，不然下詔率百官與六軍請上還宮，公等六人置身何地？」正彦卻立不對，傅長吁曰：「獨有死耳。」勝非以二將反覆責世修，世修以言逼傅，傅不能答。勝非乃令堂厨具飯，命世修即廡間草奏持歸軍中，自準備將以上皆書名。勝非進呈，太后極喜曰：「吾責塞矣。」時頤浩、浚大軍已次吳江。王世修聞之，遣人至軍中云：「上已處分兵馬重事。」止王師屯秀，俾頤浩、浚以單騎入朝。頤浩奏曰：「臣等所統將士，忠義所激，可合不可離，願提軍入覲。」傅等計窮，益懼，是晚苗傅、劉正彦復至都堂見朱勝非，請詣睿聖宮見上謝過。上乃賜韓世忠手詔曰：「知卿已到秀州，遠來不易，朕居此極安寧，苗傅、劉正彦本爲宗社，始終可嘉。卿宜知此意，遍諭諸將，務爲協和，以安國家。」傅等退，以手加額曰：「乃知聖天子度量如此。」遂遣杭州兵馬鈐轄張永載持詔世忠，世忠得之，謂永載曰：「主上即復位，事乃可緩。不然，吾以死決之。」傅等大恐。金人陷京東諸郡。徐州武衛都虞候趙立聞虜北歸〔三〕，鼓率殘兵，邀擊於外，斷賊歸路，奪舟船金帛以千計，軍聲復振。詔立權知徐州事。金左副元帥宗維聞上渡江，徙濟南叛臣劉豫知東平府，充京東西淮南等路安撫使。而以其子麟知濟南府。自舊河以南，皆豫所統也。

夏四月戊申朔，宰相朱勝非等言：「臣等三月二十九日，請召苗傅、劉正彦等到都堂，諭以今國家多事，干戈未弭，當急防秋之計，睿聖皇帝宜還尊位，總攬萬幾。苗傅等一皆聽從。太后詔曰：『吾近以睿聖皇帝授位元子，請同聽政。國家艱難，義不得辭，朝夕不遑，亟欲歸政。今覽所奏，甚契吾心，可依所請。』」勝非乃率百官上第一表，請上還宫。詔不允。百官三表畢，時已巳刻，上始御殿。百官起居，上猶未肯入内，勝非再請，遂就西廊搢笏掖上乘馬還行宫。都人夾道焚香，衆情大悦。上及太后同御前殿，垂簾下詔曰：「朕顧德弗類，遭時多艱，永惟責躬避位之因，專爲講好息民之計。今露章狎至，復辟爲期。朕惟東朝有垂簾保佑之勞，元子有踐祚纂承之託。太后宜上尊號曰隆祐皇太后，嗣君宜立爲皇太子。」

龜鑑曰：方苗、劉之猖獗也，杜鵑之詩，聞者傷心，投鼠之舉，勢不可亟。其事至難處也。在内則有朱勝非、李邴、鄭瑴以正大之理折其鋒，在外則有張俊、韓世忠、劉光世勤王之師挫其鋭，取日虞淵，洗光咸池。二凶以三月癸未至四月戊申反正，凡二十六日而平，蓋張忠獻倡義之功居多焉。

吕頤浩、張浚次秀州，韓世忠以下出郊迓之，具言傅等用意姦回，當益爲備。頤浩謂諸將曰：「國家艱危，君父廢辱，一行將佐，力圖興復。今幸已反正，而賊猶握兵居内，包藏姦謀，事若不濟，必反以惡名加我。諸公勉之，漢翟義、唐徐敬業之事可爲戒也。」夜有刺客至浚所，浚見而問之，客曰：「僕河北人，粗讀書，知逆順，豈爲賊用。顧爲備不嚴，恐有後來者。」浚下執其手，問以姓名，不告而去。翌日，浚取郡囚當死者，詭言刺客，斬以徇。己酉，御營使司都統制苗傅爲淮西制置使，副都統制劉正彥副之。庚戌，詔復用建炎年號。宰執朱勝非、顏岐、張澂、路允迪皆乞罷。上不許。御筆張浚除知樞密院事。浚時年三十三，國朝執政，自寇準以後，未有如浚之年少者。淮西制置使苗傅、副使劉正彥並加檢校少保，許以所部行。呂頤浩、張浚次臨平。苗翊、馬柔吉以重兵負山阻河爲陣於中流，植木爲鹿角，以梗行舟。翊以旗招引世忠兵出戰，世忠率將士當前力戰，張俊次之〔二四〕，劉光世又次之。軍小卻，世忠叱其將馬彥溥揮兵以進，塗濘騎不得騁，世忠下馬持矛突前，令其將士曰：「今日各以死報國，若面不帶幾箭者，必斬之。」頤浩在中軍，被甲立水次，出入行伍間督戰。翊等敗走。傅、正彥遣兵援之，不能進。頤浩等進兵北關。傅、正彥見之曰：「請設盟誓，兩不相害。」上賜金勞遣，傅、正彥退詣都堂，趣賜鐵券。勝非命所屬檢故事，如法製造。是夕，傅、正彥引精兵二千人開湧金門以出，命其徒所在縱火，遂夜遁。尚書省檄諸道捕傅等。世忠、俊、光世馳入城，至行宮門，閽者以聞，上步至宮門，握世忠手慟哭，光世、浚繼至，並見於內殿，上嘉勞久之。辛亥，太皇太后撤簾。呂頤浩、張浚引勤王兵入城，都人夾道聳觀，咸以手加額。勝非留身乞罷。上曰：「何必堅去。」勝非曰：「國家厄會，君與相當之。以陛下聖德，尚避位二十餘日，臣實何人，豈可苟安相職。」上曰：「卿言有理。朕更思之。」勝非頓首謝。頤浩、浚既見上，遂召趙哲、李迨、楊可輔、辛道宗、李承造、王圭等俱對。上特召浚至禁中，謂曰：「隆祐皇太后知卿忠義，欲一識卿面。適垂簾見卿自庭下過矣。」浚皇恐謝。上欲倚浚爲相，浚辭以晚進，不敢當。是日，平寇左將軍韓世忠手執工部侍郎王世修以屬吏，並拘其妻子。詔制置使劉光世鞫其始謀以聞。苗傅犯富陽縣，遣統制官喬仲福追擊之。壬子，上初御殿受朝。知樞密院事張浚等言：「逆臣苗傅、劉正彦引兵遁走，乞行下諸州，生擒傅、正彦者，白身除觀察使，不願就者賞錢十萬緡，斬首者依此。捕獲王鈞甫、馬柔吉、張逵、苗瑀、苗翊並轉七官。其餘一行官兵將校並與放罪，一切不問。仍多降黄榜曉諭。」從之。執政奏事畢，朱勝非再留身乞罷。上未許。勝非曰：「若不去，人必以爲有所壅蔽。臣去之後，公議乃見。」上問可代者，勝非曰：「以時事言之，須吕頤浩、張浚。」上曰：「二人孰優？」勝非曰：「頤浩練事而粗暴，浚喜事而疏淺。」上曰：「俱輕，浚太少年。」勝非曰：「臣向自蘇州被召，軍旅錢穀悉以付浚，後來勤王所事力皆出於此。此舉浚實主之。」勝非拜辭將退，上曰：「即今更押卿赴都堂，令劉光世、韓世忠、張俊等皆參堂以正朝廷之體。」勝非曰：「臣聞唐李晟平朱泚之亂，奏云謹已肅清宫禁，祗奉寢園。當時寇污宫禁，晟擊出之，故云肅清。今陛下還宫已數日，將士直突呼叫，出入殿門，誠爲不知理道。」勝非退，見光世已下於都堂。世忠曰：「金人固難敵，若苗傅，但有少許漢兒，何足畏者。」勝非曰：「請太尉速追討，毋令過江。」於是御史張守亦論勝非等不能思患而預防，致賊猖獗，乞罷政。疏留中不出。癸丑，尚書右僕射朱勝非罷爲觀文殿大學士、知洪州。同簽書樞密院事呂頤浩守尚書右僕射兼中書侍郎兼御營使。門下侍郎顔岐、尚書右丞張澂並罷，岐提舉南京鴻慶宫，澂知江州兼江東湖北制置使。簽書樞密院事路允迪提舉醴泉觀兼侍讀。同簽書樞密院事李邴守尚書右丞，鄭瑴進簽書樞密院事。監察御史陳戩奉詔審鞫王世修於軍中。世修言：「先伏兵斬王淵，繼殺内官，然後領兵伏闕，脅天子禪位，此皆始謀實情。」戩以聞，詔斬世修於市。苗傅犯桐廬縣。甲寅，殿前都指揮使、御營使司提舉一行事務劉光世爲太尉、御營副使。先是，御營副使皆以執政爲之，比光世還朝，上議擢光世樞筦，既而改命。御營平寇左將軍韓世忠充御營左軍都統制，御營前軍統制張俊充御營右軍都統制。斬御營中軍統制官吴湛。上以湛佐二叛爲逆，諭韓世忠使圖之。世忠詣湛與語，手折其中指，遂執以出。詔戮湛於市。以統制官辛永宗爲御營中軍統制。乙卯，赦天下，舉行仁宗法度，録用元祐黨籍。即嘉祐法有與元豐不同者，賞格聽從重，條約聽從寬，係石刻黨人並給還元官職及合得恩澤。應諸路上供木炭、油蠟之類，有困民力、非急用之物，並罷。丙辰，苗傅至白沙渡，所過焚橋梁以遏王師。劉光世遣其前軍統制王德助喬仲福討之。丁巳，先是，右司員外郎黃槩應詔薦朝奉大夫趙鼎，遂以鼎行尚書司勳員外郎。詔：「自崇寧以來，內侍用事，循習至今，理宜痛革。自今內侍不許與主兵官交通、假貸餽遺及干預朝政，如違，並行軍法。」苗傅犯壽昌縣，所至虜居人黥以爲軍。戊午，通判湖州張燾應詔上疏，大略謂：「人主戡定禍亂，未有不本於至誠而能有濟者。陛下踐祚以來，號令之發未足以感人心，政事之施未足以慰人望，豈非胸中之誠有未修乎。」又言：「天下治亂，在君子小人用捨而已。夫小人之黨日勝，則君子之類日退，將何以弭亂而圖治乎？」又言：「防守大江，烏合之衆不諳戰陣。」又言：「侍從、臺諫至國家大事則坐視而不言。」又言：「巡幸所至，不免營繕，重困民力。」時論以爲當。統制官喬仲福追擊苗傅，至梅嶺，與戰敗之。傅走烏石山。庚申，尚書右僕射兼中書侍郎呂頤浩改同中書門下平章事仍兼御營使。尚書右丞李邴改參知政事。時言者復引司馬光併三省狀，請舉行之。詔侍從、臺諫議。御史中丞張守言：「光之所奏，較然可行。若更集衆，徒爲紛紛。」既而頤浩召從官九人至都堂，言委可遵行，悉無異論。頤浩乃請以尚書左右僕射並同中書門下平章事，門下、中書侍郎並爲參知政事，尚書左、右丞並減罷。自元豐改官制，肇建三省，凡軍國事，中書揆而議之，門下審而復之，尚書承而行之，三省皆不置官長，以左右僕射兼兩省侍郎，二相既分班進呈，自是首相不復與朝廷議論。宣仁垂簾，大臣覺其不便，始請三省合班奏事，分省治事。歷紹聖至崇寧皆不能改。議者謂門下既相同進公事，則不應自駁已行之命。是東省之職可廢也。及是，上納頤浩等言，始合三省爲一，如祖宗之故，論者韙之。宰相呂頤浩、知樞密院事張浚言：「今天下多事，乞命庶寮各舉内外官及布衣隱士材堪大用之才，擢爲輔弼，協濟大功。」詔行在職事官各舉所知以聞。權罷祕書省（紹興元年二月復置），廢翰林天文局（紹興二年七月復置），併宗正寺歸太常（紹興三年六月復置少卿，五年閏二月復置寺），省太府、司農寺歸户部（紹興三年五月復太府，十一月復司農），鴻臚光禄寺、國子監歸禮部（紹興三年六月復國子監，二十三年二月復光禄寺，二十五年十月復鴻臚寺），衛尉寺歸兵部，太僕寺歸駕部（並不復置），少府、將作、軍器監歸工部（紹興三年十一月復將作、軍器，惟少府不復），皆用軍興併省也。減尚書六曹吏，自主事至守當官凡六等，定爲九百二十人。苗傅犯衢州，守臣胡唐老據城拒之，會大雨雹，城上矢石皆發，不克攻，遂引去。丙寅，苗傅犯常山縣。丁卯，上發杭州，留簽書樞密院鄭瑴衛皇太后。御營左軍都統制韓世忠請身往討賊，以世忠爲江浙制置使，自衢、信追擊之。世忠入辭白上曰：「臣當撲滅二賊，未審聖意欲生得之耶，或函首以獻也？」上曰：「能殺之足矣。」世忠曰：「臣誓生致之，顯戮都市，爲宗社刷恥。」戊辰，苗傅犯玉山縣。庚午，詔天下帥臣、監司、守令采訪寓居文武官有智謀及武官武藝精熟者，具名以聞，量材録用。辛未，苗傅屯沙溪鎮，統制官喬仲福、王德乘間入信州，會統制官巨師古自江東討賊還，與仲福會，傅未至信州十里，聞官軍在，遂還屯於衢、信之間。初，韓世忠喜德之勇鷙，欲使歸其麾下，乃令腹心健將陳彦章圖之。德與彦章適會於信州，同謁郡將。彦章進揖，德頗倨，彦章怒，拔刃刺德不中，德奪刃殺之。壬申，制以皇子魏國公旉立爲皇太子。丙子，初定兩省吏額。丁丑，初定尚書省吏額。御營平寇前將軍范瓊自壽春渡淮，遣騎卒五人之廬州，從安撫使胡舜陟責贍軍錢帛。舜陟執斬之，遣一騎還報，諭之曰：「將軍受命北討，今棄而南，自爲寇。吾豈竭生靈膏血而爲汝資，宜急去。」舜陟又檄諸郡勿給其糧。瓊遂渡江之洪州屯駐。

五月戊寅朔，上次常州。詔知樞密院事張浚爲宣撫處置使，以川陝、京西、湖南北路爲所部。初，上問浚以方今大計，浚請身任陝蜀之事，置司秦川。令吕頤浩扈駕來武昌。上許之。詔英州安置黄潛善降充江州團練副使、永州居住，汪伯彦降充寧遠軍節度副使，並即其州安置。始潛善之斥也，其兄潛厚以分司居道州。潛厚聞命，徑歸邵武軍，朝廷聞之，爲降守臣張鼉一官，潛厚乃去。庚辰，江浙制置使周望引兵至衢州，而苗傅與其徒犯江山縣。傅之軍行也，常以王鈞甫、馬柔吉將赤心隊爲先鋒，去大軍十里而屯。時上命諸將以罪止傅兄弟及劉正彦、鈞甫、柔吉、張逵，餘皆罔治，赤心軍士聞詔寬大，乃叛傅。鈞甫遂焚河梁以斷其路，率赤心之衆降於望。望使人受降書。未幾，其前軍統領官張翼等七人謂鈞甫反覆，斬鈞甫及柔吉父子首以降。賊黨大懼。詔以翼爲翊衛大夫、温州觀察使。傅等聞韓世忠且至，遂引兵趨信上。世忠聞之，恐其滋蔓閩廣，乃自浦城捷出以邀之。辛巳，上次鎮江府。翰林學士滕康請命有司祭陳東之墓。御筆令守臣併張慤致祭。上諭執政以「慤，古之遺直；東，忠諫而死，皆厚恤其家焉」。癸未，翰林學士滕康爲端明殿學士、簽書樞密院事。康既秉政，張浚西行之議遂格。甲申，中書舍人張悫罷。悫初入見，言：「上即位以來，無纖毫之失。」上謂大臣曰：「自古人君不患無過，患不能改過耳。悫諂諛如此，豈可置之從班。」乃落職、宫觀。乙酉，上至江寧府，駐蹕神霄宫。御筆：「建康之地，古稱名都。其以江寧府爲建康府。」起復朝散郎洪皓爲徽猷閣待制，假禮部尚書充大金通問使。丁亥，苗傅寇浦城縣。時御營副使司前軍統制王德既殺陳彦章，欲與韓世忠戰。世忠曰：「苗、劉未平，若與之戰，乃是更生一敵，不如避之。」夜，世忠將至浦城北四十里，與傅、正彦遇於漁梁驛。正彦屯溪北，傅屯溪南，跨溪據險設伏，相約爲應。世忠率諸軍力戰，驍將李忠信、趙竭節恃勇陷陣，右軍統制官馬彥溥馳救，死之，賊乘勝至中軍。世忠瞋目大呼，挺矛而入。正彥望見，失聲曰：「吾以爲王德，乃韓將軍也。」正彥少卻，世忠揮兵以進。正彥墜馬，世忠生擒之，盡得其金帛子女。傅棄軍遁去。己丑，初，薛慶既據高郵，兵至數萬人，知樞密院事張浚聞慶等無所繫屬，欲歸麾下，親往招之。浚渡江，蘄賽以兵降。及是，至高郵入慶壘，從者不滿百人，浚出黃榜示以朝廷恩意，慶感服再拜。辛卯，詔太史局天文官許將帶學生內中止宿，以備宣問天象。乙未，知樞密院事張浚罷爲資政殿學士、提舉杭州洞霄宮。初，薛慶欲求厚賞，乃留浚三日，而外間不知，謂浚爲慶所執，浮言胥動，真州守臣以聞，吕頤浩與李邴、滕康共議罷浚樞筦。己亥，都省言：「自兵興以來，天下多事，四方文移增倍於前日，宰執精力疲耗於案牘，而邊防軍政所當急者反致稽緩。此無他，中書别無屬官故也。望用熙寧故事，復置中書門下省檢正官二員，分書六房事，省左右司郎官二員。」從之。是日，苗翊率衆出降，復用其將孟皋計欲遁之温、台，裨將江池聞之，殺皋，擒翊，降於制置使周望。有舉子程妥者，崇安人，時虜在傅軍〔二五〕，爲傅謀，與苗瑀、張逵收餘兵入崇安縣。統制官喬仲福、王德共追之，盡降其衆，傅夜脱身去，變姓名爲商人，與其愛將張政亡之建陽縣。土豪詹標覺而邀之，留連數日，妥知不免，密告標曰：「此苗傅也。」標執以告南劍州同巡檢吕熙，熙以赴福建提點刑獄公事林杞，杞懼政分其功，與熙謀使護兵殺政崇安境上，自以傅追世忠授之，遂檻赴行在。辛丑，張浚自高郵至行在，復以浚知樞密院事。浚辭曰：「高郵之行，徒仗忠信，雖不至如所傳聞，然身爲大臣，輕動損威，其罪莫大。」詔不允，遂以慶守高郵軍。上親書御製中和堂詩賜浚，曰：「願同越勾踐，焦思先吾身。」卒章曰：「高風動君子，屬意種、蠡臣。」丙午，命諸路漕臣勘磨常平失陷錢物，具數申尚書省，仍樁收以待詔用。丁未，尚書省請以江、池、饒、信州爲江州路，建康府、太平宣徽州、廣德軍爲建康府路，並以守臣充安撫制置使。其江州守臣更不帶江東、湖北字入銜。從之。京西北路制置使翟興擊叛將楊進，殺之，遂復西京。

六月戊申朔，東京留守杜充兼宣撫處置副使，節制淮南、京東西路。己酉，上以久雨不止，慮下有陰謀，或人怨所致，以諭輔臣。於是，呂頤浩、張浚皆謝罪求去。上曰：「宰執豈可容易去位，來日可召郎官以上赴都堂言闕政。」

臣留正等曰：周書言三公燮理陰陽。漢故事，遇災異則策免三公。蓋以燮理愛人而至於致災，宜其不免於咎。太上皇帝以久陰霖雨不止宣諭宰執〔二六〕，不及其它，獨使召郎官以上言己之過失，而將以收人心，召和氣，銷天變，此宋景公所以退星舍而子韋之所以賀延壽也。聖德如此。

御史中丞張守言：「陛下罪己之詔數下矣，而天未悔禍，實有所未至爾。倘能應天以實不以文，則安知譴告警懼，非誘掖陛下以啓中興之業乎。」先是，守爲副端，嘗進修德之說，疏凡三上，且曰：「願陛下處宫室之安，則思二帝、母后穹廬毳幕之居。享膳羞之奉，則思二帝、母后膻肉酪漿之味。服細暖之衣，則思二帝、母后窮邊絶塞之寒苦。操予奪之柄，則思二帝、母后語言動作受制於人。享嬪御之適，則思二帝、母后誰爲之使令。對臣下之朝，則思二帝、母后誰爲之尊禮。要如舜之兢業、湯之危懼、大禹之菲惡、文、武之憂勤。聖心不倦，盛德日隆，而天之不助順者，萬無是理也。」及是又申言之，且曰：「天時人事至此極矣。陛下睹今日之勢，與去年孰愈，而朝廷之措置施設與前日未始異也。」中書舍人季陵言：「臣者君之陰，妻者夫之陰，夷狄者中國之陰。金人累歲侵軼，生靈塗炭，城邑丘墟，怨氣所積，災異之來，固不足怪，惟先格心正厥事則在我者，其可忽邪？臣觀廟堂之上，無擅命之臣，惟將帥之權太盛。宫闈之内，無女謁之私，惟宦寺之習未革。且陽爲德，陰爲刑，常雨常寒，陰道太盛，陛下正當修德以應天，能制將帥乃德之剛，能抑宦寺乃德之正，事宗廟以孝，禁盜賊以義，謀國以智，安民以仁，如此行之，則人心悦而天意得矣。」吏部侍郎劉珏言：「北戎强大，陰盛陽微，故陰雨爲災，此群臣所共知也。若乃孝悌通神明，至誠動天地，此陛下所宜知，群臣未嘗言也。願陛下精禱於天，詳見於事，揭爲臺觀，以表望思，時遣使人以伸祈請，則孝悌之道至矣。陛下有仁聖之資，而二三執政專爲蔽塞，願取建炎以來所下詔令，參稽而行，則至誠之道著矣。此感人心，銷天變，召和氣之大者也。」上嘉納之。司勳員外郎趙鼎言：「自熙寧間，王安石用事，肆爲紛更，祖宗之法掃地，而生民始病。至崇寧初，蔡京託名紹述，盡祖王安石之政，以致大患。今安石猶配享廟庭，而京之黨未放。臣謂時政之闕，無大於此，何以收人心而召和氣哉。」上納其言，遂罷安石配享。癸丑，詔諸路帥臣、監司、郡守許招來材武之士，官爲給食，仍量材録用。乙卯，詔：「軍興以來，忠義死節之家，令中書省、樞密院籍記姓名，優加存恤，訪其子孫，量材録用。」丙辰，苗傅後軍部將韓儔陷光澤縣，傅之敗也，儔以兵趣邵武軍，入城焚掠。趣建昌軍，守臣方昭率衆守備，賊一夕遁去。進犯撫州，入城縱掠。又攻湖口縣，渡江至蘄州。會劉光世駐軍江州，遣人招儔。儔往見光世，因更名世清，號小韓。尋詔世清添差蘄州兵馬鈐轄。庚申，隆祐皇太后至建康，上率群臣迎於郊外。辛酉，上手詔，以四事自責：「一曰昧經邦之遠圖，二曰昧戡難之大略，三曰無綏人之德，四曰失馭臣之柄。仍命出榜朝堂，遍諭天下，使知朕悔過之意。」丙寅，罷江浙荆湖閩廣增置射士三分之一。既而言者以爲無益，乃罷武尉，不數年，而所增射士盡廢之。丁卯，右司諫袁植罷。初，植請再貶汪伯彦，而誅黄潛善及失守者權邦彦、朱琳等九人。上曰：「渡江之役，朕方念咎責己，豈可盡歸罪大臣。植乃朕親擢，雖敢言至導朕以殺人，此非美事。」呂頤浩曰：「聖朝弼臣罪雖大，止貶嶺外。昭盛德可以祈天永命，植發此念，已傷和氣。」滕康曰：「如植言，傷陛下好生之德矣。」乃下詔，略曰：「朕親擢袁植，置之諫垣，意其補過拾遺，以救闕失。而植供職以來，忠厚之言未聞，殺戮之事宜戒。可出知池州。」明日，康見上曰：「大哉王言。太祖以來，未嘗戮大臣。國祚久長，過於兩漢者，此也。」未幾，潛善卒於梅州。尚書司勳員外郎趙鼎行右司諫、監登聞檢院。呂祉守右正言。祉上疏論：「致治之要，以聰明爲本，持養之道，要在有益於聰明者爲之，勿以小善爲無益而弗爲也。有損於聰明者去之，勿以小惡爲無傷而弗去也。」疏入，上召對，祉復進三策：「其一曰，自古撥亂同於創業之君。其二曰，自古得天下必以人心之同，其失天下必以人心之異。其三曰，乞付諸大將以節制之權。」上悉嘉納，遂有是命。罷諸州新置州學教授員。癸酉，樞密院言：「自兵興至今，軍政事務倍於平時，欲依祖宗朝，置檢詳官兩員，序位在左右司之下，編修官四員，止存一員，依舊看詳條法。」從之。甲戌，上自神霄宮入居建康府行宮。御史中丞張守試尚書禮部侍郎。守嘗論呂頤浩不可獨任，而張浚不宜西去。上不然之。會有旨以東京糧運不繼，復命梁揚祖爲發運使，專切措置糧運，以餉中都。權給事中劉寧止言其不可。詔以次官書讀行下〔二七〕，遂命起居郎綦崇禮兼權給事中。守言揚祖不可用，請罷之。中書舍人季陵亦封還録黄，論：「揚祖前爲發運使，未及半年，而中都之人至於相食，此則揚祖之罪，孰謂揚祖知首尾乎。」守再上疏論列。不報。疏三上，揚祖乃請奉祠。守言：「揚祖以自請得祠，是臣在憲臺，言無可采。」因乞補外，遂有是命。守力辭不拜。上命吕頤浩召守至政事堂，諭以正士不宜輕去朝廷。守乃受命。中書舍人范宗尹爲御史中丞，首言：「設若虜騎深入〔三八〕，當以控扼之事責之將相，陛下姑引而避之。」中書舍人季陵亦言：「建康陛下所當守，亦敵人所必攻。九江上流有建瓴之勢，淮南諸郡有唇亡之憂，臣願陛下爲馬上之計。」乙亥，金人陷磁州。

秋七月辛巳，韓世忠軍還，執苗傅、劉正彦、苗翊詣都堂審驗畢，磔於建康市，梟其首。正彦臨刑，瞋目罵傅曰：「苗傅匹夫，不用吾言，遂至於此。」癸未，御前左軍都統制韓世忠爲檢校少保、武勝昭慶軍節度使，賞平苗、劉之功也。上遣使賜世忠金合，且御書「忠勇」二字表其旗幟，又封其妻梁氏爲和國夫人。制曰：「智略之優，無愧前史。」給内中俸以寵之。將臣兼兩鎮、功臣妻給俸，皆自此始。范瓊爲御營使司提舉一行事務。時瓊自南昌入見，故以命之。殿中侍御史王庭秀知筠州。右司諫趙鼎行殿中侍御史。先是，庭秀論吕頤浩除擬不公，故有是命。右正言吕祉奏曰：「朝廷今日緣論大臣移一言官，明日緣論大臣罷一言官，則後日大臣行事有失，誰敢言者。願陛下以言章示大臣，使之自省，置身無過之地。如或不悛，黜之何惜。」甲申，詔曰：「朱勝非、顏岐、張澂、路允迪當軸處中，荷國重任，而不能身衛社稷，式遏凶邪。方逆臣亂常之日，恣其凌肆以紊機衡，夫危而不持，顛而不扶，孔子以爲焉用彼相。今二凶既誅，典刑斯正。勝非之徒，盍論其罰。」於是勝非自觀文殿大學士、知洪州落職提舉亳州明道宮。岐落資政殿學士，依舊提舉南京鴻慶宮。允迪自資政殿學士、淮西制置使落職，提舉江州太平觀，澂自資政殿學士、江州路制置使，坐朋附二凶，責授祕書少監分司西京，衡州居住。御營左軍都統制韓世忠訟王德擅殺其將陳彥章，詔德除名，郴州編管。丙戌，范瓊引兵趨闕入見，知樞密院事張浚奏：「瓊大逆不道，罪惡貫盈，呼吸群凶，布在列郡，以待竊發。若不乘時顯戮，他日必有王敦、蘇峻之患。」上許之，遂以張浚兵擁縛付大理，使劉光世出撫其衆曰：「所誅范瓊耳。若等固天子自將之兵也。」衆皆投刃曰諾。遂以八字軍還付新知洮州王彥〔二九〕，餘兵分隸御營。頃刻而定。

大事記曰：蓋自宣和末，群盜蜂起，建炎以來，祝靖、薛廣、党忠、閻僅〔三〇〕、王存之徒雖皆招安，而淮寧、山東、河北之盜皆擁兵數萬，拱州之黎驛，單州之漁臺亦有潰卒數千，趙萬襲常州，張遇焚真州，丁進犯壽春，桑仲據襄陽，戚方犯鎮江，楊勍犯處州，劉超據荆南，王闢犯房州，崔增犯太平州，張用據桂陽軍〔三一〕，趙延壽犯德安軍〔三二〕，皆隨滅隨起。甚而范瓊召見，亦不肯釋兵〔三三〕，則天子之兵皆盗矣。所幸事變興而人才見，保護聖躬，勝非之力居多，倡義勤王，張浚之力居多。故一月而除二凶，而范瓊之謀逆，浚又與劉子羽謀之，府中之文字夜成，廡下之黄紙旦出，瓊遂就擒。三大奸既除，而内盗始息矣。

元懿太子旉薨，年三歲。詔輟五日朝。戊子，簽書樞密院事鄭瑴薨於位。瑴執政甫百日，上甚悼之，謂大臣曰：「朕喪元子猶能自排遣，瑴訃至，殆不能釋也。」己丑，資政殿學士王綯參知政事，試兵部尚書周望同簽書樞密院事。庚寅，鄉貢進士李時雨上書曰：「臣竊聞皇太子服藥不痊，事之既往，夫復何言。而承嗣之道，理不可後，爲今之計，欲乞暫擇宗室之賢者一人，使視皇太子事，以繫屬四海，增重朝廷。候陛下皇太子長成，畀之東宫，則以一王封視皇子，亦不爲嫌也。伏望陛下斷以不疑，而力行之。」書奏，詔日下押出國門。建炎以來言儲嗣者，蓋自時雨始。辛卯，詔諫院別置局，不隸後省，許與兩省官相見議事。元豐初，用唐制，置諫官八員，分左右隸兩省，至是始復之，如祖宗之故。升杭州爲臨安府。壬辰，詔范瓊就大理寺賜死。丁酉，鑄三省、樞密院銀印。庚子，尚書户部侍郎湯東野試工部侍郎兼知建康府。時建康府寓治保寧僧舍，而江浙制置使韓世忠屯蔣山，逐守臣連南夫而奪其治寺。殿中侍御史趙鼎言：「南夫緩不及事固可罪，然世忠躬率使臣，排闥而入，逐天子之京尹，此而可爲，孰不可爲矣。願下詔切責世忠，而罷南夫，仍治其使臣之先入者，此爲兩得。」上曰：「唐肅宗興靈武，諸軍草創，得一李勉，然後知朝廷尊。今朕得卿無愧昔人矣。」乃降南夫知桂州，而以東野知建康府。戍兵故皆群盜，喜攘奪市井，東野峻法繩之不少縱，民恃以安。知樞密院事張浚以精兵千五百人、騎三百發行在。賜度僧牒二萬，紫衣、師號五千爲軍費。上賜川陝官吏軍民詔曰：「朕嗣承大統，遭時多故，夙夜以思，未知攸濟。正賴中外有位，悉力自效，共拯傾危。今遣知樞密院事張浚往諭密旨，黜陟之典得以便宜施行。卿等其念祖宗積累之勤，勉人臣忠義之節，以身徇國，毋貽名教之羞。同德一心，共建隆興之業。當有茂賞，以答殊勳。」浚辟知秦州劉子羽參議軍事，尚書考功員外郎傅雱、兵部員外郎馮康國主管機宜文字，忠州防禦使王彥爲前軍統制。彥將八字軍以從。太學博士何洋、閤門祇候甄援等俱從行。康國將行，往辭臺諫，趙鼎謂之曰：「元樞新立大功，出當川陝，半天下之責，自邊事外，悉當奏稟。蓋大臣在外，忌權太重也。」壬寅，詔迎奉皇太后率六宮往豫章，且奉太廟神主、景靈宮祖宗神御以行。以參知政事李邴、簽書樞密院事滕康並爲資政殿學士，邴權知三省樞密院事。東京留守杜充同知樞密院兼宣撫處置副使。

呂頤浩、張浚薦之也。仍命充總兵防淮。

八月戊申，環慶經略使王似言：「方今用兵之際，關陝六路帥乞用武臣。」呂頤浩曰：「臣少識种諤，眇小而爲西夏信服。今之武帥類皆鬬將，非智將，罕見如諤之比。」杜充曰：「方今艱難，帥臣不得坐運帷幄，當以冒矢石爲事。」上曰：「王似未知武臣少能知義理，若文臣中有智勇兼資、練達邊事如范仲淹者，豈必親臨矢石，何爲多藉武帥。」己酉，移浙西安撫司於鎮江。壬子，權知三省樞密院事李邴提舉杭州洞霄宮，權知三省樞密院事滕康進權同知三省樞密院事〔三四〕，吏部尚書劉珏權同知三省樞密院事，仍許珏綴執政班奏事。丙辰，奏祠部度牒改用綾紙，倣茶鹽鈔法用朱印合同號，仍增綾紙工直錢十緡，通舊爲百二十緡。自治平末年始鬻度牒，渡江後，軍興費廣，用度多仰之。舊以黄紙印造，故僞者易爲。至是，户部郎中朱異等以爲言，始有是命。辛酉，廣州州學教授林勳獻本政書十三篇。勳以爲國朝兵農之政，大抵因唐末之故。今農貧而多失職，兵驕而不可用，地利多遺，財用不足，皆本政不修之故。癸亥，兩浙轉運副使王琮罷，仍奪職。坐不刊行資治通鑑板本也。始范沖刻是書垂成而去。琮至遽罷之。言者劾琮指司馬光爲姦人，謂通鑑爲邪説，必欲毁板，恐其流傳，故有是命。乙丑，權東京留守判官程昌寓自京城還蔡州。初，杜充既去，昌寓以無糧不可留，引所部還蔡。副留守郭仲荀亦引餘兵歸行在。遂以京畿轉運副使上官悟權京城留守。自悟權留守後，命令不復能行，留守司名存而已。上謂輔臣曰：「國用匱乏，政以所費處多。」吕頤浩曰：「用兵費財，最號不貲。故漢文帝不言兵而天下富。」上曰：「用兵與營造，最費國用，深可戒也。」

臣留正等曰：漢武帝外事四夷，内侈宫室，剥民之膚極矣。及盜賊蜂起，乃始封宰相以富民侯，顧奚益哉。太上皇帝以用兵、營造爲蠹財之戒，其有鑒於斯乎。然臣嘗竊議之，二者爲財用之蠹雖均，宫室之奉所當深戒，師旅之興，有出於不得已者。文帝惜露臺百金之費，而乃講武於上林，聚兵於廣武，豈靳營造而輕於用兵哉。蓋應敵之備，不得不然也。太上皇帝在位三紀，臺榭苑囿無所營繕，内帑所積甚富。及賊亮南侵，餽餉賞犒之費，盡出於此，而民不知。易曰：節以制度，不傷財，不害民。而後知聖慮無一日不在斯民也。

甲戌，禮部尚書曾楙爲翰林學士承旨，禮部侍郎張守爲翰林學士。先是，殿中侍御史趙鼎入對，論守無故下遷。上曰：「以其資淺。」鼎曰：「中丞，臺綱所繫，豈計資耶。且言事官無他過，願陛下毋沮其氣。」時上每除言官，即置一簿，考其所言多寡。鼎爲臺諫三月，而言四十事，上皆行之。

閏八月戊寅，知平江府孫覿罷。以言者論覿嘗建明王安石常平聚斂之法也。時覿在平江，拘催民間崇寧以來青苗積欠，民苦其擾。上聞，亟下詔除之。乙酉，詔諸路復置提舉常平官指揮勿行。用殿中侍御史趙鼎疏也。己丑，尚書右僕射、同中書門下平章事呂頤浩進左僕射，同知樞密院事杜充守右僕射並同平章事兼御營使，參知政事王綯兼御營副使。淮東副總管靳賽以所部詣劉光世降。光世因以爲將，就統其軍，人人皆喜。庚寅，起居郎胡寅上疏曰：「臣伏睹詔書，以敵人侵淩，備禦不給，遂有移蹕之意。右顧岳鄂，左趨吳越，安危利害，下訪群臣〔三五〕。臣聞孔子曰：『成事不説，遂事不諫，既往不咎。』今臣所陳，不免追咎既往者，蓋謂建炎以來，有舉措大失人心之事。今欲復收人心而圖存，則既往之失不可不追，咎不可不改〔三六〕，故也。一，昨陛下以親王介弟，受淵聖皇帝之命，出帥河北。二帝既遷，則當糾合義師北向迎請，而遽膺翊戴，亟居尊位，遥上徽號，建立太子，不復歸覲宫闕，展省陵寢。斬戮直臣，以杜言路，南巡淮海，偷安歲月。虜兵深入陝右〔三七〕，遠破京西，漫不治軍，略無扞禦，盜賊横潰，莫之誰何，無辜元元，百萬塗地，怨氣上格，日昏無光，飛蝗蔽天，動以旬月，方且製造文物，縻費不貲，猥於城中，講行郊報，朝廷動色，相謂中興。虜騎乘虚，直擣行在，匹馬南渡，狼狽不堪，淮甸之間，又復流血。逮及反正寶位，移蹕建康，不爲久圖，百度頹弛〔三八〕，淮南宣撫，卒不遣行。自晝大江，輕失形勢，一向畏縮，惟務遠逃，軍民怨咨，如出一口，存亡之決，近在目前。凡此節次十餘條，皆所謂舉措失人心之大者也。爲陛下計當如何，而黄潛善、汪伯彦、顔岐顧以乳嫗護赤子之術待陛下，曰：上皇之子三十人，今所存惟聖體，不可不自重愛也。曾不知太祖勤勞取天下，列聖兢業嗣守，不敢墜失。今也，宗廟爲草莽堙之，陵闕爲畚鍤驚之，堂堂中華，戎馬生之，赫赫帝圖，盜賊營之。本初嗣服，既不爲迎二帝之策，因循遠狩，又不爲守中國之謀。以至於今，德義不孚而號令不行，刑罰不威而爵賞不勸。巡幸所至，民以淮甸爲戒，駐蹕所在，人以虜至爲憂。東南之州郡幾何，翠華之省方無已。若不更轍以救危亡〔三九〕，則人心已去，天命難恃，雖欲羈棲山海，跋履崎嶇，臣恐非所以爲自全之計也。爲今之策，願陛下一切反前失而已，則必下詔曰：『金賊以小狄猖獗〔四〇〕，薰污中華，逆天亂倫，扶立僭僞，用夷變夏，俾臣作君，朕義不戴天，志思雪恥，父兄旅泊，陵廟荒殘，罪乃在予，無所逃責。』以此號召四海，聳動人心，不敢愛身，決意講武，然後選將訓兵，戎衣臨陣，按行淮甸，上及荆襄，收其豪英，誓以戰伐。天下忠義之士，必雲合而景從。天下武勇之夫，必響應而飈起。臣不自量，每切歎憤，輒爲陛下畫七策，爲中興之術：其一曰罷和議而修戰略。蓋和之所以可講者，兩地用兵，勢力相敵，利害相當故也。非强弱盛衰不相侔所能成也。而其議則出於耿南仲，何也？淵聖皇帝在東宮，南仲爲東宮官，歸依右丞李邦彥。邦彥其時方被寵眷，又陰爲他日之計。既而淵聖嗣極，而邦彥爲次相。金賊遽至城下，遂獻和議。南仲因附邦彥，而沮种師道擊賊之謀，於是覆邦之患滋蔓而起，分朋植黨，必欲自勝。主戰伐者李綱、种師道兩人而已。幾會一去，國論紛然，中原塗炭，至今益甚者，本緣南仲主持邦彦，以報私恩，不爲國慮之所致。其朋徒附合，根株膠結〔四一〕，寧誤趙氏，不負耿門之所爲也。若以爲强弱之勢絶不相侔，縱使向前，萬不能抗，則自古徒步奮臂、無尺寸之地而争帝王之圖者，彼何人哉！伏望陛下明照利害之原，罷絶和議，刻意講武，以使命之幣，爲養兵之費，斷而行之，堅確不變，庶幾貪狄知我有含怒必鬬之志，沙漠之駕或有還期。所謂乞和必無可成之理。昔北狄至澶州，王欽若、陳堯佐請幸吴蜀，惟寇準勸親征〔四二〕。及成功之後，欽若等羞恨無以藉口，則惑真宗曰〔四三〕：『當是時，寇準亦豈有好計，但是熱血相沃，譬如博錢，以陛下爲孤注耳。』使人君不明，則欽若之言爲愛君，而寇準之功爲幸勝矣。二曰置行臺以區别緩急之務。既定議講武，則其餘庶常有日力不暇給者〔四四〕，當置行臺以區處之。今百司庶府，其必不可闕者，惟吏部、户部爲急。誠使江淮、兩浙、湖北並依八路法，愼擇監司而付之，則吏部銓事亦復減省。户部所以治天下財賦也，今四方供貢久不入於王府，往往爲州郡以軍興便宜截用，經常一壞，未易復理。竊觀行在支費，每月無慮八十萬，惟以榷貨鹽利爲無窮之源耳。故臣謂宜置行臺〔四五〕，或建康，或南昌，或江陵，審擇一處以安太后六宫百司，以耆哲諳練大臣總臺，謹守成法從事〔四六〕，郎吏而下不輕移易，量留兵將以爲營衞，命户部計費調度以給之。陛下奉廟社之主，提兵按行，廣治軍旅，周旋彼此，不爲宸居〔四七〕。至於餽餉之權，自宜專責宰相，而選委發運以佐行於下，如漢委蕭何以關中，唐委劉晏以東南，經制得人，加以歲月，量入爲出，何患無財。三曰務實效去虛文。夫大亂之後，風俗靡然，躬率而丕變之者〔四八〕，則在陛下。夫治兵必精，命將必賢，政事必修，誓戡大憝，不爲退計者，乃孝弟之實也。遣使乞和，廣捐金幣，不恥卑辱，冀幸萬一者，爲孝弟之虛文也。屈己致誠以來天下之士，博訪策略，信而用之，以期成功者，乃求賢之實也。未見賢若不克見，既見則不能由之，或因苟賤求進之人，遂乃例輕天下之士，姑爲禮貌，外示美名者，爲求賢之虛文也。聽受忠鯁，不憚拂逆，非止面從，必將心改，苟利於國，即日行之者，乃納諫之實也。和顏稱善，泛受其說，合意則喜之，不合則置之，官爵所加，人不以勸，或內惡其切直，而用他事遷徙其人者，爲納諫之虛文也。將帥之才，智必能謀，勇必能戰，仁必能守，忠必不欺，得是人而任之，然後待以恩，御以威，結以誠信，有功必賞，有罪必刑者，乃任將之實也。庸奴下才，本無智勇，見敵輒潰，無異於賊，與之親厚，等威不立，賜予過度，官職逾涯，將以收其心，適足致其慢。聽其妄誕張大之語，望其朴實用命之功者，爲任將之虛文也。簡汰其疲老病弱，升擇其壯健驍勇，分屯在所〔四九〕，置營房以安其家室，聚粟帛以足其衣食，選衆所畏信者以董其部伍，申明階級之制，以變其驕恣悍悖之習，然後被之以精甲，付之以利器，進戰獲酋虜則厚賞，死則恤其妻孥，退潰則誅其身，降敵則戮其族，令在必行，分毫不貸者，乃治軍之實也。無所別擇，一切安養姑息之，惟恐一夫變色不悦，幸無事則曰大幸矣，教習擊刺，有如聚戲，紀律蕩然，雖其將帥不敢自保者，爲治軍之虚文也。慎選部刺史二千石，必求明惠忠智之人，使久於其官，懲革弊政，痛刈奸贓，以除民害。雖軍旅騷動，盗賊未平，必使寬恤之政，實被於民，固結百姓將離之心，勿致潰叛，乃愛民之實也。詔音出於上，虐吏沮於下，誑以出力自保，則調發其丁夫，誘以犒設贍軍，則厚裒其錢穀。弓材弩料竹箭皮革，凡干涉軍須之具，日日征求，物物取辦，因緣奸弊，民已不堪，乃復蠲其税租，載之赦令，實不能免，苟以欺之者，爲愛民之虚文也。若夫保宗廟，保陵寢，保土地，保人民，以此六實者行乎其間，則爲天子之實也。陵廟荒圮，土宇日蹙，衣冠黔首爲肉爲血，以此六虚者行乎其間，陛下戴黄屋〔五〇〕，建幄殿，質明輦出房，雉尾金鑪夾侍兩陛，仗馬衛兵，儼分儀式，贊者引百官以次入奉起居。既退，宰相大臣卑卑而前，搢笏出奏，司晨唱辰正，則駕入而仗出矣。此則爲天子之虚文也。其四曰大起天下之兵，今宿衛單弱，國威稍挫〔五一〕。臣嘗言乞於諸路抽揀禁軍充御營正兵，厚其月廩，精加訓閲，陛下自將之天子之軍既强，則中國之變自弭。則又命福建團結鎗仗手〔五二〕，各擇其土豪，使部督之，以俟興發。命兩浙募水手並起諸州撩湖捍海等兵，盡付水軍，命江東西〔五三〕、湖南北募弓手，以在官閒田給養。命廣西及辰、沅、鼎、靖於見教峒丁中簡其精鋭，分番起之〔五四〕，屯戍襄漢，以京西、淮南荒廢無主之田爲屯田，招集兩河、山東諸路流徙之人〔五五〕，略依古法均節之，擇强壯者訓習武藝，使且耕且戰。文武臣中有明習營屯之事，肯自奮者，因以任使。於是時而兵不强，敵不畏，盜不息，然後可以歸之天命，無所復爲矣。其五曰定根本。自古圖王霸之業者，必定根本之地而固守之，而非建都之謂也。按南渡六朝之遺迹，則舍建康不可，雖然，欲謀進取，則非堅坐不動之所能。臣切謂惟荆襄爲勝。誠能屯唐鄧襄漢之田，以養新兵，出廣西武陵峒丁併施、黔獠軍〔五六〕，築堅壘列守漢上，阻以水軍，經以正軍，緯以弓手、民軍，牽制江、黄，呼吸廬、壽，則進取之基立。然後陝西聲氣血脉通達，而騎卒可至。川廣之富，皆猶外府，易以拱把〔五七〕。臣願陛下先命吕頤浩、杜充分部諸將過江，廣斥堠，治盜賊。自以精兵二三萬爲輿衛，陛下提此兵渡江而北，緩轡而上，遣使巡問父老，撫綏挺刃之餘民。至於荆襄規模措置爲根本之地，猶漢高之於關中，光武之於河内。雖巡歷往來，征伐四出，而所固守必争而勿失者，以荆襄爲重。誠能堅忍聳厲，坐薪嘗膽，悠久爲之而不能濟，則書傳所載周宣王、漢光武之事，皆爲妄言以欺後世，無足信矣。其六曰選宗室之賢才者封建任使之。帝王爲治之道，惇（敦）睦宗族，强本弱枝，所以鞏固基圖〔五八〕，紹延佑命。原其用心，蓋以天下爲公，而不以爲私分也。今宜於同姓中，不問親疏，選擇賢才，布之中外，廣加任使，其望實傑然出衆者，陛下宜留之宿衛夾輔王室。其有克敵戡難之功者，宜漸爲茅土之制，星羅而棋列，以慰祖宗在天之靈，以續國家如綫之緒，使讎虜知趙氏之居中國者尚此其衆〔五九〕，則其撲炎火之横心，立異姓之逆謀，庶其少息乎。其七曰存紀綱以立國體。夫創業垂統之君，必立紀綱，以遺子孫。繼世承序之君，必守紀綱，以法祖宗。一君子進，衆小人未必退。一小人進，則衆君子必退矣。勢不兩立，而於君子爲難。仁宗皇帝在位最久，得君子最多，小人亦時見用，然罪著則斥之，君子亦或見廢，然忠顯則收之。故其成當世之功、貽後人之輔者，皆君子也。至王安石則不然，斥絶君子，一去而不還，崇信小人，一任而不改。故其敗當時之政、爲後世之害者，皆小人也。仁宗皇帝所養之君子，既久且遠，日以消亡矣。安石所教之小人，方新而近，其蕃息未艾也。所以誤國破家，至毒至烈，不知已時。陛下土地金帛能有幾何，豈堪此輩大言輕捨盡輸之夷狄耶。夫以賢治不肖，此治平以前陛下之家法。以不肖治賢，此熙寧以後陛下之家戒。矧當今日，否塞之氣充牣於中原，陰長之滋勃興於夷虜〔六〇〕，非得希世異材，上下内外迭任交用，泰何由復而否何由傾乎，此綱紀國家之一事也。」又曰：「右文左武者，有國不易之道。今儒學衰息，未有巨賢碩德屹乎朝廷，以收運籌指蹤之功。陛下所深恃以爲心膂爪牙者，惟三四庸將耳。夫此數人者，以近時論之，曾不足以當种師道之厮役，况望古昔名將乎。而偃蹇厖然當負重寄，使平寇盜尚或未能，豈敢冀其向虜賊發一矢也〔六一〕。自愧無以塞責，則大言詭論以上欺睿聽，慢辭倨禮以下視朝士，謂今日禍亂皆文臣所致耳。敵人方强，不可與争鋒，必退避自保，乘時而動，又不鈐勒其衆。動則潰，潰則盜，盜則招，招則官，反覆循環，無有窮已，其爲國家之害，豈文臣所敢望哉。臣願陛下委大臣以腹心，待近臣以禮貌，常使南衙朝士氣勢重於此曹〔六二〕，天下抱才自愛之人必願立於左右，緩急之際必有能爲陛下竭忠盡節，不愧古人者矣。故事，宰相坐待漏院，三衙管軍於簾外倒杖聲喏而過，今見其分庭抗禮矣。推此類非一，日長不已，陛下不爲之别異表著，是自削堂陛，無復等威，亦將何所不至哉。此綱紀國家之二事也。治天下者必取篤實躬行之士，而捨浮華輕薄之人，所以美教化、善風俗。本朝自熙寧以前皆守此道，至王安石以佛、老之似，亂周、孔之實，絶滅史學，倡説虚無，以同天下之習。其習既同，於今五十年，士以空言相高而不適於實用。今乃有身爲從官而自陳磨勘，乞覃恩轉官，不以爲恥者矣。推而上之，見利必忘義，貪得必患失，遺其親，後其君，背叛篡奪便可馴致。此明君之所甚畏而深戒者也。今萬化之原本於陛下，苟力行孝弟，則天下之忠順者來矣。好賢遠佞，則天下之名節者出矣。賞清白則貪污者屏矣，崇行義則奔競者息矣，旌能實則謬誕者懲矣，貴忠厚則殘刻者遠矣。至於文辭之麗，言語之工，倒置是非，移易黑白，誠不宜任用，以爲浮薄之勸也。靖康二年，著作郎顏博文佞諛張邦昌則曰：非湯武之干戈，同堯舜之禪讓。及爲邦昌作請罪表則曰：仲尼從佛肸之召，本爲興周；紀信乘漢王之車，固將誑楚。博文，近世所謂能文之士也，其操術反覆如此。故廉恥道消，四維大壞，則社稷隨之，陛下何利焉。此綱紀國家之三事也。孔子曰：『自古皆有死，民無信不立。』聖人重信至於易死，疑若太過，鄙夫陋儒以智詐譎詭爲術者，必忽此言。然真宗澶州與契丹結盟，契丹守之百有二十年，不敢先動。宣和宰相王黼一旦敗盟，舉兵結遠夷，伐與國，取景德誓書還之天章閣，天地鬼神所臨重誓，自我背之，遂使虜人得以藉口〔六三〕。夫賊人何憾於我哉〔六四〕，皆契丹甚之，假手借兵報滅國之怨耳。失信之禍乃至於此。孔子之言良不爲過。而近日以來，朝廷失信於民尤甚。如所謂前降指揮更不施行。如所謂已差下人別與差遣。承受既數，奉行實難。不曰略與應破指揮，則謂不晚必又更改〔六五〕。近在朝廷，尚有此風，遠而四方，從可知矣。百姓雖愚，然習於知見，必謂朝廷之令率皆誑我，是心一萌，姦雄得以誘之矣。此綱紀國家之四事也。郡守、縣令者，親民之官，監司者，統臨州縣之長。既得其人，必久任之，以考功罪之實，而施賞罰焉。近日以來，朝廷移易郡守、監司無月無之，殆不可勝紀，謂其不才而罷之耶，則曷若考慎於未命之前也。顧恐未必然，特出於用事者之私意耳。民力已困，財用已竭，潰兵劇賊，徜徉乎其間。戎務軍須，交制乎其上。朝廷憂勞歎息而未能救，尚忍不爲擇忠信之長、慈惠之師以撫綏之乎。此綱紀國家之五事也。臣夙夜思之，得此七策，於當世之務雖不能盡，亦可見大略矣。惟陛下動心加慮，反覆而考焉。日月逝矣，歲不我與，以爲今日難於前日，安知後日不又難於今日乎。往者雖不可復追，不當謂不可爲者而遂已也。今年之春，雷電大震〔六六〕，白虹貫日，中有黑子，錢塘之禍，實先示象〔六七〕。迺閏月金犯大火，芒怒赫然。九月朔旦，日有食之，車駕復有思患預防之行，明堂遂虛，陽德大弱，錢塘受辱之地，豈可再枉六飛。人知陛下無興復之志，威權日削，無可瞻望，投戈四起〔六八〕，孰能止之。今黏罕之强未如秦〔六九〕，其横行於中國〔七〇〕，無人不怨，則有甚於始皇之於六國也。東南形勢，控帶江山，兼有吴、楚之地，坤維嶺海，提封自如，非如湯以七十里而起也。而乞憐偷生之勢，乃甚於楚之爲秦役〔七一〕。此臣所以日夜憤懣，爲陛下痛惜，而傷大臣之過計也。誠欲北向而有爲，臣將見鋤耰慘於長鎩，奮臂威於甲兵，舉四海惟陛下之用，惟在陛下斷與不斷、爲與不爲耳。五路事宜張浚已行措置，今能使淮南、荆襄肘臂相應，山東合從，則虜人所守者數千里之地〔七二〕，兵分勢合〔七三〕，批亢擣虚〔七四〕，攻其不備，多方以誤之，以十年爲期，陛下必能掃除妖氛，一清天步，修上京之廟貌，拜鞏、雒之神皋，遠迓父兄歸安鳳闕，再新儀物，永固皇圖。巍然南面，稱宋中興。其與惕息退藏，蹈危負恥，豈不天地相絶哉。」疏入，呂頤浩惡其切直，罷之。辛卯，命尚書右僕射杜充領行營兵守建康，韓世忠守鎮江府，劉光世守太平及池州。光世仍受充節度。辛企宗守吴江縣，陳思恭守福江口，王瓊守常州。壬辰，監都進奏院周元曜自京太廟奉迎藝祖以下神位九室往臨安。元曜言升暘宫掛牌降甘露。上謂輔臣曰：「元曜前態未革，諂諛如此，可勿令上殿。」己亥，詔減福建、廣南路歲買上供銀三分之一，以寬民力。詔諸路制置使惟用兵聽從便宜，餘悉禁止。庚子，從官以下先行。是夜大雨，上慮禁衛勞苦，焚香禱天，詰朝雨霽。壬寅，上幸浙西。初，太白犯前星，次逼明堂，纔一舍。上心甚懼。至是，稍北，復歸黄道。上語宰執曰：「天之愛君，猶父之於子，見其過告戒之，及懼而改則益愛之。」王綯曰：「今夜必益遠。」既而果然。劉光世上書，言受杜充節制有不可者六。上怒，趣令過江，且詔毋入光世殿門。光世皇恐受命。光世以便宜復郴州。編管人王德充前軍統制。時江浙人皆倚充爲重，而充日事誅殺，殊無制御之方，識者爲之寒心焉。甲辰，上次鎮江府。參知政事王綯言：「此陳東鄉里。」上命以金賜其家。宣撫處置使張浚自建康至襄陽，留二十日，召帥守、監司令預儲蓄，以待上西幸。浚方搜攬豪傑爲用，以新除御營使司提舉一行事務曲端在陝西，屢與虜角〔七五〕，欲仗其威聲，承制拜端威武大將軍，充本司都統制。端登壇，將士歡聲雷動。劉豫遣人説東京副留守上官悟，令降於金虜〔七六〕。悟斬其使，豫乃賂悟之左右喬思恭、宋願，與之同説，悟復斬之。

九月丙午朔，日有食之。所蝕僅四分，未幾復退。上謂呂頤浩曰：「太史所奏日蝕，早而分深，朕適以油盆觀之，食淺而退速。」頤浩曰：「陛下嚴恭寅畏，感格如此。」壬子，金人降單州，取興仁府，遂陷南京。癸丑，簽書樞密院事周望充兩浙荆湖等路宣撫使，總兵守平江府。翰林學士張守同簽書樞密院事。丙辰，高麗請入貢，詔不許。給事中兼直學士院汪藻草詔略曰：「壞晉館以納車，庶無後悔；閉玉關而謝質，匪用前規。」上大善之，以藻爲得體〔七七〕。〔補〕虜陷沂州。己巳，御筆：「朕累下寬恤之詔，而迫於經費，未能悉如所懷。今聞東南和預買絹其弊尤甚。可下江浙，減四分之一，以寬民力，仍俵見錢。違，寘之法。」壬申，上謂大臣曰：「有爲朕言，移蹕浙東，人情未孚。宜降詔，具述初非朕意，悉出宰執，庶幾軍民不怨。朕既爲天子，當任天下之責，舉措未當，豈可歸過大臣。」王綯曰：「古之賢君，不肯移災股肱，無以過此。」草澤天文耿靜言：「太微垣正午推步。今歲熒惑躔次方在己未，應至太微垣。」上曰：「此人不深知，朕夜以星圖仰張殿中，四更親起，見其已至。昨夜已退二度半。」呂頤浩曰：「宋景出人君之言三而熒惑退舍，或者疑焉。陛下寅畏天應之速如此，信傳記之非虛也。」甲戌，婁宿大合兵犯長安。［是月］〔七八〕殿中侍御史趙鼎爲侍御史。先是，御史中丞范宗尹因奏事，論鼎自司諫遷殿中非故事。上亦嘉鼎敢言，故有是除。

［是秋］，金國樞密院分河間、真定府爲河北東、西路，平陽、太原府爲河東南、北路。

冬十月丙子朔，詔：「諸路按察官自通判至監司，歲具發擿過贓吏姓名置籍申尚書省，以爲殿最。即有失按而因事聞者，重譴之。」丁丑，金人犯蔡州。戊寅，上發平江府。

癸未〔七九〕，上至臨安府。丙戌，執政登御舟奏事。呂頤浩曰：「陛下邇來聖容清癯，恐以艱難，聖慮焦勞所致。然願以宗廟、社稷付託之重，少寬聖抱，以圖中興。」上曰：「朕嘗夜觀天象，見熒惑躔次稍差，食素已二十餘日，須俟復行軌道，當復常膳。」庚寅，上御舟幸浙東。時内侍馮益以潛邸舊恩，恃此頗恣，與御前右軍都統制張俊争渡，以語侵俊，且訴於上。事下御史臺，侍御史趙鼎言：「明受之變，起於内侍。覆車之轍，不可不戒。」（紹興六年七月行遣）辛卯，金人陷滁州。壬辰，上至越州。戊戌，令東南八路提刑司歲收諸色經制錢赴行在：一曰權添酒錢，二曰量添賣糟錢，三曰增添田宅牙稅錢，四曰官員等請給頭子錢，五曰樓店務添三分房錢。其後歲收凡六百六十餘萬緡，而四川不與焉。宣撫處置使張浚至興元，上奏曰：「竊見漢中實天下形勢之地，號令中原，必基於此。謹於興元積粟理財以待巡幸，願陛下早爲西行之謀。前控六路之師，後據兩川之粟，左通荆襄之財，右出秦隴之馬，天下大計斯可定矣。」金人陷壽春府。修武郎宋汝爲奉詔副京東轉運判官杜時亮使虜請和，行次壽春，遇完顔宗弼軍，不克與時亮會。汝爲獨馳入虜壁，奉上國書，宗弼怒，命執之，欲加僇辱。汝爲色不變，曰：「一死固不辭，然銜命出疆，願達書，吐一詞死未晚。」宗弼顧汝爲不屈，遂解縛延之坐，且問其邑里，謂左右曰：「此山東忠義之士也。」以金帛酒食遺之，命引至東平見劉豫。汝爲曰：「願伏劍爲南朝鬼，豈忍背主，不忠於所事。」宗弼亦感歎，遂留之軍中。庚子，金人侵黄州，守臣趙令峸死之〔八〇〕，兵馬都監王達、軍事判官吴源、巡檢劉卓皆爲虜所殺。辛丑，張浚承制以同主管川陝茶馬監牧公事趙開兼宣撫司隨軍轉運使，專一總領四川財賦。開言：「蜀民已困，惟榷率尚有贏餘，而貪猾認以爲己私。惟不恤怨詈，斷而行之，庶救一時之急。」浚以爲然。於是大變酒法，自成都始，明年遂遍四路行其法。夔路舊無酒禁，開始榷之。舊四川酒課歲爲錢一百四十萬緡，自是遞增至六百九十餘萬緡。金人自黄州濟江。江東宣撫使劉光世以爲小盜，遣王德拒之於興國軍，始知爲虜至，遂遁，虜自大冶縣徑趨洪州。

大事記：虜之分道南侵也，不惟廬州之李會、濠州之孫逸、和州之李鑄、無爲軍之李知幾、真州之向子忞、洪州之王子獻、臨江之吳將之、吉州之楊淵、撫州之王仲山、袁州之王仲嶷、建康之杜充、越州之李鄴、潭州之向子諲、荆南之唐慤或降或走，而張俊、劉光世之兵亦遁矣。豈獨江淮素無兵備哉，亦習見兩河官吏被禍而無益，寧畏虜而不畏義也。

癸卯，李鄴被旨造明舉甲，每副工料之費凡八千緡有奇，上召大將張俊、辛企宗示之，曰：「是甲分毫以上皆生民膏血，若棄擲一葉甲，是棄生民方寸之膚。諸軍用之，當思愛惜。」時王綯在側曰：「陛下愛民如此，凡百臣下當體此意。」詔：「右諫議大夫富直柔遇事敢諫，皆合大體，艱難之中，賴其獻替，以裨朕躬。可特轉一官，報行天下，使知朕優賢納諫之意。」監察御史沈與求上疏論執政過失，改爲尚書兵部員外郎。與求奏：「臣言苟不當，宜黜，不應得遷。」上行其言。甲辰，擢與求殿中侍御史。[是月]〔八一〕盜入宿州，權通判州事盛修己守節不屈爲所害〔八二〕。

十有一月乙巳朔，金人犯廬州。丁未，德音：「釋諸路徒以下囚。」罷邠州歲貢火筯、襄陽漆器、象州藤合、揚州照子之屬。」初，未行鈔鹽以前，兩浙民户每丁官給蠶鹽一㪷，令民輸錢一百六十六，謂之丁鹽錢。皇祐中，許民以納絹從時價折納，謂之丁絹。自行鈔法後，官不給鹽，每丁增錢爲三百六十，謂之身丁錢。大觀中，始令三丁輸絹一匹。時絹直猶賤，未有賠費。其後物價益貴，乃令民每丁輸絹一丈、綿一兩。軍興丁少，遂均科之民，甚以爲患。至是，聽五等下户以其半折帛，半納見錢。於是歲爲絹二十四萬匹、綿百萬兩、錢二十四萬緡。宋齊愈追復通直郎，仍與一子恩澤。李綱緣累經恩赦，特許自便。綱行至瓊州而還。戊申，完顔宗弼至和州。己酉，宣撫處置使張浚以便宜增印錢引一百萬緡，以助軍食。其後八年間，累增二千五十四萬緡。浚又置錢引務於秦州，以佐邊用。虜陷無爲軍。庚戌，虜攻采石渡，知太平州郭偉屢敗之，虜遂趨馬家渡。壬子，隆祐皇太后退保虔州。丁巳，虜陷六合縣，又陷臨江軍，又犯洪州。庚申，虜陷真州。辛酉，隆祐皇太后至吉州。壬戌，金人自馬家渡濟江，犯溧水，縣尉潘振死之。

大事記：方其幸維揚也，使經理兩河之計行，則虜豈能越三關四鎮而擣淮。及其渡江也，使防淮之議不格，則虜豈能越大江重湖而攻我哉。朝廷棄三路如棄土梗，棄兩淮如棄敝屣，使虜入數千里如蹈無人之境，不戰而敗，不守而陷，二百年之天下，不因民之怨叛，而直失其太半，可勝惜哉。

癸亥，虜犯太平州。甲子，浙西制置使韓世忠在鎮江，悉所儲之資盡裝海舶，之江陰。丁卯，金人犯吉州，知州事楊淵棄城去，隆祐皇太后離吉州，至争米市，虜遣兵追御舟，太后乃自萬安捨舟而陸，遂幸虔州。虜分兵犯撫州，又犯袁州。金人寇六安軍，又陷建平縣。杜充引親兵三千自江而北。己巳，上發越州，次錢清堰。夜得杜充奏我師敗績。上謂輔臣曰：「充守江不利，陳淬戰没，王瓊擁兵南遁，金國人馬必臨浙江追襲，事迫矣。卿等意如何？」呂頤浩曰：「臣有一策，望聖意詳度，斷在必行。」上曰：「如何？」頤浩奏：「今若車駕乘海舟以避狄，既登海舟之後，虜騎必不能襲我，江浙地熱，虜亦不能久留，俟其退去，復還二浙。彼入我出，彼出我入，此正兵家之奇也。」上沉吟久之，曰：「此事可行。」庚午，上遽回鑾。呂頤浩晚朝奏事，上曰：「航海之事，朕昨夕熟思之，斷在必行。卿等速尋船。」遂決策趨四明。

張滙進論曰：兀朮之寇江南也，朝廷豈不知虜所利者騎也，我所利者舟師與步兵也。江浙之地，騎得以爲利乎，此皆騎之危地也，舟師、步兵之利地也。兀朮有知，豈肯致身於此耶。若御駕親征，諸路進討，兀朮之頭必獻於闕下矣，而復望風之際，車駕泛海，朝廷自散，爲賊乘之，得志而去，此失於退者二也。

御史中丞范宗尹參知政事，侍御史趙鼎試御史中丞。時密院惟張守獨員，乃命宗尹兼權樞密院事。簽書樞密院事周望同知樞密院事，仍兼兩浙宣撫使，總兵守平江府。殿前副都指揮使郭仲荀爲兩浙宣撫副使，與御營使司都統制辛企宗並守越州。御前右軍都統制張俊從上行，以俊爲浙東制置使。辛未，金人陷建康。初，户部尚書李棁與守臣陳邦光具降狀，遣人即十里亭投之，宗弼喜曰：「金陵不煩攻擊，大事成矣。」宗弼入建康，邦光率官屬出門迎拜。通判府事楊邦乂大書其衣曰：「寧作趙氏鬼，不爲它邦臣。」既見，邦乂不拜，宗弼不能屈。翌日，遣人就邦乂〔八三〕，以舊官許之。邦乂以首觸階求死。虜酋張太師者止之，邦乂又遺書曰：「世豈有不畏死而可以利動者，幸速殺我。」癸酉晚，上發越州。金人犯建昌軍，兵馬監押蔡延世擊卻之。甲戌，通判建康府楊邦乂爲金人所殺。前一日，虜酋張太師與李棁、陳邦光燕，樂方作，召邦乂立堂下，邦乂見棁、邦光，叱之。有劉團練者，取紙書死活二字示邦乂，曰：「若毋多言，欲死趣書死字示我乃信。」邦乂奮前奪吏筆書字曰死。虜相顧動色，然未敢害。是日，宗弼再引邦乂，邦乂不勝憤，遥望大罵曰：「若夷狄而圖中原，天寧久假汝，行磔汝萬段，安得污我。」宗弼大怒，擊殺之，剖腹取其心。初贈直秘閣，官其子二人，賜田二頃。後謚忠襄。是月，張浚至秦州才數日，即出行關陝。參議軍事劉子羽言涇原兵馬都監兼知懷德軍吴玠之才於浚，玠亦素負才略，求自試。浚與語，大悦，擢爲統制，又使其弟進武副尉璘掌帳前親兵。

十有二月戊寅，知鎮江府兼浙西安撫使胡唐老爲軍賊戚方所殺。己卯，上次明州。辛巳，金人陷廣德軍。壬午，金人犯安吉縣。癸未，宗弼自安吉進兵過獨松嶺，歎曰：

「南朝可謂無人，若以羸兵數百守此，吾豈能遽度哉。」乙酉，宗弼犯臨安府，錢塘令朱蹕率民兵逆戰，傷甚，猶叱左右負己擊敵，守臣浙西同安撫使康允之棄城遁，保赭山。時劉誨自楚州赴召，在城中，軍民推之以守。己丑，上幸定海縣，御樓船。參知政事范宗尹曰：「虜騎雖百萬，必不能追襲，可以免禍矣。」上曰：「惟斷乃成此事，是也。」詔行在諸軍支雪寒錢，自是遂爲故事。金人陷臨安府。有唱言權府事劉誨欲以城降虜者，軍民因殺誨。是晚城陷，錢塘令朱蹕在天竺山亦遇害。癸巳，上至昌國縣。杜充所遣屬官直徽猷閣陳起宗至，言充敗，欲引衆趨行在而路不通。是日，范宗尹聞臨安陷，復還，見上於舟中。乙未，金人屠洪州。丙申，浙西制置使韓世忠知虜人不能久，大治戰艦，俟其歸而擊之。丁酉，上謂輔臣曰：「昨者從官同詣都堂，鄭望之獨謂：『自古興王未有乘舟檝者。』所論未爲通方。」王綯曰：「自崇寧以來，大臣專權，不容立異。比者會議都堂，更相詰難，各盡所見，無所顧避。臣不意十數年後，復見此氣象，皆陛下優容忠讜所致。望之自守所見，乃朝廷之福也。」於是望之奉祠而去。戊戌，金人陷越州。初，知越州充兩浙東路安撫使李鄴遣兵邀擊於浙江，三捷，既而寡衆不敵，鄴乃遣人賫書投拜，虜引兵入城，以其將琶八爲守，親事官唐琦袖石擊琶八不中，詰之，答曰：「欲碎爾首，死爲趙氏鬼耳。」琶八曰：「汝殺我奚益，胡不率衆救汝主？」琦曰：「在是惟汝爲尊，故欲殺汝耳。」琶八歎曰：「使人人如此，趙氏豈至是哉。」琦顧鄰曰：「汝享國厚恩，今若此，安得爲人也！」聲色俱厲，不少屈。琶八殺之。新通判温州曾怘不屈，虜執怘併其家殺之。己亥，知平江府湯東野奏：「杜充自真州至天長軍，與劉位、趙立會合。」先是，立知徐州，朝廷聞金人入寇，詔諸路兵援行在，立以徐州城孤且乏糧不可守，乃率將兵、禁兵、民兵約三萬人南歸。會知楚州劉誨已赴召，宣撫使杜充以楚州闕守，命立率所部赴之。立至臨淮，被充之命，兼程至龜山。時金左監軍昌圍楚州急，立斬刈道路乃能行，至淮陰與賊遇，其下以山陽不可往，勸立歸彭城。立奮怒嚼其齒曰：「正欲與金人相殺，何謂不可。」乃令諸軍曰：「回顧者斬。」於是率衆先登，自旦至暮且戰且行，出没賊中，凡七破賊，無有當其鋒者，遂得以數千人入城。立口中流矢，貫其兩頰，口不能言，以手指揮，軍士皆憩而後拔其矢。庚子，上發昌國縣。癸卯，浙東制置使張俊與金人戰於明州，敗之。先是，虜遣兵追襲乘輿至城下，俊遣統制官劉寶與戰，兵少卻，其將党用、邱横死之。統制官楊沂中、田師中，統領官趙密皆殊死戰。主管殿前司公事李質率所部以舟師來助，知州事劉洪道率州兵射其傍，遂大破之，殺數千人。

龜鑑曰：明州之戰，虜自高橋攻西門，併兵並進，勢亦亟矣。張俊忠義，實奮發於下令軍中之時，始則清野閉關以拒其來，終則開門迎敵以挫其鋭。中興戰功，自明州一捷始。虜自入中國以來,未有一人敢攖其鋒,至此而軍勢稍張矣。

婁宿將數萬衆圍陝府,守將李彦仙以死拒之,且告急於張浚。

校證

〔一〕虜　此「虜」及本月内下二「虜」字原均作「敵」,據再造本、文海本回改。

〔二〕沭陽　李校:原作「沐陽」,中興聖政卷四同,兹據(繫年)要録卷一九改。汪按:僅據繫年要録一書即作校改不妥,實再造本、文海本、宋史卷二五高宗紀卷三六四韓世忠傳亦作「沭陽」,可以爲證。

〔三〕「殺」後原衍「敵」字,據再造本、文海本及中興聖政卷四删。

〔四〕虜　此「虜」及本月内下十二「虜」字,原均作「敵」,據再造本、文海本回改。

〔五〕康履　原作「康復」,據前後文及再造本、文海本、中興聖政卷四校改。

〔六〕南鶩　原作「南馳」,據再造本、文海本、中興聖政卷四、繫年要録卷二〇校改。

〔七〕黏罕　原作「尼雅滿」,據再造本、文海本回改。下二「黏罕」同此。

〔八〕虜賊　原作「金人」,據再造本、文海本回改。

〔九〕防捍　再造本、文海本、中興聖政卷四、繫年要録卷二〇均作「防托」。

〔一〇〕虜寇　原作「金人」，據再造本、文海本回改。

〔一一〕看　原作「者」，據再造本、文海本、中興聖政卷四、繫年要録卷二〇校改。

〔一二〕歐陽徹　李校改「歐陽徹」爲「歐陽澈」，謂：「原作『歐陽徹』，據宋史卷四五五歐陽澈傳及繫年要録卷二十改。」汪按：再造本、文海本、中興聖政卷四均作「歐陽徹」，宋元文獻中「歐陽徹」多於「歐陽澈」，孰是孰非似尚有商榷餘地，暫不校改。

〔一三〕金賊　此「金賊」與下二「金賊」，原均作「金人」，據再造本、文海本回改。

〔一四〕虜　原作「其」，據再造本、文海本回改。

〔一五〕張俊　再造本、文海本、中興聖政卷四均作「張浚」，下文二「俊」亦作「浚」，按統制爲武官名，故作「張俊」是，繫年要録卷二一亦作「張俊」。

〔一六〕俊至平江　此「俊」與下文「俊被省劄」之「俊」，原均作「浚」，再造本、文海本均同，中興聖政卷四則作「俊至平江」，「浚被省劄」，據前後文可知，二處均應作「［張］俊」，今並據繫年要録卷二一校改。

〔一七〕侍郎　「侍」原誤「待」，據再造本、文海本、中興聖政卷四校改。

〔一八〕崇福宫　原作「嵩福宫」，據再造本、文海本、中興聖政卷四、繫年要録卷二一校改。

〔一九〕中興聖政卷四「紹興二年」至「建康」爲注文。

〔二〇〕内擅　再造本、文海本、中興聖政卷四同，繫年要録卷二一作「内禪」。作「内禪」似是。

〔二一〕鄭穀　本書「鄭穀」之「穀」字或誤作「殼」、「轂」，今據宋史卷三九九鄭穀傳統改，下不復出校。

〔二二〕平江之北　原作「江江之北」，再造本、文海本同，據中興聖政卷四、繫年要録卷二一校改。

〔二三〕虜　原作「敵」，據再造本、文海本回改。

〔二四〕張俊　原作「張浚」，據再造本、文海本、中興聖政卷四校改。

〔二五〕虜在傅軍　原作「敵在傅軍」，義不通，據再造本、文海本回改，熊克中興小紀卷六作「擄在傅軍」，可爲佐證。

〔二六〕久陰　「久」原作「欠」，據再造本、文海本及前文校改。

〔二七〕次官　「官」原作「宫」，據再造本、文海本、繫年要録卷二四校改。

〔二八〕虜　原作「敵」，據再造本、文海本回改。

〔二九〕新知洮州王彦　「新知」原脱，再造本、文海本同，據中興聖政卷四、繫年要録卷二五補。

〔三〇〕閻僅　再造本、文海本、中興聖政卷五、四庫本繫年要録卷二五注引大事記均同，四庫本繫年要録卷七、國學叢書繫年要録卷二五注引大事記、李綱梁谿集卷一七六建炎進退志總叙則均作「閻瑾」。

〔三一〕桂陽軍　再造本、文海本、中興聖政卷五同，吕中類編皇朝中興大事記講義卷三作「淮陽軍」，宋史卷二六高宗紀、繫年要録卷三五作「漢陽軍」，從張用行迹看，作「漢陽軍」近是。

〔三二〕德安軍　再造本、文海本、中興聖政卷五、類編皇朝中興大事記講義卷三、繫年要録卷二五注引中興聖政大事記均同，宋史卷二六高宗紀、繫年要録卷三七作「德安府」，作「德安府」似是。

〔三三〕亦　原作「朝」，文海本同，作「朝」義不通，據再造本、中興聖政卷五、繫年要録卷二五注引大事記校改。

〔三四〕權同知三省樞密院事　原脱「同」字，再造本同，據繫年要録卷二五、卷二六及徐自明宋宰輔編年録卷一四補。

〔三五〕訪　再造本、文海本、繫年要録卷二七均同，胡寅斐然集卷一六上皇帝萬言書作「詢」。

〔三六〕咎　此字原脱，再造本、文海本均同，據斐然集卷一六上皇帝萬言書補。

〔三七〕虜　此「虜」與下文「以虜至爲憂」之「虜」，原均作「敵」，並據再造本、文海本回改。

〔三八〕頽弛　原作「頽弛」，據再造本、文海本校改。

〔三九〕危亡　再造本、文海本均同，宋史卷四三五儒林傳胡安國子寅、斐然集卷一六上皇帝萬言書、樓昉崇古文訣卷三三胡寅上皇帝萬言書、歷代名臣奏議卷八六均作「垂亡」。

〔四〇〕金賊　此「金賊」與下文「金賊遽至城下」之「金賊」，原均作「金人」，並據再造本、文海本回改。

〔四一〕根株　再造本、文海本，徐夢莘三朝北盟會編卷一五二、崇古文訣卷三三胡寅上皇帝萬言書同，繫年要録卷二七、斐然集卷一六上皇帝萬言書、歷代名臣奏議卷八六作「狠忮」。

〔四二〕寇準勸親征　「親」字原脱，再造本、文海本均同，據中興聖政卷六、繫年要録卷二七、斐然集卷一六上皇帝萬言書補。

〔四三〕惑　文海本作「憾」，再造本、中興聖政卷六、繫年要録卷二七、崇古文訣卷三三胡寅上皇帝萬言書、歷代名臣奏議卷八六、斐然集卷一六上皇帝萬言書均作「撼」。

〔四四〕庶常　再造本、文海本、中興聖政卷六均同，斐然集卷一六上皇帝萬言書作「庶務」，繫年要録卷二七、崇古文訣卷三三胡寅上皇帝萬言書均作「庶事」。

〔四五〕行臺　原作「行宫」，再造本、文海本、中興聖政卷六均同，似涉下文而誤，據繫年要録卷二七、三朝北盟會編卷一五二、崇古文訣卷三三胡寅上皇帝萬言書、歷代名臣奏議卷八六、斐然集卷一六上皇帝萬言書校改。

〔四六〕謹　原作「諫」，從上讀，再造本、文海本、中興聖政卷六均同，按上文言「行臺」，非言臺諫，故作「諫」誤。今據繫年要録卷二七、三朝北盟會編卷一五二、斐然集卷一六上皇帝萬言書校改。

〔四七〕宸居　再造本、文海本、中興聖政卷六均同，三朝北盟會編卷一五二、崇古文訣卷三三胡寅上皇帝萬言書、三朝北盟會編卷一五二、斐然集卷一六上皇帝萬言書均作「定居」。

〔四八〕丕變　「丕」原誤作「不」，據再造本、文海本、中興聖政卷六校改。

〔四九〕在所　再造本、文海本、中興聖政卷六、崇古文訣卷三三胡寅上皇帝萬言書、歷代名臣奏議卷八六均同，繫年要録卷二七、斐然集卷一六上皇帝萬言書均作「所在」。

〔五〇〕戴　原作「載」，據再造本、文海本、中興聖政卷六校改。

〔五一〕稍挫　再造本、文海本、中興聖政卷六均同，繫年要録卷二七、崇古文訣卷三三胡寅上皇帝萬言書、歷代名臣奏議卷八六、斐然集卷一六上皇帝萬言書均作「銷挫」。

〔五二〕鎗仗手　「手」字原脱，再造本、文海本、中興聖政卷六均同，據繫年要録卷二七、歷代名臣奏議卷八六、斐然集卷一六上皇帝萬言書補。

〔五三〕命　此字原脱，再造本、文海本、中興聖政卷六均同，據繫年要録卷二七、三朝北盟會編卷一五二、歷代名臣奏議卷八六、斐然集卷一六上皇帝萬言書補。

〔五四〕分番起之　再造本、文海本、中興聖政卷六均同，繫年要録卷二七、歷代名臣奏議卷八六、斐然集卷一六上皇帝萬言書均作「分番踐更」。

〔五五〕山東諸路　再造本、文海本、中興聖政卷六均同，繫年要録卷二七、歷代名臣奏議卷八六、斐然集卷一六上皇帝萬言書均作「山東及本路」。

〔五六〕獠軍　李校：原作「撩軍」，（繫年）要録卷二十七作「諸軍」。茲據中興聖政卷六改。汪按：再造本作「獠軍」，文海本「獠」字模糊，斐然集卷一六上皇帝萬言書、歷代名臣奏議卷八六亦作「獠軍」，可補充證據。

〔五七〕拱把　再造本、文海本、中興聖政卷六均同，繫年要録卷二一七作「拱揖」，李幼武宋名臣言行録別集上卷八胡寅作「供把」。三朝北盟會編卷一五二作「供億」。斐然集卷一六上皇帝萬言書、崇古文訣卷三三胡寅上皇帝萬言書、歷代名臣奏議卷八六作「拱挹」。

〔五八〕鞏固基圖　再造本、文海本、中興聖政卷六均同，繫年要録卷二一七、歷代名臣奏議卷八六作「鞏固基局」，三朝北盟會編卷一五三作「鞏固皇圖」（四庫本作「鞏固基圖」），斐然集卷一六上皇帝萬言書作「鞏固基扃」。

〔五九〕虜　原作「敵」，據再造本、文海本回改。

〔六〇〕夷虜　原作「夷狄」，據再造本、文海本回改。

〔六一〕虜賊　原作「敵人」，據再造本、文海本回改。

〔六二〕常使　再造本、文海本、中興聖政卷六及上引諸書均同，惟斐然集卷一六上皇帝萬言書作「當使」。

〔六三〕虜人　原作「金人」，據再造本、文海本回改。

〔六四〕賊人　原作「金人」，據再造本、文海本回改。

〔六五〕不晚　再造本、文海本、中興聖政卷六及前引諸書均同，惟斐然集卷一六上皇帝萬言書作「早晚」。

〔六六〕雷電大震　再造本、文海本、中興聖政卷六均同，繫年要録卷二一七、崇古文訣卷三三胡寅上皇帝萬言書、歷代名臣奏議卷八六、斐然集卷一六上皇帝萬言書均作「震雷大雪」。

〔六七〕錢塘之禍實先示象　再造本、文海本、中興聖政卷六均同，繫年要録卷二七、崇古文訣卷三三胡寅上皇帝萬言書、歷代名臣奏議卷八六、斐然集卷一六上皇帝萬言書均作「錢塘之變實先垂象」。

〔六八〕投戈四起　再造本、文海本、中興聖政卷六均同，繫年要録卷二七、三朝北盟會編卷一五三、崇古文訣卷三三胡寅上皇帝萬言書、歷代名臣奏議卷八六、斐然集卷一六上皇帝萬言書均作「投戈四逸」。

〔六九〕黏罕　原作「尼瑪哈」，據再造本、文海本回改。

〔七〇〕橫行　原作「得罪」，據再造本、文海本回改。

〔七一〕秦　原作「奉」，據再造本、文海本、中興聖政卷六校改。

〔七二〕虜人　原作「金人」，據再造本、文海本回改。

〔七三〕兵分勢合　再造本、文海本、中興聖政卷六均同，繫年要録卷二七、歷代名臣奏議卷八六、斐然集卷一六上皇帝萬言書均作「兵分勢離」，三朝北盟會編卷一五三則作「兵勢必分，力不得合」。

〔七四〕批亢擣虛　「亢」原誤「穴」，再造本、文海本、中興聖政卷六均同，據繫年要録卷二七、三朝北盟會編卷一五三、歷代名臣奏議卷八六、斐然集卷一六上皇帝萬言書校改。

〔七五〕虜　原作「敵」，據再造本、文海本回改。

〔七六〕金虜　原作「金人」，據再造本、文海本回改。

〔七七〕此下至卷終原闕，據再造本、文海本補入。

〔七八〕是月　二字原脱，據繫年要録卷一二八補。

〔七九〕癸未　原作「癸亥」，中興聖政卷六同，據干支時序及繫年要録卷一二八、宋史卷二五高宗紀校改。

〔八〇〕趙令宬　中興聖政卷六、宋史卷二五高宗紀均同，繫年要録卷一二八作「趙令歲」。

〔八一〕是月　二字原脱，據繫年要録卷一二八補。

〔八二〕權　此字原脱，據繫年要録卷一二八補。

〔八三〕就邦乂　再造本、文海本、中興聖政卷六均同，繫年要録卷一二九作「説邦乂」。

宋史全文卷十七下

宋高宗四

庚戌建炎四年春正月甲辰朔，大風，御舟碇海中。乙巳，日午，西風忽起，虜乘之犯明州〔一〕，浙東制置使張俊與守臣劉洪道坐城樓上〔二〕，遣兵掩擊，殺傷大當，虜奔北〔三〕，墮田間或墜水，俊急令收兵。夜虜拔寨去。丙午，早，御舟次章安鎮。丁未，御史中丞趙鼎自明州還行在，遂與從官同對於舟中。庚戌，金人再犯明州。丙辰，江淮宣撫司右軍統制岳飛自廣德軍移屯宜興縣。杜充之敗也，其將士潰去，多行剽掠，獨飛嚴戢所部，不擾居民，士大夫避兵者皆賴以免，故時譽翕然歸之。丁巳，婁宿陷陝府，守臣李彦仙死之。彦仙守陝再踰年，大小戰二百，及城陷，其屬官、通守、職官、縣令、將佐五十一人皆與同死，無屈降者。戊午，張俊全軍立功人並遷七官，賞明州之捷也。金人再犯餘姚縣。己未，金人破明州。夜，大雷雨。翌日，上謂大臣曰：「昨雷聲頗厲，於占爲君弱臣强、四夷兵不制所致〔四〕。朕當與卿等修德以應天。」壬戌晚，雷雨又作。上謂大臣曰：「此與前占無異，惟頻發者應速耳。」癸亥，泊青澳門。甲子，泊温州港口。丙寅，移次温州之館頭。先是，金人攻定海縣破之，遂以舟師犯昌國縣，欲襲御舟。至碕頭，風雨大作，提領海船張公裕引大舶擊散之，虜乃去〔五〕。丁卯，金人犯潭州。戊辰，權知三省樞密院事滕康提舉亳州明道宫，權同知劉珏提舉江州太平觀。己巳，尚書户部侍郎葉份請令僧道換給已書填黄紙度牒，每道輸紙墨錢十千。從之。初，趙立既至楚州，朝廷因以立知州事。金左監軍昌親帥數萬人圍城，相持四十餘日，虜不能入，而城中薪糧日竭。辛未，給事中兼直學士院汪藻言：「金人爲患，今已五年。陛下以萬乘之尊，而悵然未知税駕之所者，由將帥無人，而御之不得其術也。如劉光世、韓世忠、張俊、王瓔之徒，身爲大將，論其官則兼兩鎮之重，視執政之班，有韓琦、文彦博所不敢當者。論其家，則金帛充盈，錦衣肉食，輿臺厮養皆得以功賞補官，至一軍之中使臣反多、卒伍反少。平時飛揚跋扈，不循朝廷法度，所至驅擄，甚於夷狄〔六〕。陛下不得而問，正以防秋之時，責其死力耳。張俊明州僅能少抗，奈何虜未退數里間，而引兵先遁。是殺明州一城生靈，而陛下再有館頭之行者，張俊使之也。臣痛念自去秋以來，陛下爲宗社大計，以建康、京口、九江皆要害之地，故杜充守建康，韓世忠守京口，劉光世守九江，而以王瓔隸杜充。其措置非不善也。而世忠八九月間已歸鎮江，所儲之資盡裝海舶，焚其城郭，爲逃遁之計。洎杜充力戰于前，世忠、王瓊卒不爲用，光世亦偃然坐視，不出一兵，方與韓梠朝夕飲宴，賊至數十里間不知。則朝廷失建康，虜犯兩浙，乘輿震驚者，韓世忠、王瓊使之也。失豫章，太母播越，六宫流離者，劉光世使之也。嗚呼。諸將已負國家，罪惡如此，而俊自明引軍至温，道路一空，居民皆逃奔山谷。世忠逗遛秀州，放軍四掠，至執縛縣宰以取錢糧，雖陛下親御宸翰，召之三四而不來。元夕取民間子女，張燈高會，君父在難而不恤也。瓊自信入閩，所過邀索千計，公然移文曰：『無使枉害生靈。』其意果安在哉。臣觀今日諸將用古法皆當誅，然不可盡誅也。惟王瓊本隸杜充，充敗於前而瓊不救，此不可赦，當先斬瓊以令天下。其他以次重行貶降，使以功贖過。臣愚以爲虜退之後，正大明賞罰、再立紀綱之時。莫若擇有威望大臣一人，盡護諸將，雖陛下親軍亦聽其節制，稍稍以法裁之。仍使於偏裨中擇人才之可用者，間付以方面之權，待其有功，加以爵秩，陰爲諸將之代，此今日所最急者。惟陛下與大臣熟議，斷而行之。」户部侍郎葉份言：「淮鹽路梗，妨阻客販，浙鹽數少，積壓客鈔，望權以福建鹽通商，仍稍還買鹽本錢，即本路官搬官賣，兩不相妨。」從之。福建路歲産鹽一千一百萬斤，政和中，遣左司郎官張察至本路參定，歲以三分爲率，二分歸朝廷，許商人輸錢給鈔受鹽。一分歸漕司，許自賣鹽以辦歲計。時商販、官搬二法並行。靖康俶擾，商販殆絶，故官悉自鬻，歲入課錢四十萬緡。至是，份請行鈔法，而奸民乘之盜販者甚衆。

二月乙亥，御舟至温州江心寺駐蹕。大中大夫盧益權知三省樞密院事。吉州居住李回復端明學士，權同知。金人陷潭州。丙子，金自明州引兵還臨安。丙戌，金人自臨安退兵。丁亥，金人陷京師，權留守上官悟及副留守趙倫出奔，悟至唐州爲董平所殺。自是四京皆陷没矣。庚寅，上入温州，駐蹕州治。辛卯，金人陷秀州，權州事鄧根留本州兵馬都監趙士醫乘城拒敵，城陷，士醫爲流矢所中而死。甲午，尚書省言：「淮鹽道路不通，商人皆自京師持鈔引至兩浙請鹽，故温、台州積下引鈔至多〔七〕，有至二三年者。乞令行在榷貨務换給新鈔，赴閩、廣算請，每袋貼納通貨錢三千。」從之。鼎州人鍾相作亂，自稱楚王，改元天載。自是十九縣皆爲盜區。乙未，尚書右僕射兼江淮宣撫使杜充罷爲觀文殿大學士、提舉江州太平觀。充自真州而北，宗弼遣人説充，許以中原地封之，如張邦昌故事。杜充遂降。丙申，宣撫制置使張浚聞上親征，亟治兵自秦州入衛，留參議軍事劉子羽掌留司事。金遊騎至平江，同知樞密院事周望奔太湖，守臣湯東野挈家潛遁，以府印付統制官郭仲威。丁酉，金人大集城下，望及仲威皆遁。戊戌，宗弼入平江，虜之在湖南者〔八〕，是日亦渡江趨石首縣而去。己亥，鍾相犯桃源縣，知縣事錢景出戰，爲所殺。庚子，呂頤浩奏：「户部侍郎葉份言〔九〕，駕幸浙西，須早除發運使。

臣觀可任漕計，極難得人，間有之，又素行不修。」上曰：「有德者率淳直，或不能辦事，
有才者多是小人，如梁揚祖誠無學術，使爲發運使則有餘矣。大抵小人不可使在侍從
之列，若藉其才任於外，亦何不可。」辛丑，鍾相陷澧州，守臣黄琮等十餘人皆爲所殺，澧
陽縣丞葉畬戰死。

三月癸卯朔，宗弼去平江府。甲辰，初，婁宿既陷陝，遂與其副撒離喝長驅入關〔一〇〕。
宣撫處置使司都統制曲端聞敵至，遣涇原路馬步軍副總管吴玠及統制官張忠孚、李彦
琪將所部拒之於彭原店，端自擁大兵屯於邠州之宜禄，以爲聲援。虜乘高而陣〔一一〕，婁
宿引兵來犯，玠擊敗之。撒離喝懼而泣，虜人因目爲啼哭郎君〔一二〕。既而虜師復振，官
軍敗，端退屯涇州，虜亦引去〔一三〕。端劾玠違節，降武顯大夫，罷總管，復知懷德軍。宣
撫處置使張浚素奇玠，尋擢玠秦鳳副總管兼知鳳翔府。時當兵火之餘，玠勞來安集，民
賴以生。始，青溪嶺之戰，玠牙兵皆潰，及是，玠治兵秦鳳，諸潰卒復出就招，玠問訊再
三，搜索非是者五六人斥遣之，餘悉斬於遠亭下，去秦州十里，軍中股慄，自是每戰皆效
死，無復潰散者矣。己酉〔一四〕，張浚言：「大食獻珠玉，已至熙州。」詔津遣赴行在。右正
言吕祉言：「所獻真珠、犀牙、乳香、龍涎、珊瑚、梔子、玻璃，非服食器用之物，不當受。」
上諭大臣曰：「捐數十萬緡，易無用珠玉，曷若愛惜其財，以養戰士。」遂命宣撫司無得

受，仍加賜遣之。時浚率步騎數萬人入衞，至房州，遇德音，知虜騎退，乃還。壬子，金人入常州。甲寅，先是，上諭呂頤浩曰：「朕初不識隆祐皇太后，自建炎初迎奉至南京，方始識之，愛朕不啻己出。宫中奉養及一年半，朕之衣服飲食必親調製，今朕父母兄弟皆在遠方，尊長中惟皇太后，不惟相别數千里外，加之虜騎衝突〔一五〕，又兵民不相得，縱火交兵，五六日乃定，復爾驚擾，當早遣大臣領兵迎奉，以稱朕朝夕慕念之意。」林杞除名連州編管。坐提點福建刑獄日與呂熙共殺張政也。熙配惠州牢城。詹標初手執苗傅〔一六〕，及是亦坐獄，辭不伏而死。丁巳，金人至鎮江府，浙西制置使韓世忠已屯山寺以邀之，降其將鐵爪鷹李選。選者，江淮宣撫司潰卒也。宗弼遣使通問，世忠亦遣使臣石臯報之，約日會戰。世忠謂諸將曰：「是間形勢無如金山龍王廟者，虜必登此覘我虛實。」〔一七〕仍遣偏將蘇德將二百卒伏廟中，又遣二百卒伏廟下，戒之曰：「聞江中鼓聲，岸兵先入，廟兵繼出。」虜至，果有五騎趨龍王廟，廟中之伏者先鼓而出，五騎振策以馳，僅得其二。有一人紅袍玉帶，既墜復跳馳而脱。詰二人者，即宗弼也。既而戰數十合，世忠妻和國夫人梁氏在行間，親執桴鼓，虜終不得濟。復使致詞，願還所掠假道，世忠不從。益以名馬，又不從。己未，上御舟復還浙西。辛酉，上御舟發温州。晚朝，執政登舟奏事，上曰：「張浚措置陝西極有條理，薦人用士，持心向公。」張俊、辛永宗皆言陝西將帥往往服浚謀略。呂頤浩曰：「陛下雖失之杜充，復得之張浚。」王綯曰：「張守嘗語臣，浚好謀有大志，嘗招諸將至臺講論用兵籌策，今果能行所言，真不易得。」上復言浚用孫渥代辛興宗，按王擇仁等罪，稱善者久之。壬戌，御舟次章安鎮。故朝請郎張耒贈右文殿修撰，故朝散郎晁補之、朝奉郎黄庭堅、宣德郎秦觀皆贈直龍圖閣。又詔故右司諫江公望、監察御史常安民各官子孫二人。時方褒録元祐忠賢，以耒等四人爲黨籍餘官之首，而參知政事范宗尹言：「公望、安民論事勁切。」故首及之。乙丑，上次台州松門寨。宰執奏事，呂頤浩因言：「此行未審且駐會稽，爲復須到浙右？」上曰：「須由蘇、杭往湖州，或如卿所奏往宣州。」頤浩又曰：「將來且在浙右爲當，徐謀入蜀。」〔二八〕上曰：「朕倚雍之强資，蜀之富固善，但張浚奏漢中只可備萬人糧，恐太少。」頤浩曰：「若第攜萬兵入蜀，則淮、浙、江、湖以至閩、廣，將爲盜區，皆非國家之有矣。」上曰：「當益進上流，用淮、浙榷貨鹽錢以贍軍費，運江、浙、荆湖之粟以爲軍食。」王綯曰：「議者多言入蜀便，殊不知自秦用張儀，至本朝遣王繼恩，下蜀者八矣，取輒得之，不勞再舉，則亦未可謂之便也。」范宗尹曰：「臣謂若便入蜀，恐兩失之。據江表而徐圖關陝之事，則兩得之。」上曰：「然。」既而浚復上疏言：「陛下果有意於中興，非幸關陝不可。」上不許。戊辰，湖北捉殺使孔彦舟擊鍾相，敗之，執相及僞后伊氏、僞太子子昂，並檻送行在。己已，戚方陷廣德軍，權通判王儔、判官李唐俊、權司法潘偶〔二九〕、權知廣德縣韋績、權丞蔣夔與權軍事皆死。辛未，上次定海縣，顧縣爲金虜所焚〔三〇〕，惻然曰：「朕爲民父母，不能保民使至如此。」王綯曰：「陛下留杜充提兵四萬守建康，留周望提兵二萬守平江，不幸充、望不稱任使〔三一〕，乃至如此。」呂頤浩因言：「承平日久，士多文學，而罕有練達兵財可濟今日者。」上曰：「前此太平朝士若乘馬馳騁，言者必以爲失體，纔置良弓利劍，議者將以爲謀叛。」綯曰：「大抵文學之士未必應務，有才者或短於行，自非陛下棄瑕録用，則舉世無全人矣。」初，虜陷山東，左監軍完顏昌密有許封劉豫之意，會濟南有漁得鱣者，豫妄謂神物之應，乃祀之。既而北京順豫門生禾五穗同本，其黨指言豫受命之符，乃使豫子僞知濟南府麟賫重寶賂昌，求僭立。大同尹高慶裔，左副元帥宗維心腹也，恐爲昌所先，乃説宗維曰：「吾君舉兵，止欲取兩河，故汴京既得，則立張邦昌。後以邦昌廢逐，故再有河南之役。方今河南州郡官制不易，風俗不更者，可見吾君意非貪土，亦欲循邦昌之故事也。元帥盍建此議，無以恩歸他人。」宗維乃令希尹馳白金主晟。晟許之。

夏四月甲戌，上御舟至明州之城外〔三二〕。御史中丞趙鼎言：「吴越介在一隅，非進取中原之勢，荆襄左顧川陝，右視湖湘，而下瞰京洛，在三國必争之地。宜以公安爲行闕，而屯重兵於襄陽，以爲屏翰，運江浙之粟，資川陝之兵，經營大業，計無出此。顧詔張浚未可長驅深入，姑令五路各守其地，犄角相援可也。」乙亥，上發明州。癸未，上次越州，駐蹕州治。初，浙西制置使韓世忠與宗弼相持於黃天蕩，而孛堇太一圍揚州〔三〕，朝廷恐守臣張績力不能支，許還屯京口。績不爲動，虜乃趨真州〔四〕。時太一軍於北，宗弼軍於南，世忠以海艦進泊金山下，將戰，世忠預命工鍛鐵相連爲長綆，貫一大鈎，以授士之驍捷者。平旦，虜以舟譟而前，世忠分海舟爲兩道，出其背，每縋一綆則曳一舟而入，虜竟不得濟。乃求與世忠語，世忠酬答如響，時於所佩金鳳瓶傳酒縱飲示之。宗弼見世忠整暇，色益沮，乃求假道甚恭。世忠曰：「是不難，但迎還兩宫，復舊疆土，歸服明主，足相全也。」吕頤浩聞其窮蹙，乃請上幸浙西，且下詔親征，以爲先聲，而亟出鋭兵策應，世忠庶幾必擒兀术〔五〕。參知政事王綯亦言：「宜遣兵與世忠夾擊。」上納之。甲申，下詔親征。乙酉，御史中丞趙鼎爲翰林學士。自建炎初置御營使而宰相兼領之，遂專兵柄。吕頤浩顓恣尤甚，議者數以爲言。上自海道還，鼎率其屬共論頤浩之過。會鼎復駁親征之議，頤浩聞之，乃移鼎翰林。鼎引司馬光故事，以不習騈儷之文不肯就職。戚方圍宣州。戊子，韓世忠奏捷，上曰：「金人侵犯以來，諸將率望風奔潰。今歲如世忠輩雖未成大功，皆累獲捷。若益訓卒繕兵，今冬虜人南來，似有可勝之理。」范宗尹曰：「前此兵將望風奔潰，而今歲皆能力戰，此天意似稍回，更願陛下修德，庶幾天意必回，則天下之事不難爲矣。」乃出世忠奏，命尚書省以黃榜諭中外。時虜衆十餘萬，而世忠戰士纔八千，宗弼求登岸會語，世忠以二人從見之，宗弼語不遜，世忠怒，引弓且射之，亟馳去。詔涇原路第七正將向亶械赴宣撫司，依法行遣。亶從統制官秦公楚拒金師，公楚戰死，亶遁走行在。故浚以爲請焉。庚寅，御史中丞趙鼎爲吏部尚書。鼎不受。辛卯，罷福建鈔鹽，令轉運司官搬官賣，仍歲發鈔鹽錢二十萬緡，赴行在榷貨務助經費。以淮浙鹽場復通故也。乙未，分行在榷貨務官吏之半，於臨安府置司。丙申，尚書右僕射呂頤浩罷。先是，趙鼎復辭吏部尚書之命，且攻頤浩之過，章十數上，頤浩乃求去。上諭王綯等曰：「頤浩功臣，兼無誤國大罪，與李綱、黃潛善不同。朕當眷遇，始終不替。」是夕，遂召汪藻草制，略曰：「占吏員而有虧銓法，專兵柄而幾廢樞庭。下吳門之詔，則慮失於先時，請浙右之行，則力違於衆論。」遂罷爲鎮南軍節度使、開府儀同三司、充醴泉觀使。時王綯與頤浩論頗同，乃累章丐免。於是范宗尹攝行相事，遂留會稽，無復進居上流之意矣。詔三省、樞密院同班奏事。是日，韓世忠及宗弼再戰於江中，敗績。宗弼既爲世忠所扼，欲自建康謀北歸，不得去。或獻謀於金人曰：「江水方漲，宜於蘆場地鑿大渠二十餘里，上接江口，舟出江背，在世忠之上流矣。」宗弼從之，傍治城西南隅鑿渠，一夜渠成，次日早出舟，世忠大驚，金人悉趨建康，世忠尾擊，敗之。虜終不得濟。先是，宗弼在鎮江，世忠以海舟扼於江中，乘風使篷，往來如飛。宗弼謂諸將曰：「使船如使馬，何以破之？」乃揭榜募人獻所以破海舟之策，有福州人王某僑居建康，教虜人於舟中載土，以平板鋪之，穴船板以櫂槳，俟風息則出江，有風則勿出，海舟無風不可動也。以火箭射其篛篷，則不攻自破矣。一夜造火箭成。是月，引舟出江，其疾如風，天霽無風，海舟皆不能動，虜以火箭射其篛篷，火烘日曝，人亂而呼，馬驚而嘶，被焚與墮江者不可勝數。所焚之舟蔽江而下，虜輕舟襲追之，統制官孫世詢、嚴永吉皆力戰而死。世忠與餘軍至瓜步，棄舟而陸，奔還鎮江聚兵。宗弼乃得絕江遁去。

大事記曰：張俊以孤軍敢與虜戰〔二六〕，而有明州城下之捷。陳思恭邀擊於吳縣，而有太湖之捷。牛皋邀擊於荆南，而有寶豐之捷。岳飛邀擊於荆南〔二七〕，而有靜安之捷。而韓世忠捷於鎮江，虜勢尤爲窮蹙。雖海舟無風，天時未順，而頤浩固請幸浙西，下詔親征，兵勢稍張，而虜自是不敢復過江矣。

丁酉，御筆：「趙鼎依舊御史中丞。」鼎即出視事。辛丑，詔：「比年爵賞失實，名器浸輕。自今將帥監司毋得乞空名告敕。如實有功，保奏推賞。大臣出使亦如之。」金人犯江西者，自荆門北歸，留守司同都統牛皋潛軍於寶豐之宋村，擊敗之。

五月癸卯，中書門下省檢正諸房公事張汝舟特遷一官。初，上過明州，汝舟應奉簡儉粗能給足，至台州而守臣晁汝爲儲峙豐備，論者以爲擾民，乞行賞罰，以示好惡。及是進呈，范宗尹曰：「若黜汝爲則盧知原、宋煇皆當貶矣。臣觀近歲宰相一罷，則凡經遷擢者悉皆擯斥，目爲其黨，不復進用，遂分彼此，更相憎嫉。」上曰：「朝廷人才，豈有易相一切進退。第以簡儉褒汝舟，則好惡自明。如汝爲輩不必皆黜。」乃進汝舟一官。其實宗尹陰佑汝爲，故有此論。甲辰，參知政事、權樞密院事范宗尹守尚書右僕射、同中書門下平章事兼御營使。時江北、荆湖諸路盜益起，大者至數萬人，據有州郡，朝廷力不能制，盜所不能至者，則以土豪潰將或攝官守之，皆羈縻而已。宗尹以爲此皆烏合之衆，急之則並死力以拒官軍，莫若析地以處之，盜有所歸，則可以漸制。乃言於上曰：「昔太祖受命收藩鎮之權，天下無事百有五十年，可謂良法。然國家多難，四方帥守事力單寡，束手而莫知所出，此法之弊也。今日救弊之道，當稍復藩鎮之法，亦不盡行之。天下且裂河南江北數十州爲之，少與之地而專付以權，擇人久任，以屏王室。」群臣多以爲不可，宗尹曰：「今諸郡爲盜據者以十數，則藩鎮之勢駸駸成矣。曷若朝廷爲之，使恩有所歸。」上決意行之，遂以爲相。宗尹時年三十三，自漢唐及國朝宰相未有如是之年少者。丁未，金左副元帥宗維與諸酋分往山後草地避暑〔二八〕。先是，大同尹高慶裔自東平還雲中，言推戴劉豫之意。宗維復令慶裔馳至東平，問豫可否。豫陽推張孝純。宗維報曰：「戴爾者，河南萬姓，推孝純者，獨爾一人。難以一人之情而阻萬姓之願。爾當就位，我當以孝純輔爾。」其議遂決。宗弼自江南還屯六合縣。庚戌，詔三省〔二九〕、樞密院官輪修時政記。以同班奏事，故革舊制也。辛亥，上謂大臣曰：「從班人極少，卿等當共議，務取其實，不厭多也。今乘輿服御悉從簡儉，除一省郎未至甚費，苟得其人，其利溥矣。」范宗尹曰：「用人之法，須擇可爲執政者方除從官，可爲從官者方除省郎。則選精而真材出。」上曰：「善。」統領赤心軍馬劉晏與戚方戰於宣州，死之。壬子，金人焚建康府，掠人民，擄財物，自靜安渡宣化而去。時宗弼屯六合縣，虜之輜重自瓜步口舳艫相銜〔三〇〕，至六合不絕。淮南宣撫司右軍統制岳飛聞虜去，以所部邀擊於靜安，勝之。夜有赤雲亘天，其中白氣貫之，犯北斗及紫微，由東南而散。殿中侍御史沈與求言：「此天愛陛下，出變以示警也。願陛下隨宜措置，略修宗廟陵寢之祀。又天子所在謂之朝廷，今號令出於四方者多矣。盡假便宜，即同聖旨。然其大者虔州一朝廷，秦州一朝廷，號令之極，至爲詔矣。願修約便宜事件，度其緩急，時罷行之。防守者，國家之大計也。願採擇群臣之議〔三一〕，擇其便宜，斷自聖心，汲汲行之。論相者，天子之職也。願以所屬意之臣，親製宸翰，禱於天地，占而用之。仍舉行開寶故事，使參知政事得與宰相輪日知印。」又論劉光世軍名，及罷浙西預借苗米，置諸軍功罪簿等事。詔三省以次施行。癸丑，同簽書樞密院事張守參知政事，御史中丞趙鼎簽書樞密院事兼權御營副使。自黄潛善、吕頤浩繼相，凡兵政悉隸御營使司，事權既分，又再經大變，文移紛亂，至是，樞密未置長，而同知院事周望在臨安，鼎始檢故事舉行，以正西府之體。甲寅，金人陷定遠縣。節制淮南軍馬閭勍爲所執，至南京欲降之，不可，虜怒〔三二〕，敲殺之。統制官巨師古與戚方戰於宣州城下，方三戰三敗，遂引去。乙卯，參知政事王綯提舉萬壽觀兼侍讀。始，宗弼渡江，和州兵馬都監宋昌祚權領州事，率軍民固守，逮虜北歸，擊破之。昌祚與權通判唐景、歷陽令蹇譽、司户徐犹、歷陽尉邵元通皆死。丁巳，宰執擬呈，海州東海縣李彦先遣人至行在奏聞，登、萊積粟頗多，欲就委彦先用海舟轉輸，以助軍食。上曰：「登、萊諸州自道路榛梗不及，今既未能厚加撫恤，乃反責其積粟以輸行在，於理未安。」輔臣退曰：「聖慮高遠，非群臣所及。」戊午，詔復置權尚書六曹侍郎如元祐故事〔三三〕，滿二年爲真，補外者除待制，未滿除修撰。時宰相范宗尹建言：「自崇寧罷權侍郎之後，庶官進用，有不可任以給舍者，則正除侍郎，超躐太甚。請復舊制，以待資淺新進之人。」故有是命。初，上在明州，諸班直爲亂，既誅其爲首者，遂廢其班。及還會稽，乃命御前親軍統制辛永宗更選兵三百人直殿巖〔三四〕，然皆烏合之衆。至是，趙鼎因奏事言：「祖宗於兵政最爲留意，蓋自藝祖踐祚，與趙普講明利害，著爲令典，萬世守之不可失也。昨明州班直緣訴事紛亂，非其本謀，乃盡廢之，是因咽而廢食。今諸路各總重兵，不隸三衙，則兵政已壞，獨衛兵彷彿舊制，亦掃蕩不存，是祖宗之法廢於陛下之手，臣甚惜之。」上悟，尋復舊制。壬戌，詔行在職事官及釐務官子弟並赴國子監別試。癸亥，陳桷提點福建路刑獄公事。桷嘗爲尚書郎，以學行稱。范宗尹奏：「今所除用多儒生，欲兼用才吏，以備緩急使令。」故不留桷行在。上曰：「才吏亦不可無，但勿令太多。前呂頤浩當國，純用掊克之吏，如變賣度牒，計置錢物，雖有寬恤之名，而實皆掊克也。」

臣留正等曰：甚哉，掊克之吏之爲斯民害也。蓋其處心積慮，惟在於損下益上，凡可以取於民者，雖剥膚椎髓無所不爲，而民之咨怨，初不遑恤之人也，其可加之斯民之上乎。

詔：「河南北、陝西、淮南流寓士人，許於所在州附試，每二十人解一人。仍召文臣二員，委保結除名罪，所保毋得過二人。」甲子，詔曰：「周建侯邦，四國有藩垣之助。唐分藩鎮，北邊無夷狄之虞〔三五〕。永惟涼渺之資，履此艱難之運，遠巡南國，久隔中原。蓋因豪傑之徒，各奠方隅之守，是用考古之制，權時之宜，斷自荆淮，接於畿甸，豈獨植藩籬於江表，蓋將崇屏翰於京都〔三六〕。欲隆鎮撫之名，爲輟按廉之使。有民有社，得專制於境中。足食足兵，聽專征於閫外。」詔詞〔三七〕，直學士院綦崇禮所草也〔三八〕。先是，范宗尹言：「從官集議分鎮事宜，請以京畿、淮南、湖北、京東西地分並分爲鎮，除茶鹽之利國計所繫，合歸朝廷置官提舉外，他監司並罷。上供財賦權免三年。餘令帥臣移用。管内州縣官許辟置。知、通令帥臣具名奏差，朝廷審量除授。遇軍興，聽從便宜。其帥臣不因朝廷召擢，更不除代。如能捍禦外寇，顯有大功，當議特許世襲。」始宗尹等議，即令世襲。上曰：「未須爾。」輔臣奏：「江北殘破，若不許世襲，恐不能守。」上曰：「便令世襲，恐大重，俟其保守無虞，然後許之。」宗尹曰：「當如聖訓，臣等慮所不及。」

大事記曰：自范宗尹裂諸路爲鎮撫使，而李成敢於犯江、浙，桑仲敢於窺蜀。紹興以來，雖李成摧破，張用招安，李允文革面，而孔彦舟據鄂，馬友據潭，范汝爲據建州，楊幺據重湖，曹成、李宏在湖南、江西之間，鄧慶、龔富剽掠南雄、英、韶諸郡，而内郡之民皆盜矣。

同知樞密院、淮南兩浙宣撫使周望以脱身先遁，致失蘇、杭，降祕書少監分司、衡州居住。乙丑，知楚州兼管内安撫使趙立爲楚泗州漣水軍鎮撫使兼知楚州。時宗弼自六合歸屯於楚州之九里徑，欲斷立糧道。立大破之。先是，劉豫在東平，遣立故人葛進等賫書誘立，令供賦税，立大怒，不撤封斬之。已而又遣沂州舉人劉偲持旗榜招立，具言金人大軍且至，必屠一城生聚。立令將出就戮。偲大呼曰：「公非吾故人乎？」立曰：「吾知忠義爲國，豈問故人耶！」趣令纏以油布，焚死市中，且表其旗榜於朝。由是忠義之聲傾天下，遠邇向風下之。戊辰，詔諸路帥臣見帶制置使，及諸州守臣帶管内安撫使者，並罷。己巳，布衣程康國上書論分鎮十事，其一言：「四鄰有警，令即應援。」上謂大臣曰：「此意雖出於布衣，若朝廷行之，人豈知其爲布衣之言。」張守曰：「使人知其出於布衣之言，乃朝廷美事也。」遂批旨行下。庚午，初，張浚之入蜀也，朝議大夫王庶以失守得罪，即前途迎見之，浚以爲參議官，與偕行。庶俄以母喪去。至是，桑仲頗窺興元，而上行未至，浚度諸將無可用，乃起庶故官知興元府兼利路安撫使。劉超據荆南府，分衆犯峽州，兵馬鈐轄渠成與戰，爲所殺。超遣彭筠犯復州，欲取鼎、澧以窺湖南、二廣。

六月辛未朔，詔侍從、臺諫、三衙諸軍統制〔三九〕，並赴都堂集議駐蹕事宜，有未盡者，許實封以聞。癸酉，合江南兩路轉運爲一司。衡州居住周望再責昭化軍節度副使、連州安置。望竟卒於貶所。甲戌，以宰相范宗尹兼知樞密院事，罷御營使。議者以爲：「宰相之職，無所不統，本朝沿五代之制，政事分爲兩府，兵權付以樞密，比年又置御營使，是政出於三也。望罷御營司，以兵權歸之密院，而宰相兼知，庶幾可以收兵柄、一賞罰、節財用。」於是罷御營使及官屬，而以其事歸樞密院，爲機速房焉。自慶曆後，宰相不兼樞密者八十餘年，其復兼蓋自此始。監察御史萬格爲樞密院檢詳諸房文字，始除檢詳官也。乙亥，詔六品以上官及初改京官並給告，陞朝官以上給敕，初授官人給綾紙。自渡江，惟侍臣給告，至是漸復之。丁丑，戚方犯安吉縣。詔浙西江東制置使張俊往捕之，仍命統制官岳飛聽俊節制。戊寅，詔御前五軍改爲神武軍，御營五軍改爲神武副軍，其將佐並屬樞密院。庚辰，命宰臣范宗尹提舉詳定重修敕令，參知政事張守同提舉。先是，有詔以嘉祐、政和敕令格式對修成書，至是始設官置局，命大理寺及見在敕局官就兼詳定删定等官，仍召人言編敕利害，踰年乃成。鍾相之敗，其黨楊華、楊太等聚衆於龍陽，太年幼，楚人謂幼爲幺，故以幺目之。和州進士龔楫率民丁襲虜於新塘〔四〇〕，爲所殺，虜之得歷陽也。有士人蔣子春者，平日教授鄉里，虜見其人物秀整，喜，欲命之以官，子春怒罵，爲所殺。辛巳，用宰相范宗尹請，申命有司討論崇、觀以來濫賞，皆釐正之。自越州駐蹕以來，已收使人，令吏部拘收付身毁抹。右正言吴表臣論：「近臣不以縣令爲重，故爲令者政多苟簡，而民受其弊。願擇可用之人，必先使爲縣令，顧其才誠可用，則必有善政以惠斯民，縱或不能，亦必强勉爲善，以期他日之獲用矣。夫天下者，積諸縣而爲之者也。縣令皆得其人，天下豈有不治。」輔臣進呈，上曰：「祖宗謹守資格，必兩任縣令以至守倅，然後内爲郎、外爲監司。又擇其賢者然後爲侍從。」范宗尹曰：「大凡進用，不必甚驟，久於其職，然後究知利病，而奔競之風息。」楚州鎮撫使趙立引兵攻金人孫村浦寨〔四一〕。不克而還。壬午，執政奏以潘良貴提點荆湖南路刑獄公事。上曰：「良貴頃爲諫官，與袁植皆勸朕誅殺，祖宗以來，未嘗戮近臣，故好生之德信於天下。若此，必失人心。」趙鼎曰：「諫諍之職尤不可以此導人主。」乙酉，詔皇兄、忠州防禦使安時權主奉益王祭祀。自仁宗以來，諸王後各以一人襲封，至渡江，始廢。權直學士院汪藻言：「今欲恤民，莫大於去貪殘之吏。祖宗時，吏犯贓者，無大小皆棄市，故人重犯法，官曹爲清。今縱未能舉祖宗之典，姑擇其一二大者真決黥配，以戒其餘。仍令臺諫官以上歲舉郡守一人，保其終身，如後姦贓，與之同罪，不得以自首原免。而郡守、監司於部内有贓吏不聞朝廷，而爲他人所劾者，罪亦如之。庶幾斯民漸被實惠。」疏奏，詔坐條申明行下，其後卒施行如藻請。丙戌，吕頤浩爲建康府路安撫大使兼知池州，劉光世爲兩浙路安撫大使兼知鎮江府，朱勝非爲江州路安撫大使兼知江州。戊子，詔遣使撫諭邵青、戚方，以所部赴行在。時方引兵犯安吉縣之上鄉，浙西江東制置使張俊以兵討之，會統制官岳飛追襲其後，方無路進退，始詣俊乞降。方上兵簿，有馬六百匹，所獻金玉珠珍不可計。詔遷方武翼大夫，以其軍六千人隸王𤫉軍，俊因以方爲裨將。時人爲之語曰：「要高官，受招安。」己丑，樞密院進呈劉光世所獲虜人並簽軍狀〔四二〕，參知政事張守曰：「光世謂簽軍不宜留，蓋知吾山川險易，他日叛亡，恐爲虜人鄉道。」上曰：

「此皆吾民也，不幸陷於夷虜〔四三〕，驅質而來，豈其得已。」守曰：「若分置軍伍中，每隊留一二人，豈能遽叛。」上以爲然。辛卯，大理寺奏魔賊王宗石等款狀，上曰：「此皆愚民無知，自抵大戮，朕思貴溪兩時間二十萬人無辜就死，不勝痛傷。」乃誅宗石等二十六人於越州市，其餘皆釋之。壬辰，侍御史沈與求言：「今日矯枉太過，盡循資格，賢愚同滯。」輔臣進呈，范宗尹曰：「苟有豪傑之士，自可不次擢用。若未得其人，不得不謹守資格。」上曰：「使有豪傑之士，雖自布衣擢爲輔相可也。前古固多，但本朝未有耳。今士大夫並進，若未能考詳其實，不若姑守資格。」中書門下奏：「行在仰食者衆，倉廩不豐，請委諸路漕臣及秋成和糴。」詔廣東糴十五萬斛，並儲之漳、泉、福州。浙西以銀十萬兩、錢十萬緡糴之，儲於華亭縣。浙東以銀十萬兩糴，儲於越、温、台州。應屬郡非茶鹽及朝廷寄樁錢，皆許爲糴本。諸統兵官非有制書而擅取，及所在州擅與之者，皆從軍法。置樞密院幹辦官四員。初，和安大夫致仕王繼先以覃恩特换武功大夫，落致仕。給事中富直柔奏：「繼先以伎術雜流而易前班，則自此轉行更無拘礙。深恐將帥解體。」上覽奏，諭輔臣曰：「朕於言無不從，但頃冒海氣，繼先診視實有奇效，可特令書讀。」直柔再奏：「外議謂醫官用藥有功，自當於本色官遷之。武功大夫，昔之皇城使也，惟有戰功、歷邊任、負材武者乃遷，無是三者，雖入仕日久不以輕授。伏望陛下思名器不可假人之意，特加愛惜，以塞亂源。」是日進呈，上曰：「繼先初未嘗有請，出自朕意。直柔能抗論不撓，朕當屈意從之。」議遂寢。

史臣曰：以一人臨天下，其勢常信。不以一己之私勝天下之公，則其義當屈。聖人不恃其信者，而嘗畏其當屈者，此所以立於無過之地也。

丁酉，郭仲威犯鎮江，詔統制官岳飛以所部擊之。己亥，朝散郎江躋爲監察御史。躋入見，論天變事甚悉。上以其有史學，他日謂大臣曰：「今士大夫知史學者幾人，此皆王安石以經義設科之弊。」范宗尹曰：「安石學術本不至，是由蔡京兄弟以紹述之説，敷衍枝蔓，浸失其意。然自非卓然特立之士，鮮不爲誤者。」上深以爲然。

秋七月癸卯，浙西安撫大使劉光世乞依宣撫處置使司例，合隨宜措置事並從便宜。詔除臨陣出奇、或事干機會許施行外，餘並稟朝旨。詔：「諸州守臣，自軍興以來，得便宜指揮者，並罷。」甲辰，命劉洪道趣之池州，權管本州及安撫司事，諸軍權聽節制。洪道請用便宜指揮，許之。丁巳，申命元祐黨人子孫經所在自陳，盡還應得恩數。庚申，昌州團練使岳飛爲通泰鎮撫使兼知泰州，用張俊薦也。丁卯，户部請：「歲終以諸路上供錢斛比較最多最少處，申乞賞罰，庶使官吏有勤惰之戒。」從之。金主晟遣西京留守高慶裔、尚書禮部侍郎韓昉册命知東平府、充京東西淮南安撫使、節制河南諸州劉豫爲皇帝，國號大齊，都大名府。册文略曰：「咨爾劉豫，素懷濟世之才，夙擅直言之譽。百里雖智，亦奚補於虞亡。三仁至高，或願從於周仕。宜即始歸之地，以昭建業之元。」昉有文學，仕遼爲知制誥，金主因而用之，凡大詔令，多昉所草也。己巳，禮部尚書謝克家奏：「故翰林學士范祖禹，當元祐中，終始實在經筵，所著唐鑑已進御，又有仁宗訓典及帝學二書，深禆治道。今其子前宗正少卿沖見寓衢州，乞給札令沖投進。」從之。詔迪功郎王銍權樞密院編修官，纂集祖宗兵制。其後書成，上覽之稱善，命銍改京官，賜名「樞庭備檢」。

八月辛未朔，禮部尚書謝克家參知政事。浙西安撫大使劉光世嘗因公事移牒六曹，言者以爲：「今國勢浸弱，藩方大臣所宜尊奬王室，若帶儀同三司可牒六曹，則亦可以關三省、樞密院矣。光世非敢淩蔑，特不知事體。」詔以章示光世。户部侍郎季陵轉對，上疏曰：「臣聞宣王承板蕩之後，任賢使能，周室中興焉。夫賢以德稱，能以才稱，賢者必有才，故任之勿疑，能者不必有德，顧所使如何耳。自古以爲才難，使人不當求備，紀其功忘其過，取所長，棄所短，安得乏才之嘆乎。前日士大夫名節不立，有愧於古，論事之人皆喜攻之，瑕疵既彰，不復可用，縱加拉拭，攻者踵來，雖君相制命，亦不能爲之地矣。自崇、觀以來，黨助巨姦，交結非類，各由詭道，以饕寵榮，坐此當責者不知其幾何人也。陛下昭德塞違，以照臨百官，雖皆赦而不誅，然弄筆墨者至今未容貸，文致其罪，當得惡名，雖知其才，誰敢引薦。當今多難之時，朝廷緩急無可使者，獨不聞舉魏尚於獄中，卒能卻匈奴，起張敞於亡命，卒能弭盜賊。責功補過，自古有之。臣願陛下明詔宰執，於罪戾之中，選擇實能，量付以事，勿因一眚廢其終身。仍詔臺諫爲國愛人，許以自效，非誤國者勿復再言。使人人皆得自新，誓死圖報，同心協濟，以成中興之業，天下幸甚。」疏奏後二日，范宗尹進呈，詔榜朝堂。壬申，詔自今堂除窠闕内不載去處，並令吏部差注。又詔除知州軍及舊格堂除通判外，一切撥還吏部。甲戌，詔日輪侍從官一員，具前代及本朝事關治體者一兩事進入。用參知政事謝克家請也。既而綦崇禮言：「若令從官一例獻其所聞，既非舊典，且有越職之嫌。」乃命學士與兩省官如前詔。丁丑，起復神武左軍統制韓世忠還檢校少師，易鎮武成、感德。始録守江之勞也。翌日，上諭大臣曰：「世忠不親文墨，朕方手寫郭子儀傳欲付卿等，呼諸將讀示之。」神武右軍都統制張俊爲檢校少保、寧武昭慶軍節使。録扈蹕及平盜之勞也。詔故監察御史常安民、左司諫江公望加贈諫議大夫，各官其家二人。召安民子奉議郎同赴行在。既至，以同知大宗正丞。戊寅，侍御史沈與求、右諫議大夫黎確、右正言吳表臣論：「季陵轉對，乞收用近年廢黜之人，其言非是，不當榜朝堂。」上悟，命撤之。范宗尹請坐三章行出，上曰：「祖宗以來，凡朝廷政事不當，未出，則給舍封駁，既行，則臺諫論列。一體相成，判而爲二則非矣。」宗尹曰：「臣等惟是之從，何敢固執。然議者謂陵所言蓋宗尹風旨也。」庚辰，隆祐皇太后至自虔州。承州天長軍鎮撫使薛慶及金人戰於揚州城下，死之。辛巳，侍御史沈與求、尚書户部侍郎季陵並罷。先是，與求嘗言：「宰相范宗尹年少驟進，不更世務，恐誤國事。」上意方向宗尹，不以爲然。會與求再上疏劾季陵，言其承望宰執風旨，有變朱成黑、指鹿爲馬之語。宗尹乃求去。上遣中使押入銜，批：「陵降三官奉祠，與求與合入差遣。」參知政事張守、謝克家留御批不下。後二日，宗尹入對，極論：「大臣事君，不當懷禄眈寵，使人主疑之，而防其爲姦事，功決不可立。」上宣諭再三，宗尹卻立不進，守力請宗尹同奏事，宗尹不得已而前，進呈己卯御批，請陵以本官奉祠，而與求除職出守。上許之。乃詔：「陵身爲侍從，疑誤朝廷，欲收姦黨之恩，遂陳迷國之計。可罷户部侍郎，提舉亳州明道宫。與求乞顯黜獻言者，其論爲當。至云指鹿爲馬，使大臣不敢安位，可除直龍圖閣、知台州。」宗尹乃復視事。癸未，宣撫處置使張浚復取永興軍。初，浚之西行也，上命浚三年而後用師進取。及是，金左監軍昌與宗弼皆在淮東，約秋高入寇。浚聞宗弼躊躇淮上，度虜必再犯東南〔四四〕，議出師分撓其勢。士大夫多以爲不可。通判叙州王賞獻養威、持重二策，浚弗用。召諸將議出師，都統制曲端曰：「平原廣野，賊便於衝突，而我軍未嘗習戰。且金人新造之勢，難與爭鋒，宜訓兵秣馬，保疆而已。俟十年乃可議戰。」秦鳳路馬步軍副總管吴玠曰：「高山峻谷，我師便於駐隊，賊雖驍果，甲馬厚重，終不能馳突。吾據嵯峨之險，守關輔之地，虜即大至，決不容爭此土。」浚皆不聽。參議軍事劉子羽爭之曰：「相公不記臨行天語乎？」浚曰：「事有不可拘者。假如萬一有前日海道之行，變生不測，吾儕雖欲復歸陝西，號令諸將，其可得乎？」浚雖重用端，然以人言浸潤，不能無疑。乃遣本司主管機宜文字張彬往渭州，以招填禁軍爲名，實欲伺察端意。彬至渭，見端問曰：「公嘗患諸路兵不得盡合及財用不足以供軍，今張公之來，兵已合，用已足，婁宿孤軍深入吾境〔四五〕，我合諸路攻之不難，失今不擊，萬一黏罕統兵接應〔四六〕，何以待之？」端曰：「不然。兵法先較彼己，必在計吾不可勝與敵之可勝，萬一輕舉，脱不如意，雖有智者無以善其後。又自虜入寇，因糧於我，彼去來自如，而我自救不暇。是以我嘗爲客而彼常爲主。今當反之，精練士卒，按兵據險，使我常有不可勝之勢，然後徐出偏師，俾出必有所獲，是我爲主彼爲客，不一二年，必自困斃。因而乘之，可一舉滅矣。」彬以端言復命。先是，玠以彭原之敗望端不濟師，而端謂玠前軍既敗，惟長武有險可捍衝突，二人爭不已。浚積前疑，卒用彭原事罷端兵柄，與宮觀，再責海州團練副使、萬州安置。統制官張中孚、李彦琪諸州羈管。陝西倚端爲重，及貶，軍情頗不悦，浚遂決策治兵，移檄河東左副元帥宗維問罪，乃以玠權永興軍路經略司公事，遂取永興軍。玠以功陞忠州防禦使。丙戌，寧遠軍節度使孟忠厚乞蠲太母所過秋税。范宗尹曰：「頃已免夏税，若復蠲放，恐州郡經費有闕，必致横斂。」上愀然曰：「常賦外科斂，及贓吏害民，最宜留意。祖宗雖崇好生之德，而贓吏死徒未嘗末減。自今官吏犯贓，雖未欲誅戮，若杖脊、流配，不可貸也。」

臣留正等曰：設官吏以牧民，志不在民而貪黷是聞，民之賊也〔四七〕。藝祖皇帝懲五季之弊，凡贓吏一切棄市，藝祖豈好刑人者哉，誠以不如是，不足以行仁政於天下者也。而況艱難以來，生民之困極矣，撫摩涵養，民猶或病，而貪黷之吏乃敢剥刻，以肆其無厭之求，如之何民不窮且盜乎。故太上皇帝惻然念常賦之不可免，而欲不貸贓吏之罪，聖上斷然舉而行之，懲一而百懼〔四八〕，其真得藝祖、太上皇之心歟。

丁亥，楚、泗等州鎮撫使趙立領徐州觀察使。是時，張榮在鹽城縣，乘亂鴟張，立親擊破之，併其糧食，將經營京東，行次寶應縣，承州報虜復聚兵揚州〔四九〕，立遂歸。而完顔昌已薄城下，立慨然曰：「虜終不去，惟有竭節守死此州而已。」屢出兵破賊〔五〇〕，賊圍之。己丑，詔通、泰鎮撫使岳飛以所部救楚州。時揚、承二鎮已陷，楚勢亦危。趙立遣人告急，簽書樞密院事趙鼎欲遣神武右軍都統制張俊往救之。俊曰：「立孤壘，危在旦夕，若以兵委之，譬徒手搏虎，並亡無益。」鼎見上曰：「江東新造，全藉兩淮，若失楚則大事去矣。若俊憚行，臣願與之偕往。」俊復力辭，乃命飛與立腹背掩擊，仍令劉光世遣兵往援，毋失事機。庚寅，自分榷貨務場於臨安，而商人不復至行在。詔廢越州務場。辛卯，帶御器械潘永思罷。永思護六宮東歸，盧益頗與之交結，爲諫官吴表臣所論。上曰：「朕於戚里未嘗私以恩澤，如邢后之父不復收召，張婕妤兄弟皆小官。卿等所知。盧益觀望，陰結永思，非端人也。」癸巳，建州民范汝爲作亂，守臣韓珉遣州兵出戰，爲所敗，乃命本路安撫使程邁會兵討之。甲午，中散大夫韓璪爲其父忠彦請謚。上曰：「吕頤浩嘗奏，崇寧黨碑視其姓名皆賢士大夫，真可惜也。」上篆其神道曰「世濟厚德之碑」，謚文定。兩浙安撫大使劉光世畏金人之鋒，不能援揚、楚，但遣統制官王德、酈瓊將輕兵以出。是日，渡江與金游兵遇，擊之。

九月乙巳，詔劉光世、岳飛、趙立、王林犄角逼逐虜兵渡淮[五一]。時完顔昌圍楚州已百餘日，鎮撫使趙立一日擁六騎出城，呼曰：「我鎮撫也，首領驍賊[五二]，其來接戰。」南寨有二騎襲其背，立手奮二槍，賊俱墜地，奪雙騎將還。俄北寨中遣五十餘騎追立，立瞋目大呼，人馬俱辟易。明日，立三幟邀戰，立以三騎應之。虜伏發，立中飛矢，奮身突圍以出。虜益攻之。戊申，劉豫僭位於北京。初，軍民聞豫至，殺金人閉門以拒豫。豫擊而降之，遂即皇帝位，國號大齊。大赦僞境，赦文略曰：「朕風猷寡陋，家世側微。昔也，壯年久林泉而是樂，今焉晚節豈軒冕之爲心。雖非虞舜之明揚，幸無成湯之慚德。」既立復還東平。癸丑，言者論：「近世銓衡之官，法守不立，自京、黼用事，有詣堂而求吏部闕者，判一取字，雖已注人，亦奪予之。甚至部有佳闕，密獻之以自效，爲寒遠患，踰二十年。望明戒吏部長貳，自今堂中或取部闕者，並須執守，毋得供報。」從之。甲寅，言者論：「近州縣之吏，贓貪頗衆。欲望應官員犯入己贓，許人越訴。其監司、守令不即按治，並行黜責。庶使舉刺之官，不敢坐視。贓吏既去，民皆樂生。」從之。乙卯，罷中書門下省檢正官。丙辰，復增左右司郎官爲四員。金左監軍昌犯楚州。楚守臣、泗州漣水軍鎮撫使趙立死之。前一日，昌大進攻具臨城，翌日，填壕將進。立率士卒禦之。忽報兵近城矣。立笑曰：「將士不用相隨，吾將觀其詭計，且令此賊匹馬隻輪不返。」〔五三〕上城東門未半，虜飛砲碎其首〔五四〕，左右馳救之，立猶曰：「吾終不能與國滅賊矣。」令舁致三聖廟中，聲言疾病祈禱，使賊不悟，言終而絕。己未，上曰：「昨韓世忠進一馬，高五尺一寸，云非人臣所敢乘。朕答以九重之中，未嘗出入，何所用之。卿可自留以爲戰備。」辛酉，承州天長軍兵馬鈐轄、主管鎮撫司公事王林知承州，代薛慶也。廢天長軍爲縣，隸揚州，盱眙軍爲縣，隸泗州。自是諸鎮撫使稍因事併廢矣。壬戌，御史中丞富直柔請罷新除右司員外郎侯延慶，而用直龍圖閣蘇遲爲都司。范宗尹曰：「都司宰屬，如大藩帥臣猶得自辟置屬官，蓋資贊畫之益。遲雖名德之後，然不可任都司。」上曰：「臺諫以拾遺補過爲職，不當薦某人爲某官。」趙鼎曰：「惟可論薦臺屬。」張守曰：「亦須得旨乃可薦。」上曰：「然。」癸亥，宣撫處置使張浚以都統制劉錫及金人戰於富平縣，敗績。初，浚既定議出師，幕客將士皆心知其非而口不敢言。上亦以虜萃兵淮上，命浚出兵，分道由同州鄜延以擣其虛。時權永興軍路經略使吴玠已得長安，而環慶經略使趙哲收復鄜延諸郡。浚乃檄召熙河經略使劉錫、秦鳳經略使孫渥、涇原經略使劉錡各以兵會合諸路兵四十萬人、馬七萬，以錫爲統帥，浚親往邠州督戰。金左副元帥宗維聞之，急調宗弼自京西入關，與婁宿會〔五五〕。官軍行至耀州之富平，金人已屯下邽縣，相去八十里，而婁宿方在綏德軍。衆請擊之，浚不可，乃約日會戰。金人不報，書凡數往，金人許之，至期輒不出兵。浚以婁宿爲怯，曰：「吾破虜必矣。」諸將議戰，玠曰：「兵以利動。今地勢不利，將何以戰。宜徙據高阜，使兵馬衝突吾足以禦之。」秦鳳路提點刑獄公事郭浩亦曰：「虜未可争鋒，當分地守之，以待其弊。」諸將皆曰：「我師數倍於敵，又前阻葦澤，虜有騎不當施，何用他徙。」將戰，命立故將曲端旗以懼之。婁宿曰：

「彼給我也。」虜遂薄我軍。錡身先率士卒禦之。自辰至未，勝負未分。虜更薄環慶軍，他路軍無與援者。會哲擅離所部，將士望見塵起，驚遁，軍遂大潰。金人得勝不追，所獲軍資不可計。丙寅，賜劉光世銀帛二萬匹兩，爲渡江賞軍之費。先是，有言光世將提兵過江，而幕客阻之。簽書樞密院事趙鼎以書抵光世曰：「參謀諸公久在幕府，必能裨贊聰明，共享富貴，固不可輕舉妄動，重貽朝廷之憂。亦安忍坐視不救，滋長賊勢〔五六〕，留無窮之患。」上聞之曰：「諭諸將當如此。」戊辰，金左監軍昌急攻楚州，拔之。趙立家屬先死於徐，以單騎入楚，得女子習書者，使讀軍中書記。城陷遂没。立爲人木强，不知書，其忠義蓋出天性。善騎射，容貌甚壯，不喜聲色財貨，與士卒同甘苦。每戰，擐甲胄先登，衆畏服，樂爲用。其視虜人如仇〔五七〕，每言及，必嚙齒而怒。常戒士卒，惟以復國讎爲言。自虜犯中國，所過名城，大都多以虚聲脅降，如探囊取之。惟冀州堅守踰二年，濮州城破巷戰殺傷略相當，皆爲虜所憚，而立威名戰多，咸出其上。是役也，虜鋭意深入，會張浚出師關陝，宗弼往援之，及立以其軍蔽遮江淮，故虜師亦困敝而止。議者謂立之功，雖張巡、許遠不能過云。

冬十月庚午朔，張浚斬趙哲於邠州，遂責劉錫爲海州團練副使、合州安置。初，諸軍既敗還，浚召錫等計事，浚立堂上，諸將帥立堂下，浚曰：「誤國大事，誰當任其咎者？」衆皆言環慶兵先走。浚命擁哲斬之。哲不伏，且自言有復辟功。浚親校以撾擊其口，斬於堠下。軍士爲之喪氣。哲已死，諸將聽令，浚命各歸本路歇泊。令方脱口，諸路之兵已行，俄頃皆盡。浚率帳下退保秦州，於是陝西人情大震。

朱勝非閒居録曰：張浚出使陝蜀，便宜除官至節度使、雜學士，權出人主之右。竭蜀人之膏血，悉陝服之甲兵，凡三十萬衆，與虜角〔五八〕，一戰盡覆。用其屬劉子羽計，歸罪將帥，趙哲、曲端並誅之，由是怨怒俱叛，浚僅以身免，奔還閬州〔五九〕。關陝之陷自此始。至今言敗績之大者，必曰富平之役也。

龜鑑曰：富平一戰，偶爲趙哲離部以取敗。夫勝負兵家之常，鄧禹有關中之敗，子儀有相州之敗，孔明有街亭之敗，而富平之以速戰敗者，公非不知陝西兵將上下之情未通也，又非不知臨行天語三年而後出師也，痛念向者海道之幸已出襄漢，今也兵駐淮甸有再入吴越之謀，萬一犯屬車之清塵，縱欲提兵問罪，亦何及矣。此公所以不顧利害、不計勝負而決於一戰也。

臣僚上言：「建州軍賊作過，將官曹維方到任，繼而趙哲招撫，不以軍賊叛逆，在壓奏劾除名。」有旨體究，詣實改正，依無過人例。又言：「范琪爲衢州開化縣令，其邑僻遠，叛賊苗、劉所不到，乃結守臣胡唐老作守禦有功改京秩。」有旨體究，詣實改正。

臣留正等曰：曹維未嘗有罪而被罪，范琪未嘗有功而奏功。太上皇帝既得其實，亟加改正，曾不旋踵。若使維之罪不雪，而琪終冒其功，在二人固未足道，而於賞罰大柄無乃終累乎。臣於此二事有以見太上皇帝之於賞罰必務覈實，以求中也。

己未，王以寧乞下詔幸蜀，俾敵人罔測乘輿所在。上曰：「詔令所以取信於民，自非必行之事，不可降詔。何以取信於民。」秦檜自楚州孫村歸於漣水軍丁禩水寨，遂泛海赴行在。

朱勝非閒居録曰：秦檜隨虜北去〔六〇〕，爲大酋撻辣任用〔六一〕。至是，與其家俱得歸。檜，王氏壻也。王仲山有別業在濟南，虜爲取千緡贐其行，然全家來歸，婢僕亦無故，人知其非逃歸。

林泉記曰：檜在大金，爲徽宗作書上黏罕〔六二〕，以結和議。黏罕喜之，賜錢萬貫、絹萬匹。建炎四年，大金攻楚州，乃使乘船艦全家厚載而還，俾結和議爲內助。

李心傳曰：檜與何㮚、孫傅、司馬朴同被拘，三人不得歸，而檜獨得歸，此可疑一也。自中京至燕千里，自燕至楚州二千五百里，豈無防禁之人，而踰河越海，並無譏察，此可疑二也。檜自謂隨軍至楚，定計於食頃之間。向使虜人初無歸檜之意〔六三〕，第令隨軍，則質其家屬必矣。胡爲使王氏偕行。此可疑三也。張邵所奏，謂檜衣褐憔悴，蓋被執而訓童讀。而檜自叙乃云，劉靖欲殺己以圖其囊橐。既有囊橐，豈是奔舟。此可疑四也。夫以檜初歸，見上之兩言，始相建明之二策，與得政所爲前後相符，牢不可破，豈非檜在虜庭嘗倡和議〔六四〕，而撻辣縱之使歸邪〔六五〕。

癸酉，執政進呈諫官論疏，上覽之甚悦，謂范宗尹曰：「近來臺諫官無一日無章疏，亦未嘗放過一事。」趙鼎曰：「陛下開廣言路，獎拔言臣，是以人人得以盡言無隱，此朝廷美事也。」丙子，上謂范宗尹曰：「比閱王竦家所收上皇書畫〔六六〕，有御製鶺鴒賦，京、卞皆作賦題其後。卞賦盛言繼述哲宗之志，屏斥元祐之人，而致斯瑞，豈非姦邪。」宗尹曰：「紹聖以來，賊害忠良，皆卞之力也。」己卯，以久雨，放行在越州公私僦錢十日。自是雨雪則如之。癸未，上謂輔臣曰：「聞城中百物貴踴，將士經此寒苦可念。太母日饋朕盤飧〔六七〕，問内侍，云一兔至直五六千，鶴鶉亦三數百。朕知之，飭尚食勿進鶉、兔久矣。」范宗尹曰：「陛下恭儉如此，天下幸甚。」乙酉，言者論：「天下三年之通喪，後世有從權奪服之舉者，所以移孝爲忠，徇國之急也。而比來所起之士，多非金革之故，幾習宣政之風。如權邦彦爲發運使，姜仲謙爲湖北轉運使，以至幕職之官亦行起復。又有夤緣請託，於權三省、樞密院而圖起復者。此何理邪！欲望一切罷去，於以明人倫而厚風俗。」詔邦彦專委催發諸路錢糧應副行在大軍支遣，其餘皆罷之。戊子，簽書樞密院事趙鼎奏：「詰劉光世違命不救楚州之罪，有云逐官但爲身謀，不恤國事，且令追襲金人過淮，以功贖過。」翌日，上批：「語言太峻。」令改定進入。及進呈，上曰：「光世當此一面，委任非輕，若責之太峻，恐其心不安，難以立事。」鼎曰：「陛下待諸將可謂無負矣，不知何以爲報。」己丑，權同知三省、樞密院事李回改同知樞密院事。時虜留淮上未退〔六八〕，一日，宰執奏邊事，范宗尹曰：「虜未必能再渡。」趙鼎曰：「勿恃其不來，恃吾有以待之也。」乃乞「詔州縣各爲移治自保之計，毋得拘留百姓，及虜至即脱身而遁〔六九〕，使民肝腦塗地。」又曰：「三省常爲虜不來，而爲陛下拔人才，修政事。密院常爲虜見侵，而爲陛下申軍律，治兵甲，即兩得之。」上曰：「卿等如此，朕復何憂。」辛卯，虔州進士李敦仁與其弟世雄聚衆於羅源，有兵萬餘，是日破虔化縣，又入石城縣。詔江西兵馬副都監李山與吉州統制官張忠彦會兵討之。丙申，馬進急攻江州，兵馬副鈐轄劉紹先統兵迎敵，雖捷而攻城愈急。范宗尹等進呈江東探報孔彦威、李成人馬。宗尹曰：「萬一移蹕，欲令韓世忠屯饒州，張俊留越州，相爲聲援。」上曰：「朕日夕念此，未嘗忘懷。世忠兵少，與李成相拒，萬一決戰小有敗衄，國威愈挫。朕欲留世忠浙東，此人忠勇，不畏金賊〔七〇〕，敢與之戰。使張俊以五千精騎策應之，恐能成功。來春事定，朕親督諸軍巡幸江東，雖過淮南，亦所不憚。平此二患不難也。」趙鼎曰：「臣恐成輩乘間深入，愈難支吾。」上曰：「卿所慮極當，顧力未能及耳。然朕之所説未必皆是，卿等之言亦未必皆非，更呼諸將議之。」

十一月癸卯，詔曰：「吕公著、吕大防、范純仁皆盛德元老，同居廟堂，國勢奠安，四夷順服〔七一〕，而遭罹貶斥，久歷歲時，尚拘微文，未獲昭雪。朕經此時巡之久，益知致治之難，念茲老臣，是宜褒稱。三省可檢舉，速行褒贈，並其餘黨籍臣僚，下有司責以近限，具名取旨施行。」初，上既數下詔褒録元祐忠賢，而朝廷多故，有司未暇檢舉。及是，上收得元祐黨碑，即降出，令録所司一一契勘褒贈，遂追封公著魯國公，大防宣國公，謚正愍，純仁許國公，皆贈太師。甲辰，簽書樞密院事趙鼎罷。丙午，秦檜入見。檜自言殺虜之監己〔七二〕，奔舟來歸。朝士多疑之者。而宰相范宗尹、同知樞密院事李回與檜善，力薦其忠。乃命先見宰執於政事堂，翌日引對。檜言：「如欲天下無事，須是南自南，北自北。」遂建議講和，且乞上致書左監軍昌求好。丁未，試御史中丞富直柔、簽書樞密院事試御史中丞致仕秦檜試禮部尚書，賜銀帛三百匹兩。范宗尹等進呈檜所草國書，上曰：「檜樸忠過人，朕得之喜而不寐。蓋聞二帝母后消息，而又得一佳士也。古者兵交，使在其中，第難作國書，姑令劉光世作私書與之。」始朝廷雖數遣使，然但且守且和，而專與虜人解仇議和〔七三〕，蓋自檜始。壬子，權知湖口縣孫咸坐贓抵死，三省擬刺面配連州。上謂大臣曰：「祖宗時，贓吏有杖朝堂者，黥面、特配尚爲寬典。」乙卯，改樞密院幹辦官爲計議官，序位在太常博士之下。丙辰，金左監軍昌陷泰州。己未，金人陷通州。庚申，詔學士、兩省、講讀官依舊輪日進故事。先是，量留百司而講筵所不與，上特命留之。辛酉，僞齊劉豫改元阜昌〔七四〕。宣撫處置使張浚自秦州退軍興州。初，我師既潰於富平，慕容洧叛，乃遂引兵而西。於是，秦鳳路馬步軍副總管吴玠自鳳翔走保大散關之東和尚原，權環慶經略使孫恂由龍關入秦，與浚會。金人乃入德順軍。浚聞，遂移師興州，簿書輜重悉皆焚棄。浚之自邠南歸也，將士皆散，惟親兵千餘人自隨。其屬官皆懼，有建議當保夔州者〔七五〕。參議官劉子羽曰：「議者可斬也。宣撫司豈可過興州一步，繫關陝之望、安全蜀之心。」浚以爲然，乃劾異議者，遣子羽單騎至秦州訪諸將所在。時虜騎四出〔七六〕，道阻不通，將士無所歸。忽聞子羽在近，宣撫司留蜀口，乃各引所部來會，凡數十萬人，軍勢復振。浚哀死問傷，録善咎己，人心粗安。或謂吴玠宜移屯漢中以保巴蜀。玠曰：「虜不破我，詎敢輕進。吾堅壁重兵，下瞰雍甸，虜懼吾乘虚襲其後，此保蜀良策也。」諸將乃服。時玠在原，軍食不繼，鳳翔之民感其遺惠，相與夜負芻粟輸之。玠亦憐其遠意，厚償以銀帛，民又益喜。虜怒，遣兵伏渭南，邀而殺之。又令保伍相坐〔七七〕，犯者皆死，而民益冒禁輸之，數年然後止。

〔十二月〕己卯，上以太后誕日，置酒宫中，從容語及前朝事，后曰：「吾老矣，幸相聚於此。他時身後，吾復何患。但有一事，當與官家言之。吾逮事宣仁聖烈皇后，求之古今母后之賢，未見其比。因姦臣快其私憤，肆加誣謗，有玷盛德。建炎初雖嘗下詔辨明，而史録所載未經删定，豈足傳信後世。吾意在天之靈不無望於官家也。」上聞之惕然，其後更修神宗〔七〕、哲宗兩朝實録，蓋張本於此。辛巳，詔監司、守倅並以三年爲任。壬戌，同知樞密院事李回進呈諸路盜賊數。上謂回：「卿意如何？」回曰：「臣意欲治數渠魁，當少戢。」上曰：「卿意甚善，皆吾赤子，豈可一一殺之。第治李晟輩三兩人可矣。」乙未，神武右軍都統制張俊爲江南路招討使，進解江州之圍，且平群盜，事急速者，許便宜。翰林學士汪藻言：「古者兩敵相持，所貴者機會，此勝負存亡之分也。虜師既退，國家非暫都金陵不可，而都金陵非盡得淮南不可。淮南薦經兵馬，民去本業，十室而九。其不耕之田千里相望，流移之人非朝夕可還。國家欲保淮南，勢須屯田，則此田皆可耕墾。臣愚以爲正、二月間，可便遣劉光世或吕頤浩率所招安人馬過江營建寨栅，使之分地而耕。既固行在藩離，且清東西群盜，此萬世之利也。」疏奏，未克行。中興後言屯田者，蓋自此始。初，徽猷閣待制洪皓與右武大夫龔璹持命至太原，虜令其陽曲縣主簿張維館伴，留幾歲。金遇使人禮益削，是歲，始遣皓、璹至雲中。時通問使王倫、閤門宣贊舍人朱弁已被拘。倫、皓因以金遺商人陳忠，令密告兩宮以本朝遣倫等來通問。於是，二帝始知建炎中興之實。已而左副元帥宗維召皓等遣官僞齊，皓力辭不可。宗維怒，命壯士擁以下，執劍夾承之，皓不爲動。傍貴人嗜曰：「此忠臣也。」宗維怒少霽，遂流遞於冷山。雲中至冷山行兩月程，相距二千餘里，距虜二百餘里〔七九〕，地苦寒，四月草始生，八月而雪。右監軍希尹使誨其八子，或二年不給衣食，盛夏至衣粗布，嘗久雪薪盡，至乞馬屎煨麵而食。

校證

〔一〕虜 原作「金兵」，據再造本、文海本回改。

〔二〕張俊 原作「張浚」，據再造本、文海本、中興聖政卷七、繫年要録卷三一校改。下文「俊急令收兵」、「張俊全軍立功人」，原分作「浚」，「張浚」，亦據此校改。

〔三〕虜 原作「敵」，據再造本、文海本回改。下文「虜拔寨去」之「虜」，同此。

〔四〕四夷 原作「邊境」，據再造本、文海本回改。

〔五〕虜 原作「敵」，據再造本、文海本回改。本月下文三「虜」字，同此。

〔六〕夷狄 原作「敵兵」，據再造本、文海本回改。

〔七〕台州 李校：原作「合州」，據中興聖政卷七改。汪按：再造本、文海本作「台州」不誤。繫年要録卷三一亦作「台州」。

〔八〕虜　原作「敵」，據再造本、文海本回改。

〔九〕葉份　原作「葉汾」，再造本、文海本、中興聖政卷七同，據本書前後文及繫年要録卷二六、中興小曆卷八、李正民大隱集卷一葉份户部侍郎制校改。

〔一〇〕撒離喝　原作「薩裏罕」，據再造本、文海本回改。下文「撒離喝」同此。

〔一一〕虜　原作「敵」，據再造本、文海本回改。

〔一二〕虜　原作「北」，據再造本、文海本回改。下文「虜師」原作「北師」，同此。

〔一三〕虜　原作「敵」，據再造本、文海本回改。下文「知虜騎退」之「虜」原作「敵」，同此。

〔一四〕己酉　李校：原作「丁酉」，據要録卷三十二改。汪按：再造本、文海本、中興聖政卷七作「丁酉」，李校是，今從之。

〔一五〕虜騎　原作「北騎」，據再造本、文海本回改。

〔一六〕詹標　李校：原作「詹摽」，據要録卷三十二改。汪按：再造本、文海本亦作「摽」，中興聖政卷七作「標」。宋史卷二五高宗紀卷四七五苗傅傳亦作「標」。李校似是。

〔一七〕虜　原作「敵」，據再造本、文海本回改。下文二「虜」字同此。

〔一八〕徐謀入蜀　李校：中興聖政卷七作「謀入蜀」，要録卷三十二作「免謀入蜀」。汪按：再造本、文海本、四庫本繫年要録卷三二（李校所用當是國學叢書本）、李幼武宋名臣言行録别集下卷二吕頤浩均作「徐謀入蜀」，作「徐謀入蜀」似不誤。

〔一九〕潘傴　李校：中興聖政卷七闕；要録卷三十二作「潘瑀」。汪按：四庫本、國學叢書本要録卷三二實作「潘傴」，宋史卷四五三忠義傳亦作「潘傴」。再造本字殘，文海本作「瑀」。難定孰是。

〔二〇〕虜　原作「人」，下文「虜陷山東」之「虜」原作「敵」，並據再造本、文海本回改。

〔二一〕不稱任使　原作「不學任使」，不文，再造本、文海本同，中興聖政此處闕頁，繫年要録卷三二、徐自明宋宰輔編年録卷一四均作「不稱任使」，據校改。

〔二二〕城外　李校：原作「外城」，據中興聖政卷七、要録卷三十二乙。汪按：再造本、文海本亦作「城外」不誤。

〔二三〕孛堇　原作「貝勒」，據再造本、文海本回改。

〔二四〕虜　此「虜」及本月下文八「虜」字，原均作「敵」，統據再造本、文海本回改。

〔二五〕兀术　原作「烏珠」，據再造本、文海本回改。

〔二六〕張俊以孤軍敢與虜戰　「張俊」原作「張浚」，據再造本、文海本及上下文校改。此「虜」及下文「虜自是不敢復過江」之「虜」字，原均作「金」，下文「虜勢」之「虜」，原作「敵」，各據再造本、文海本回改。

〔二七〕荆南　再造本、文海本、中興聖政卷七、繫年要録卷三二注引中興大事記均同，吕中類編皇朝中興大事記講義卷六原文作「荆南」，張其凡等校改爲「淮南」，稱「據要録卷三十三，岳飛以淮南統制在六合邀擊金兵於靜安，故當作『淮南』」。所言頗是，惜無版本依據，暫未從。

〔二八〕諸酋　原作「諸軍」，據再造本、文海本回改。

〔二九〕三省　原作「二省」，文海本同，再造本似字殘，據中興聖政卷七、繫年要録卷三三、熊克中興小紀卷八、劉時舉續宋編年資治通鑑卷二校改。

〔三〇〕虜　原作「金」，下文「岳飛聞虜去」之「虜」，原作「敵」，並據再造本、文海本回改。

〔三一〕採擇　再造本、文海本、中興聖政卷七、繫年要録卷三三均作「採酌」。

〔三二〕虜怒　原作「遂怒」，下文「虜北歸」之「虜」原作「敵」，各據再造本、文海本回改。

〔三三〕權　原作「推」，據再造本、文海本、中興聖政卷七、繫年要録卷三三校改。

〔三四〕殿巖　原作「殿簷」，據再造本、文海本、中興聖政卷七、繫年要録卷三三校改。

〔三五〕夷狄　原作「金鼓」，據再造本、文海本回改。

〔三六〕京都　再造本、文海本、繫年要録卷三三、綦崇禮北海集卷九賜門下分鎮詔均同，惟中興聖政卷七作「京師」。

〔三七〕詔詞　再造本、文海本、繫年要録卷三三同，中興聖政卷七作「詔辭」。

〔三八〕綦崇禮　原作「綦宗禮」，再造本、文海本同，據本書前後文及宋史卷三七八綦崇禮傳等校改。文獻中「崇」或作「崈」，乃同字異體。下文「綦崇禮」誤作「綦宗禮」同此校改，不復出校。

〔三九〕三衙　原作「同衙」，再造本、文海本同，據中興聖政卷七、繫年要録卷三四校改。

〔四〇〕虜　原作「金」，下文「虜之得歷陽」、「虜見其人物秀整」之「虜」，原均作「敵」，並據再造本、文海本回改。

〔四一〕趙立　原作「趙丘」，據前後文及再造本、文海本、中興聖政卷七校改。

〔四二〕虜　原作「金」，下文「爲虜人鄉道」之「虜」，原作「敵」，並據再造本、文海本回改。

〔四三〕夷虜　原作「敵兵」，據再造本、文海本回改。

〔四四〕虜　此「虜」及下文「虜即大至」、「自虜入寇」之「虜」，原均作「敵」，據再造本、文海本回改。

〔四五〕婁宿　原作「羅索」，據再造本、文海本回改。

〔四六〕黏罕　原作「尼雅滿」，據再造本、文海本回改。

〔四七〕貪黷是聞民之賊也　再造本、文海本、中興聖政卷八同，惟四庫本、國學叢書本繫年要録卷三六引中興聖政「臣留正等曰」均作「貪黷是爲民之賊也」。

〔四八〕懲一而百懼　再造本、文海本、中興聖政卷八同，惟四庫本、國學叢書本繫年要録卷三六引中興聖政「臣留正等曰」均作「懲一而百勸」。

〔四九〕虜　此「虜」及下文「虜終不去」之「虜」字，原均作「敵」，據再造本、文海本回改。

〔五〇〕賊　此「賊」及下文「賊圍之」之「賊」字，原均作「敵」，據再造本、文海本回改。

〔五一〕虜　原作「北」，下文「虜伏發」、「虜益攻之」之「虜」字，原作「敵」，各據再造本、文海本回改。

〔五二〕賊　原作「騎」，據再造本、文海本回改。

〔五三〕此賊　原作「彼衆」，下文「滅賊」、「使賊不悟」之「賊」，原各作「敵」，各據再造本、文海本回改。

〔五四〕虜　此「虜」及下文六「虜」字，原均作「敵」，各據再造本、文海本回改。

〔五五〕婁宿　原作「羅索」，據再造本、文海本回改。下二「婁宿」同此。

〔五六〕賊　原作「敵」，據再造本、文海本回改。

〔五七〕虜　原作「北」，下文「虜犯中國」、「爲虜所憚」、「虜鋭意深入」三「虜」字，原各作「敵」，「虜師亦困」之「虜」原作「北」，並據再造本、文海本回改。

〔五八〕虜　原作「敵」，據再造本、文海本回改。

〔五九〕閬州　原作「閤州」，再造本、文海本、中興聖政卷八同，宋無「閤州」有「閬州」，中興小紀卷一六、宋宰輔編年録卷一五引朱勝非閒居録均作「奔還閬州」，徐夢莘三朝北盟會編卷一九九引閒居録則作「奔還閬」，今據校改。

〔六〇〕虜　此「虜」及下文「虜爲取千緡」之「虜」，原俱作「敵」，並據再造本、文海本回改。

〔六一〕大酋撻辣　原作「大長達蘭」，據再造本、文海本回改。

〔六二〕黏罕　原作「尼堪」，據再造本、文海本回改。下文「黏罕喜之」之「黏罕」同。

〔六三〕虜　原作「敵」，據再造本、文海本回改。

〔六四〕虜庭　原作「北庭」，據再造本、文海本回改。

〔六五〕撻辣　原作「違蘭」，據再造本、文海本回改。中興聖政卷八作「撻懶」。

〔六六〕王竦　再造本、文海本中興聖政卷八作「王殏」，繫年要録卷三八、中興小紀卷九作「王球」。李彌遜筠谿集卷三有繳王球叙官狀。作「王竦」必誤，但「王球」、「王殏」孰是，尚待考。

〔六七〕太母　再造本、文海本、繫年要録卷三八同，惟中興聖政卷八作「太上」。

〔六八〕虜　此「虜」及下文「虜未必能再渡」、「虜不來」、「虜見侵」之「虜」，原均作「敵」，並據再造本、文海本回改。

〔六九〕虜　原作「兵」，據再造本、文海本回改。

〔七〇〕金賊　原作「金兵」，據再造本、文海本回改。

〔七一〕四夷　原作「中外」，據再造本、文海本回改。

〔七二〕虜　原作「敵」，據再造本、文海本回改。

〔七三〕虜　原作「北」，據再造本、文海本回改。

〔七四〕阜昌　李校：原作「會昌」，中興聖政卷八同，均誤。兹據宋史卷四七五劉豫傳、要録卷三十九改。汪按：李校是。再造本、文海本亦誤作「會昌」。

〔七五〕當　原作「而」，文海本同，據再造本、中興聖政卷八、繫年要録卷三九、朱熹晦庵集卷九五張浚行狀校改。

〔七六〕虜　此「虜」及以下五「虜」字，原均作「敵」，並據再造本、文海本回改。

〔七七〕令　原作「今」，據再造本、文海本、中興聖政卷八繫年要録卷三九校改。

〔七八〕更修　原作「史修」，文海本字模糊，據再造本、中興聖政卷八、繫年要録卷四〇校改。

〔七九〕距虜二百餘里　此六字原似被館臣删脱，中興聖政卷八作「距金二百餘里」，繫年要録卷四〇作「距金國二百餘里」，「金」、「金國」應係清人用以替换「虜」字，今據再造本（僅存五字，「虜」字闕文）、文海本及二書校補。

宋史全文卷十八上

宋高宗五

辛亥紹興元年春正月己亥朔，改元。復賢良方正直言極諫科。自紹聖廢制科，至是始因德音下禮官講求，然未有應者。金人掠天水縣，知縣事趙壁等不屈〔一〕，皆殺之。丁未，言者論大臣用人之際，當惟其賢，不必以嘗經堂除爲限。先是，呂頤浩當國，患請謁者衆，乃揭牓省户曰：「未經堂除者，不得投牒求官。」言者以爲：如此則宣、政之間倚權貴之門超取顯美者，皆在所收，豈無韜晦自重不願爲人所知者，其何以來天下之士，而濟艱難之業。疏奏，詔三省遵守。戊申，江南路招討使張俊改江淮招討使。後數日，俊入辭，頗言李成兵衆。上曰：「汝將全軍設爲朕攻一郡若何？」俊曰：「臣朝至而夕可入也。」上曰：「成竭力攻九江，兩月不能下，則雖衆何能爲。」俊大以爲然。上因謂俊：「今日諸將獨汝未嘗立功。」俊曰：「臣何爲無功？」上曰：「如韓世忠擒苗傅、劉正彦，則功績顯著，卿殆不如。」俊恐悚承命。尚書省言，岳、鄂道遠，請還隸湖北，復江池路爲江東西路，置帥司於江、池。又分荆湖諸州之在江南者〔二〕，爲荆湖東、西路〔三〕，置帥司於鄂、鼎。馬進陷江州。李成聞州已陷，乃渡江入城。己酉，金人寇揚州。辛亥，參知政事謝克家提舉臨安府洞霄宫。壬子，詔京官知縣並堂除。内外侍從官限三日，各舉可任縣令者二人，犯贓連坐。又詔不歷縣令人勿除監司，郎官不歷外任人勿爲侍從，著爲永法。於是從官有互舉其子爲縣令者，而子又皆貪贓，論者惜之。丙辰，初許百司每旬休沐，宰執因奏事，上曰：「一日休務不至廢事，使一月間措置得十事，雖二十日休務何害。若無所施設，雖窮朝夕何補也。」戊午，户部侍郎孟庾言：「兩浙路夏税及和買紬絹一百六十萬餘匹，半令輸價錢，每匹兩千。」從之。庚申，銀青光禄大夫李綱提舉臨安府洞霄宫。詔趙普佐命元勳，視漢蕭何，宜訪其子孫，量才録用。辛酉，手詔曰：「朕念太祖皇帝創業垂統，德被萬世。神祖詔封子孫一人爲安定郡王，世世勿絶。乃至宣和之末，以太常禮部各有所主，依違不决，使安定之封至今不舉。朕甚閔之。有司其上合襲封人名，遵依故事施行。」癸亥，詔比降德音寬恤事件，州縣自宜悉意奉行，違者，監司按劾，御史臺察之。初，順昌盜余勝等作亂，土兵陳望與射士張衮謀應之，軍校范旺叱之曰：「吾等父母妻子皆取活於國，今力不能討賊，更助爲虐，是無天地也。」凶黨怒，剔其目而殺之。旺妻馬氏聞之，行且哭，賊脅污之，不從。又殺之。後爲立祠，號忠節。

二月庚午，改行宫禁衞所爲行在皇城司。辛未，同知樞密院事李回言：「士大夫自衢、信來者，皆稱張俊軍行極整肅。」上曰：「朕亦聞之，犯軍律者已誅六七人矣。」范宗尹曰：「臣已以書奬其美。」上曰：「待亦作詔勉之立功。俊心忠謹，惟好官職，正當以此使之。」張守曰：「陛下深得御將之術。」己卯，日中有黑子。辛巳，禮部尚書秦檜參知政事。龍圖待制孫覿時知臨安府，以啓賀檜，有曰：「盡室航海，復還中州，四方傳聞，感涕交下。漢蘇武節旄盡落，止得屬國，唐杜甫麻鞵入見，乃拜拾遺，未有如公，獨參大政。」檜以爲譏己，始大怒之。壬子，日中黑子消伏。翌日，范宗尹進呈，因言：「故事當避殿減膳。今人情危懼之際，恐不可以虚文摇動群聽。望陛下修德以消弭之。臣等輔政無狀，義當罷免。」上曰：「日爲大陽，人主之象，豈關卿等。惟在君臣同心，行安民利物實事，庶幾天變不至爲灾也。」丙戌，復秘書省，仍詔監、少不並置，置丞郎、著佐各一員，校書郎、正字各二員。庚寅，張浚奏：「本司都統制曲端自聞吴玠馬軍倒那，坐擁重兵，更不遣兵策應，已責海州團練副使、萬州安置。」詔依已行事理。初，浚自富平敗歸，始思端及王庶之言可用。庶時持母喪居蜀，乃並召之。庶近地先至，授參議官。浚徐念端與庶必不相容，暨端至半道，但復其官移恭州。宣撫處置使司主管機宜文字楊斌素與庶厚，知庶怨端深，乃盛言端反有實迹者十，秦鳳副總管吴玠亦懼端嚴明，譖端不已。庶因言於浚曰：「端有反心久矣。盍蚤圖之。」會蜀人多上書爲端訟冤，浚亦畏其得衆心，始有殺端意矣。壬辰，雨雹。癸巳，翰林學士汪藻上馭將三説：「一曰示之以法，二曰運之以權，三曰别之以分。」大略謂：「諸將過失不可不治。今陛下對大臣不過數刻，而諸將皆得出入禁中。廟堂者，具瞻之地，今諸將率驟謁徑至，便衣密坐，視大臣如僚友。又遣將出師，詔侍從集議者，所以博衆人之見，今則諸將在焉。且諸將聽命者也，乃使之預謀，則利於公不利於私者，必不以爲可行。便於己不便於國者，必不以爲可罷，欲其冒鋒鏑趨死地難矣。自今諸將當律以朝儀，毋數燕見。其至政事堂，亦有祖宗故事，且無使參議論之餘，則分既正而可責其功矣。何難乎弭盜，何憂乎遏虜哉〔四〕。至於理財，則民窮至骨，臣願陛下毋以生財爲言也。今國家所有不過數十州，所謂生者必生於此數十州之民，何以堪之。惟痛加裁損，庶乎其可爾。外之可損者軍中之冒請，内之可損者禁中之泛取。」〔五〕又言：「自古以兵權屬人，未有不貽患者。今諸將之驕，樞密院已不能制，宜精擇偏裨十餘人，各授以兵數千，以漸消諸將之權，此萬世計也。」是時，諸將中劉光世尤横，故藻有是言。藻書既傳，諸將皆忿，有令門下作論以詆文臣者，其略曰：「今日誤國者皆文臣，自蔡京壞亂紀綱，王黼收復燕雲之後，執政、侍從以下，持節則喪節，守城則棄城，建議者執講和之論，奉使者持割地之説，提兵勤王則潰散，防河拒險則逃遁。自金人深入中原，蹂踐京東西、淮南之地，爲王臣而棄地棄民，誤國敗事者，皆文臣也。間有竭節死難、當横潰之衝者，皆武臣也。張邦昌爲僞楚，劉豫爲僞齊，非文臣誰敢當之。」自此文武兩塗，若冰炭之不相合矣。丙申，復詔諸路提刑司類省試。於是，川陝宣撫處置使張浚始以便宜合川陝舉人，即置司州類省試，自是行之至今。宗維既得關中地，遂悉割以予僞齊。關陝之陷也，士大夫守節者甚衆。

三月戊戌朔，自駐蹕南京以來，軍士日給百錢，比數十日一犒設。前是，水軍統制官崔增以其衆萬有千二百人降於吕頤浩。吕頤浩始用舊法按月支糧及料錢，於是增一軍，月費錢四萬四百緡、米七千五百斛，視五軍所給，月省萬五千餘緡。庚子，宣撫處置使張浚以富平失律上疏待罪。壬寅，上謂輔臣曰：「浚放罪詔宜早降。」因言：「浚用曲端、趙哲、劉錫，後見其過，即重譴之，浚未有失，安可罷也。」同知樞密院事李回曰：「須得勝浚者乃可易。」上曰：「有才而能辦事者固不少，若孜孜爲國，無如浚。亦有人言其過，朕皆不聽。」浚乃得安。甲辰，福建轉運判官魯詹條具止盗利害，請擇令、尉，罷免行錢，糴米賑濟，減殘破縣分上供銀。上諭輔臣曰：「詹所奏切中時病，皆可施行。」上因言：「朕每日五更初，盡覽諸處奏報，比明，所覽略盡，乃出視朝。」蓋上勤政如此〔六〕。丙午，責授定國軍節度副使王宗湛復忠州團練使，以赦叙也。上曰：「宗湛自可用，但當時用非所宜，兼戚里不當管軍。」張守曰：「祖宗時亦有戚里管軍者。」上曰：「要是擇才，只今諸戚里豈能管軍。」范宗尹曰：「誠如聖訓。」庚戌，江淮招討使張俊復筠州。初，俊引兵至豫章，而李成在江州，其將馬進在筠州，皆不進。俊喜曰：「我已得洪州，破賊必矣。」斂兵若無人者，金鼓不動，令將士登城者斬。居月餘，進以大書文牒使來索戰，俊復細書答狀以驕之，賊謂俊爲怯戰。俊牒知賊稍怠，乃議行。岳飛請自爲先鋒。楊沂中由上流徑絕生米渡，出賊不意，遇其先鋒，擊破之，乘勝追奔。前一日，至筠州。進出軍背筠河先守要地，沂中語俊曰：「彼衆我寡，當以奇勝。願以騎見屬，公率步兵當其前。」沂中乃將騎數千，與陳思恭分爲兩道，同出山後。俊嚴陣以出，鏖戰至午，精騎自山馳下，賊駭亂退走，大敗之，俊遂復筠州、臨江軍。馬進復還江州，與成會。俊整兵追之。壬子，先是，張榮在通州，以地勢不利，乃引舟入縮頭湖作水寨以守。金左監軍昌以舟師犯榮水寨，榮亦出數十舟載兵迎敵。望金人戰艦在前，榮謂其衆曰：「無慮也。金人止有數艦在前，餘皆小舟，方水退，隔淖不能岸，我捨舟而陸，殺棺材中人耳。」遂棄舟登岸，大呼而殺之，金人不能騁，舟中自亂，溺水陷淖者不可勝計。昌收餘衆二千奔楚州。榮獲昌子壻盆輦，俘馘甚衆。榮聞劉光世在鎮江，乃遣人願聽節制，且上其功。光世大喜，以榮知泰州。初，權南恩州陽江縣田鹽〔七〕。縣有潮水所浸田一頃二十四畝，提舉鹽茶司募民墾之，置竈六十有七，歲産鹽七十萬八千四百斤〔八〕，收净息錢萬九千餘緡，遂命官領其事。後二年，又增萬二千緡。甲寅，詔罷免行錢。州縣官市買方物如民間之直，違者以自盜論。始用魯詹之言也。先是，改元德音已減閩中上供銀三分之一，是日又減建、劍州銀半分，令福建轉運司兑糴米二萬斛充賑濟。初，河間府免解進士李季集天文諸書〔九〕，號乾象通鑑，季寓居婺州，乃命本州給札上之。自渡江，國史散佚。至是，衢州布衣何克忠獻太祖實録國朝寶訓。後八九年而國書始備。己未，張俊捷奏至。上諭輔臣，欲赦李成軍中脅從者。范宗尹因言：「今日之事不可削弱。」上曰：「祖宗基業宏固，偶值戎寇，故劉豫、李成等輩跋扈猖獗。或謂止於淮上作籬落，朕甚不取，要當以次收復，須一統乃已耳。」湖南馬步軍副總管孔彦舟言：「於潭州池中得美玉，可爲御寶，乞遣人宣取。」詔：「御寶已足備，兼自艱難以來，華靡之物一無所用，其毋進。」甲子，始下詔罪狀李成，募有能斬首及獲成者除節度使，賜銀萬兩、錢萬緡。且赦成軍中脅從者。初，馬進既敗，江淮招討使張俊追之，至奉新樓子莊，賊將商元據草山設伏，俊熟視，見山險路狹，乃遣步兵從間道直趨山頂，殺伏奪險，遂至江州。進拒戰不勝，絶江而遁。乙丑，俊復江州。統制官楊沂中、趙密引兵追擊，又大敗之。成復還蘄州。自是俊軍有「鐵山」之號。宣撫處置使張浚承制以本司參謀官王庶知興元府兼利夔兩路制置使、節制陝西諸路，留統制官王宗尹、柴斌兵二千、馬不滿百，使庶守。時虜騎已破福津，蹂同谷，迫武興。浚遂退保閬州。於是盡失陝西地，但餘階、成、岷、鳳、洮五郡及鳳翔府之和尚原、隴州之方山原而已。時興元帥事草創，倉廩乏絶，師旅寡弱，庶募民教之，河東、陝西潰師多舊部曲，往往來歸，不數月有衆二萬。

夏四月庚午，尚書户部侍郎孟庾請諸路無額錢附經制起發。從之。於是通鈔旁定帖及賣糟等錢凡七色。甲戌，詔修日曆。丁丑，刑部尚書權禮部尚書胡直孺等言：「參酌皇祐詔書，將來請合祭昊天上帝、皇地祇於明堂，奉太祖、太宗以配天，庶幾禮專事簡。」從之。天地復合祭自此始。戊寅，張俊捷奏至。上謂輔臣曰：「兵既精，又治器甲，所以成功。以此知軍器當留意。朕計五軍見甲已四萬。」范宗尹曰：「得十萬粗足。」上曰：「可足成之。財固當惜，然於此不宜吝也。」庚辰，隆祐皇太后崩於行宮之西殿。壬午，詔江浙諸路上供紬絹半折見緡三千，仍易輕齎赴行在。辛巳，進呈程俱劄子：「名臣列傳止是節本，合與不合録呈？」上曰：「初止令進累朝實録，蓋欲盡見祖宗規模，此是朕家法，要得遵守。」既退，范宗尹已下歎仰者久之。

臣留正等曰：帝王之道雖同，其法則不必同。忠質文異制，同歸於治，蓋因時制宜，各自爲一代之法。夏、商、周之子孫，得以憲於先王，傳世數十而長久者也。太上皇帝欲盡見祖宗規模〔一〇〕，且曰此是朕家法，要得遵守，則自中興以來致治之效，皆由於此。今日尤當率循而不忘也。

癸未，桑仲陷鄧州，殺知汝州王俊。丁亥，詔：「榷貨務遵守茶鹽見行成法〔一〕，不得毫髮改更，務令上下孚信，入納增廣。」宣撫處置使張浚殺曲端於恭州。端既爲利夔制置使王庶所譖，知渭州吴玠亦憾之，乃書「曲端謀反」四字於手心，因侍浚立舉以示浚。浚素知端、庶不可並立，且方倚玠爲用，恐玠不自安，乃送端恭州獄。有武臣康隨者，在鳳翔嘗以事忤端，鞭其背，有切骨恨，浚以隨提點夔州路刑獄。端聞之曰：「吾其死矣。」呼天者數聲。端有馬名「鐵象」，日馳四百里，至是連呼「鐵象」者又數聲，乃赴逮。既至，隨命獄吏縶之維之，糊其口，熁之以火，乾渴而死。士大夫莫不惜之，軍民亦皆悵恨。西人以是益非浚。然議者謂使端不死，一日得志，逞其廢辱之憾，端一摇足，秦、蜀非朝廷有，雖殺之可也。

龜鑑曰：趙哲之誅，孔明之誅馬謖也。曲端之不用，亦孔明之不用魏延也。至於殺之，太過矣。況曲端威望，虜酋素懾〔二〕，富平之戰，詐立端旗猶足以懼虜〔三〕，則端之死爲可惜也。然殺曲端而失關陝，浚之過也。用吴玠而保全蜀，浚之功也。

乙未，詔：「臨安府、秀州亭户合納二税，依皇祐專法，計實值價錢折納鹽貨。」先是，兩浙轉運司以罷給蠶鹽，令輸本色。提舉茶鹽公事梁汝嘉奏：「亭户以煎鹽爲生，未嘗墾田。」於是申明行下。

五月己亥，主管江州太平觀李弼孺勒停。初，范宗尹薦弼孺使領營田，遂召赴行在。而右諫議大夫黎確奏：「弼孺淫污狡妄，媚事朱勔。」宗尹曰：「固知弼孺小人，然但欲委之勸耕，故有此命。」上曰：「君子易疏，小人易親，不知者無如之何，既知弼孺小人，安可不疏。今日知田事者應別有人，可勿召也。」弼孺怒，上疏訟確，所言誣誕，故有是命。辛丑，御筆犒賞諸軍一次。范宗尹奏：「自犒賞後已近五旬。」上曰：「朕不欲數犒，凡三月可省一次。今財用止出東南數十郡，不免痛加節省。若更廣用，竭民膏血，何以繼之。」宗尹等曰：「陛下之言及此，天下幸甚。」癸卯，上出「大宋中興之寶」及上皇所獲元圭以示輔臣，寶，上新刻者，其玉明潤，視定命寶猶大半分。中書舍人洪擬轉對，論帝王之學，中叙董仲舒、王吉之言，末以章句、書藝爲非帝王之事。上曰：「人欲明道見理，非學問不可。惟能務學，則知古今治亂成敗，與夫君子、小人善惡之迹，善所當爲，惡所當戒，正心誠意，率由於此。」秦鳳經略使吴玠及金人烏魯、折合戰於和尚原之北〔一四〕，敗之。時金主晟之從姪没立與烏魯、折合以數萬騎分兩道入寇〔一五〕，没立自鳳翔，二將由階、成，約日會和尚原。玠與其弟統領官璘以散卒數千人駐原上，朝聞隔絶〔一六〕，軍儲匱乏，人無固志，有謀劫玠兄弟北去者。幕客陳遠猷夜入告玠，遽召諸將，厲以忠義，歃血而誓，諸將感泣，爲備益力。是日，二將以勁騎先期而至，陣於原北，玠擊之，四戰皆捷。山谷中路狹而多石，馬不能行，虜棄馬遂敗去。後三日，没立自犯箭筈關，玠遣别將擊之，二寇卒不得合。又五日虜移寨黄牛嶺〔一七〕，會大風雨雹，翌日，引去，張浚録其功，承制以玠爲明州觀察使，璘爲康州團練使，擢秦鳳路兵馬都鈐轄、統制和尚原軍馬。丙午，江東安撫大使司奏捕虔賊李敦仁獲捷。時吕頤浩猶在告，參議官李承造以聞。上曰：「頤浩大臣，義當體國。江西盜賊非張俊未易辦，頤浩須少推之〔一八〕，如廉、藺相濟乃可。可趣令視事。」李回請上親札〔一九〕。富直柔又乞遣中使撫問。上從之。詔承議郎范同、宣教郎敕令所删定官劉一止、修職郎王洋並召試館職。初復故事也。郭仲威爲劉光世所執，仲威與李成有舊，欲往從之，又謀據淮南以通劉豫。光世遣前軍統制王德手擒之。己酉，詔以米價貴，諭積粟之家出糶三千斛以上，補官有差。辛亥，詔以道路未通，諸路死囚應奏讞者，權令降等斷遣。郭仲荀權主管殿前司公事〔二〇〕。自巡幸以來，三衙實無兵，名存而已。邵青以舟師犯太平州。癸丑，詔斬郭仲威於平江市。先是，仲威焚掠平江，故就誅之。甲寅，趙令廌知南外宗正事。上命令廌往泉南，選宗室子育之宫中，故有是命。戊午，權工部侍郎兼詳定重修敕令韓肖胄言：「對修政和、嘉祐敕成。」復置太府寺丞，以承奉郎章億爲之，措置印給茶鹽鈔引。沅州言：「本州自熙寧末爲郡，始創營田，招置弓弩手四千人。靖康調發，往往不歸。今軍食窘急。乞以閑田募民承佃，招補弓弩手二千人〔二一〕，餘助歲計。」從之。先是，鼎、澧、辰、沅、靖諸州以地接蠻猺溪洞，故熙、豐間排置弓弩手，五郡合萬三千人，散居邊境，教以武藝，無事則耕作自贍，有警則集而用之，最爲利便。後全軍調發，應援河東，或死或亡，其法浸廢矣。朝散郎呂安中言：「舊官給錢，募户長催税〔二二〕，近已差甲頭，宜椿其傭錢，用助經費。」詔諸路提刑司拘收赴行在。既而言者以差甲頭不便者有五，於是甲頭不復差，而耆户長役錢因不復給。己未，秘書少監程俱言〔二三〕：「見修日曆，乞下諸州搜訪建炎元年以後邸報，及所被受朝旨文字，仍於中外臣僚先且取會二年事實〔二四〕。應曾任宰執至行在職事官有日曆合載事件，如政事弛張、臣僚黜陟、刑賞、征戰，凡所見聞，或私自記録，或親承聖語，及所上章疏並被受詔敕與公案官文書之類，並令詣實抄録回報，以憑修纂。」從之。辛酉，荆南鎮撫使解潛言：「所管五州絶户及官田荒廢者甚多，已便宜辟宗綱權屯田使，樊賓副使，募人使耕，分收子利。」詔以綱爲鎮撫司措置營田官，賓爲同措置官。渡江後營田自此始。其後荆州軍食多仰給於營田，省縣官之半焉。壬戌，范宗尹等以國用不足，奏鬻通直、修武郎已下官。上曰：「不至人議論否？」張守曰：「祖宗時亦嘗有此，第止於齋郎。」李回曰：「此猶愈於科斂百姓。」上曰：「然。」大凡施設，須可行於今，可傳於後，即善耳。」其後遂止鬻承直郎以下官。邵青受劉光世招安，太平州圍解。癸亥，初，馬進既爲張俊所敗，而李成猶在蘄州。至是，俊引兵渡江至黄梅縣，親與成戰，成據石幢坡，憑山以木石投人，俊乃先遣游卒進退若争險狀以誤之，俊率衆攻險，賊徒奔潰，進爲追兵所殺，成遁去，以餘衆降僞齊。

六月己巳，初鬻承直修武郎以下官，承直二萬五千緡，修武四萬五千緡。乙亥，張琪犯宣州。戊寅，言者論：「朝廷暫駐江左，蓋非得已，當爲攘卻恢復之圖。頃歲駐蹕揚州，有兵數十萬，可以一戰。金人奄至，卒以奔走，踰江而東，此宰相黄潛善、汪伯彦之過也。前年移蹕建康，是時兵練將勇，食足財豐，據江上不測之險，當敵人疑懼之秋，可以守矣。金人未至先已奔走，遵海而南，此吕頤浩之過也。今歲戰守之策安所從出。萬一事起倉卒，大臣復欲棄土地、遺人民、委府庫脱身奔走，此豈安國家定社稷之謀乎。臣愚以謂有江海則必資舟楫戰守之具，有險阻則必資郡縣防守之力。有兵將則必駕馭馴擾，不可爲將帥自衛之資。有財賦則必轉運搬輸，不可爲盗賊侵據之用。伏望委任大臣，早賜措畫。」詔三省、樞密院措置。辛巳，召越州上虞縣丞婁寅亮赴行在，以其言宗社大計也。寅亮之書曰：「先正有言，太祖捨其子而立弟，此天下之大公也。周王薨，章聖取宗室子育之宫中，此天下之大慮也。仁宗皇帝感悟其説，詔英祖入繼大統。

恭惟陛下克己憂勤，備嘗艱難，春秋鼎盛，自當則百斯男。屬者椒寢未繁，前星不耀，孤立無助，識者寒心。欲望陛下於伯字行下遴選太祖諸孫有賢德者〔三五〕，視秩親王，使牧九州，以待皇嗣之生，退處藩服。更加廣選宣祖、太宗之裔，材武可稱之人，升爲南班，以備環列。庶幾上慰在天之靈，下繫人心之望。」疏入，上讀之，大以嘆寤。簽書樞密院事富直柔從而薦之，遂有是命。壬午，張琪犯徽州。甲申，邵青復叛，引兵移江陰。戊子，上謂輔臣曰：「昨令廣選藝祖之後宗室二三歲者〔三六〕，得四五人，資相皆非岐嶷，且令歸家，俟其至泉南選之。」右僕射范宗尹曰：「此陛下萬世之慮。」上曰：「藝祖以聖武定天下，而子孫不得享之，遭時多艱，零落可憫。朕若不取法仁祖爲天下計，何以慰在天之靈。」同知樞密院事李回曰：「自昔人君惟堯、舜能以天下與賢，其次惟藝祖不以大位私其子，聖明獨斷，發於至誠。陛下爲天下遠慮，上合藝祖，實可昭格天命。」參知政事張守曰：「堯、舜授受，皆以其子不肖。藝祖諸子不聞失德，而以傳序太宗，此過堯、舜遠甚。」上曰：「此事亦不難行，祇是道理所在，朕止令於伯字行中選擇，庶昭穆順序。」簽書樞密院事富直柔曰：「陛下聖斷，度越千古。第恐令廣不足以奉承。」上曰：「且令廣求，須自選擇。」參知政事秦檜曰：「須擇宗室閨門有禮法者。」上曰：「當如此。」直柔曰：「宮中有可付託否？」上曰：「朕已得之矣。若不先擇宮嬪，則可慮之事更多。」宗尹曰：「陛下睿明，審慮如此，宗廟無疆之福。」辛卯，輔臣進呈言者論劉光世軍中冗費。上曰：「光世一軍，蒐汰冗雜，約留兵幾何可以贍足？」范宗尹曰：「今月給錢十六萬緡、米三萬斛，若留精兵三萬人，且汰其使臣之罷軟者，可以足用。」上曰：「俟作手書與之，如家人禮，直示朕意，庶幾光世不疑，委曲聽命。」翌日，遣睿思殿祗候羅亶賜光世手書諭指，仍以玉帶賜之。

七月乙未朔，劉光世以枯秸生穗爲瑞奏之。上曰：「歲豐人不乏食，朝得賢輔佐，軍中有十萬鐵騎，乃可爲瑞，此外不足信。朕在潛邸時，梁間有芝草，府官皆欲上聞，朕手自碎之，不欲主此奇怪事。」輔臣嘆服。

龜鑑曰：其於奉天也，深思政事，以盡畏天之誠，静坐内省，以求答天之意。彗出井度，則深以天下爲憂。癸未，風雷，則深以夷狄爲慮；久雨，則詔求言；大雪，則詔決獄。枯秸之生可稱也，吾瑞鐵騎而不瑞枯秸。麟鳳之獻可喜也，吾寶賢能而不寶麟鳳。獻芝草則斥，獻甘露則貶，於是而無喜祥瑞、惡變異之失矣。

庚子，新知澧州吴章爲潼川府路轉運副使。自置宣撫司後，四川監司以敕除者始此。辛丑，皇伯令話爲寧州觀察使，封安定郡王。先是，燕、秦二王後争襲封，久不决，禮部員外郎王居正言：「燕王，太祖長子，其後當襲封。」議遂定。令話，德昭元孫也。壬寅，申命有司討論濫賞。復置翰林天文局，太史局學生五十人，天文局十人。甲辰，詔秘書省長貳通修日曆。丙午，金左將軍昌自宿遷北歸，昌過東平，僞齊劉豫不出迎，使人言於昌曰：「豫今爲帝矣，若相見，無拜之禮。」昌怒責之，卻其獻。豫遣僞相張孝純隨而和之，昌卒不解。辛酉，故追復觀文殿學士劉摯贈少師，後謚忠肅。呂頤浩督諸將與張琪戰於饒州城外，大敗之，琪走浮梁縣，復還徽州。癸亥，尚書右僕射、同中書門下平章事兼知樞密院事范宗尹提舉臨安府洞霄宮。初，宗尹既建討論濫賞之議，士大夫僥倖者争排之。上批：「朕不欲歸過君父，斂怨士夫，可日下寢罷。」宗尹堅以爲可行，即日求去。上曰：「天下事不必堅執。至如人主有過，尚許言者極論。若遽阻遏，祇須人不進言。如此則於誰有損。」始，宗尹之建議也，檜力贊之。至是，見上意堅，反以此擠宗尹，遂召翰林學士汪藻草宗尹免制曰：「日者輕用人言，妄裁官簿，以廟堂之尊，而負天下之謗。以人主之孝，而暴君親之非。朕方丁寧德意，而申命於朝，汝乃廢格詔書，而持必於下。」於是崇、觀以來濫賞悉免討論，但命吏部審量而已。

八月戊辰，參知政事張守等上對修嘉祐政和敕令格式〔二七〕一百二十二卷，看詳六百四卷。詔以紹興重修敕令格式爲名，自來年頒行。己巳〔二八〕，責授寧遠軍節度副使汪伯彦提舉臨安府洞霄宮，後四日，以爲江東安撫大使兼知池州。權尚書工部侍郎韓肖胄以修敕成落權字〔三九〕。庚午，直龍圖閣沈與求試侍御史。上嘗從容言：「王安石之罪在行新法。」與求對曰：「誠如聖訓。然人臣立朝，未論行事之是非，先觀心術之邪正。揚雄名世大儒，乃爲劇秦美新之文。馮道左右賣國，得罪萬世。而安石於漢則取雄，於五代則取道，是其心術已不正矣。施之學術，悉爲曲說，以惑亂天下，士俗委靡，節義凋喪，馴致靖康之禍，皆由此也。」壬申，吏部員外郎胡世將奏，其兄唐老靖康中嘗建議除上爲大元帥，且爲之請謚。上曰：「當時之事亦偶然耳，何功之云。」張守等退而歎曰：「大哉王言！」乙亥，上諭輔臣曰：「黨籍至今〔追贈〕未畢。卿等宜爲朕留意。程頤、任伯雨、龔夬、張舜民，此四人名德尤著，宜即褒贈。」乃贈夬直龍圖閣。戊寅，參知政事張守充資政殿學士、提舉臨安府洞霄宫。侍御史沈與求言守舉汪伯彥不當，守引疾乞祠，而有是命。同知樞密院事李回參知政事，簽書樞密院事富直柔同知樞密院事。庚辰，故追復端明殿學士蘇軾特贈資政殿學士。丁亥，參知政事秦檜守尚書右僕射、同中書門下平章事兼知樞密院事。范宗尹既免，相位久虛，檜昌言曰：「我有二策，可以聳動天下。」或問何以不言，檜曰：「今無相，不可行也。」語聞，遂有是命。戊子，贈張舜民寶文閣直學士，程頤、任伯雨並直龍圖閣。制曰：「朕惟周衰，聖人之道不得其傳。世之學者違道以趨利，捨己以爲人。其欲聞仁義道德之説者，孰從而聽之。間有老師大儒，不事章句，不習訓傳，自得於正心誠意之妙，則曲學阿世者又從而排陷之，卒使流離顛仆，其禍賊於斯文甚矣。爾頤潛心大業，無待而興者也。方退居洛陽，子弟從之孝弟忠信，及進侍帷幄，拂心逆旨，務引君以當道，由其内以察其外，以所已爲而逆所未爲，則高明自得之學可信不疑。朕錫以贊書，寵以延閣，所以振耀褒顯之者，以明上所與在此不在彼也。尚其明靈，知享此哉。」神武左軍都統制韓世忠，請以明堂恩澤爲子忠翊郎、閤門祗候亮易文資。許之。諸將以文資禄子孫蓋自此始。於是，浙西安撫大使劉光世已任孫正平爲班行，既而亦請换授，遂以爲例。庚寅，提舉臨安府洞霄宫李綱復資政殿大學士。辛卯，右司諫韓璜論新除江東安撫大使汪伯彦爲相誤國，不當用。不報。疏再上，上曰：「治天下，蔽以一言曰公而已。朕亦安得而私。」乃詔伯彦提舉臨安府洞霄宫，職如舊。秦檜之少也，嘗從伯彦游學。至是，伯彦雖罷帥而因得職名，蓋檜力也。

九月甲午朔，中書言：「池、江二州地勢僻隘，失祖宗分道置帥之意。」詔江東西路帥臣復還建康府、洪州舊治。乙未，寧州觀察使韋淵求差遣，上曰：「淵以宣和皇后季弟，義當敦睦，然其人素不循理，難以出入禁闥〔三〇〕，故斥遠之。朕不敢以公爵示私恩，密院可與一遠闕，恐居官有過，難以行法。」已而以淵爲福建路副總管。戊戌，刑部奏軍士黄德等劫殺案目，其從二人倬子岸次〔三一〕，刑寺欲原死。上曰：「强盗不分首從，此何用貸。朕居常不敢食生物，蓋懼多殺也。盜於此時須當殺以止殺。」己亥，詔文臣寄祿官依元祐法分左右字，贓罪人更不帶，以示區別。用樞密院編修官楊愿請也〔三二〕。其後選人亦如之。甲辰，禮部言：「自今應賢良方正科，乞並用從官三人薦舉，不如所舉者坐之。」故事，閣試六題，以五通爲合格。及是，侍郎李正民、員外郎王居正言：「今復科之初，使士大夫徒能記誦義疏，亦無補於用。權罷義疏出題外，餘如舊制。」詔兼於義疏出題，仍以四通爲合格。乙巳，詔：「百司稽違，許御史臺六察官彈奏。」以侍御史沈與求援元豐故事有請也。丁未，尚書省請：「下江、浙、福建諸州造甲五千副。兩浙之衢、婺、明、湖州、平江府，江西之虔、吉、洪〔三三〕、撫州，各共千五百。福建千二百。饒、信州八百。逐州令通判一員董其事。所費以上供折帛錢支。」從之。辛亥，合祭天地於明堂，太祖、太宗並配，赦天下。時中書舍人兼直學士院席益草赦文，有曰：「上蒼懷悔禍之心，群策竭定傾之力。六師奏凱，九扈成功，爰舉宗儀，聿修大報。」上以夸大不悅。癸丑，開府儀同三司呂頤浩拜少保、尚書左僕射、同中書門下平章事兼知樞密院事。甲寅，初，上以席益草赦文夸大惡之，會益草呂頤浩復相制，有曰：「朕中興聖緒，兼創業守文之難。」上尤不喜，乃出益知溫州。戊午，提舉臨安府洞霄宮范宗尹落職。侍御史沈與求言宗尹十九罪，故有是命。乙未，尚書省言：「近給賣新告，價直高大，變轉不行。乞減修武郎爲三萬緡，承直郎爲萬五千緡。」從之。庚申，初，措置河南諸鎮屯田、侍御史沈與求亦言：「今欲因沿江荒閒之田，募人屯耕，用爲籬落，兼資儲餉，此誠計之得者。」乃陳屯田利害，爲古今集議上下三卷上之。詔付户部，後亦未克行。

冬十月乙丑，詔：「自今應京、畿門人實有才能者，公舉而器使之，庶幾人人自竭，以濟艱難之運。」時吕頤浩爲政，喜用材吏，以其多出京、畿之門，恐爲言者所指，乃白上下此詔焉。參知政事李回不爲吕頤浩所喜，力丐免，罷爲江西安撫大使兼知洪州。丙寅，江西安撫大使兼知洪州朱勝非分司南京、江州居住。侍御史沈與求論勝非避事辭難，故貶。己巳，浙西統制官王德以黄榜招安邵青，既而降之。庚午，户部尚書孟庾參知政事。壬申，詔行在置宗正一司，將内外宗司分寓廣、潮、泉三郡。上以行在宗子無統屬之人，故有是命。甲戌，尚書吏部員外郎廖剛守起居舍人。剛言：「陛下游意翰墨，博覽群書，亦可謂之好學。然帝王之學與文士異，因援孟子所言天下之本在身，與大學之道，治國平天下，其端在正心誠意，願去末學之無益，坐進此道，則可以福群生矣。」乙亥，陝西諸路都統制、秦鳳路經略使吴玠及金人戰於和尚原，大敗之。初，宗弼會諸路兵及女真兵合數萬人，謀入寇。宣撫處置使張浚命玠先據鳳翔之和尚原以待之。宗弼造浮梁於寶雞縣，渡渭攻原。玠及其弟璘率統制官雷仲等選勁弓强弩與戰，分番迭射，號駐隊矢，接發不絶，且繁密如雨，虜稍卻，則以奇兵邀擊，斷其糧道。凡三日，是夜，大破之，俘馘首領及甲兵以萬計，宗弼中流矢二，僅以身免，得其麾蓋。自虜入中原，其敗衂未嘗如此也。於是浚承制以玠爲鎮西軍節度使，璘康州團練使、涇原路馬步軍副總管。宗弼既爲玠所敗，始自河東還燕山。左副元帥宗維更以陝西副統制撒離曷爲陝西經略使〔三四〕，將兵屯鳳翔府，與玠相持。壬午，尚書省言：「近分撥神武右軍往婺州屯駐，合用錢理須樁辦〔三五〕。緣行在至婺州不通水路，難以津搬。契勘便錢之法，自祖宗以來行於諸路，公私爲便。比年有司奉行，不務經久，致失信於民。今來軍興，調度與尋常事體不同，理當別行措置。」詔户部印押見錢關子，降付婺州，召人入中，執關子赴杭、越榷貨務請錢，每千搭十錢爲優潤。有僞造者，依川錢引抵罪。東南會子法蓋張本於此。范汝爲入建州，遂據其城。甲申，初，興元府利夔路制置使王庶籍興元府、興洋州諸邑及三泉縣强壯，號曰義士。知縣爲軍正，尉爲軍副，日閲武於縣，月閲武於州，不半年，有兵數萬。其後，合興、洋、三泉四郡義士至七萬人，至今不廢。乙酉，同知樞密院事富直柔言：「祖宗時，三衙用邊功、戚里、班行各一人，蓋有指意。」上曰：「參用戚里，固祖宗法。然窒礙處多，恐不可用。」戊戌，行在越州火，燔民居甚衆。己丑，録唐宰相張九齡十二世孫昭爲泉州文學。壬辰，録程頤孫易爲分寧令〔三六〕。後五月，又官其家一人。

十一月乙未，提舉臨安府洞霄宮胡安國試中書舍人兼侍講。秦檜薦之也。丁酉，承事郎王趯充廣西經略司幹辦公事，專切提舉左右江峒丁及收買戰馬〔三七〕。自五路既陷，馬極難得，議者謂嶺外於西南夷接境有馬可市。時已罷買馬司，以帥屬領其事。工部侍郎韓肖胄言：「戰以騎兵爲勝。今川陝馬綱不通，而廣右鄰諸番，宜即邕州置官收市，專責成功。」故復置官提舉。戊戌，詔以會稽漕運不繼，移蹕臨安。先是，尚書左僕射吕頤浩言：「今國步多艱，中原隔絶，江淮之地尚有巨賊，駐蹕之地最爲急務。要當使號令易通於川陝，將兵順流而可下，漕運不至於艱阻。」至是，遂定移蹕之議。參知政事孟庾爲福建江西荆湖宣撫使，神武左軍都統制韓世忠副之。己亥，宣教郎婁寅亮守監察御史，以其言宗社大計也。辛丑，太常少卿趙子畫請續編紹興太常因革禮〔三八〕。明年乃成，凡八十六篇，爲二十七卷。子畫又言：「每歲春分日祀高禖，自巡幸不行，至於祓無子、祝多男，以繫四方萬里之心，蓋不可闕。望自來歲舉行。」從之。乙巳，迪功郎陳剛中上書，論：「今民力凋瘵，國用匱乏，而冗食之官衆，不急之務繁。行在之局務，可省併者三分居一，而州縣冗食尤可怪駭。以月計之，不知所費緡錢幾百萬。民之脂膏，日以乾涸，邦之財賦，日以蠹耗，奈之何民不窮且盜也。願罷冗食，去虚文，以足邦用。」上召對，改合入官，所陳令三省措置。言者論浙西科斂之害，以爲：「均買度牒，勸諭官告，下户貧民皆以困乏不支糴錢，强令輸粟，號曰均糴。又別立一名，曰借糴，復計頃畝以月科敷，上下相蒙，名曰健吏。若今盜賊幾半天下，豈天下之人皆跖之徒哉。願詔重科敷之罪，嚴貪墨之法。庶幾人心未叛，天命未改。」詔本路漕司究實。知瓊州虞沇言：「近歲州縣之吏多賄敗者，望自今命官犯入己贓，許人越訴。其監司不即按治者，重行黜責。」從之。磔張琪於越州市。丁未，德安府復州漢陽軍鎮撫使陳規奏本鎮營屯田畫一事件。自中原失守，諸重鎮多失，惟規與群盜屢戰，群盜稍息。規以境内多官田、荒田，乃倣古屯田之制，命射士、民兵分地耕墾。其説以兵、民不可並耕，故使各處一方。軍士所屯之田，皆相其險隘，立爲保塞，寇至則保聚捍禦，無事則乘時田作。其射士皆分半以耕屯田，少增錢糧，官給牛種，收其租利，有急則權罷之，使從軍。凡民户所營之田，水田畝賦秔米一斗，陸田賦麥豆各五升，滿二年無欠輸，給爲永業。流民自歸者，以田還之。凡屯田事營田司兼行，營田事府縣官兼行，皆不更置官吏。條劃既具，乃聞於朝。詔嘉獎。明年，下其法於諸鎮使行之。庚戌，同知樞密院事富直柔守本官提舉臨安府洞霄宫。壬子，手詔曰：「朕仰瞻坐思，雪神人之大耻，不有濟濟多士，置我周行，則不能也。且己雖賢不若薦之爲愈。近得陳襄薦章草，起司馬光而下三十三人，審如所薦，斯爲盛矣。合宣示百辟〔三九〕、卿士，各舉爾所知。應内外侍從，須三人以上，在外令三省鏤板行下諸監司郡國，郡國備録申牒，諸寄居到限五日，具名同罪保舉，繳連以聞。舉得其人當受上賞，毋以先得罪於朝廷，及蔡京、王黼門人爲嫌。」甲寅，上曰：「周杞任情喜怒，不免濫刑，以故言者紛然。凡當官者，小過失未有害，唯濫刑爲當懲。聞杞守常州數濫殺人，豈得不治。朕日聽斷，若任情殺人，豈不可邪，顧恐非理爾。」輔臣將順聖德，退而記之，以垂訓萬世。

臣留正等曰：兵、刑一道也。古者大刑用甲兵，中刑用刀鋸，薄刑用鞭朴。凡以禁暴而弭亂也。唐虞之治，不能無蠻夷姦宄之憂，命咎繇作士刑，期無刑而已矣。太上皇帝推不嗜殺人之心於其大者，既敬且戒，則其小者不論可知也。刑一無罪、殺一不辜，豈不傷好生之德乎。此酷吏所以不免也。

乙卯，紹興府奏百姓路榮失火罪狀。上曰：「此災不細，恐是天戒，不專爲榮罪，止杖遣足矣。」丁巳，日南至，命提舉萬壽觀兼侍讀王綯祀昊天上帝於告成觀。初復舊禮也〔四〇〕。辛酉，僞齊秦鳳經略使郭振掠白石鎮。宣撫司選鋒將王彦等併兵禦之，賊兵大敗，振爲官軍所獲，遂復秦州。壬戌，監察御史劉一止言：「伏見尚書六曹下逮百司，凡所用法令，類以人吏省記便爲予奪，欺弊何所不有。伏望改差詳定一司敕令所立限刊定鏤板頒降，庶幾杜絶官吏弄法受賕之弊。」〔四一〕詔如其請。既而廣東轉運司以元祐吏部法來上，乃命參以七司所省記元豐至紹興條例，參酌修立。再踰年而後成云。

十二月甲子朔，詔：「直徽猷閣黄叔敖文學、吏事皆有可觀，恬退之節，士夫推重，可除給事中，令所在以禮敦遣赴行在。」乙丑，太常少卿趙子畫權尚書禮部侍郎。本朝以公族爲從官，自子畫始。丙寅，詔依祖宗故事，復置樞密都承旨，以兩制爲之。丁卯，吏部侍郎李光請復東南諸郡湖田〔四二〕。詔户、工部取會聞奏。初，明、越州鑑湖、白馬、竹溪、廣德等十三湖，自唐長慶中創立，湖水高於田，田又高於海，旱澇則遞相輸放，其利甚博。自宣、政間樓异守明，王仲嶷守越，皆内交權臣，專事應奉，於是悉廢二郡陂湖以爲田，其租米悉屬御前，民失水利，而官失省税不可勝計。光奏請復之。既而上虞縣令趙不摇以爲便，遂廢餘姚、上虞二縣湖田，而他未及也。辛未，夜，行在紹興府火。壬申，言者論：「今日爲百姓甚害無如科配一事。常賦之外，一歲之間，至五七次。望今後除依法催科以備軍期外，自餘非泛科抑一切停罷。」詔户部勘當。户部侍郎柳約言：「遇灾傷及經兵破難以不放逋欠外〔四三〕，若實因軍期須索，亦有許收量添酒錢應副，或因軍期所需，多科其數別作支用。昨降旨以自盜贓論。望依累降指揮施行。」從之。時議者又言：「朝廷之上，喜徇祖宗愛民之良法，而諱言今日科斂之大害。如早稻未熟而借冬苗，春蠶未畢而催和買。富民鬻田舍，下户質子女，籲天不聞，誠宜嗟閔。伏望明詔大臣，繼自今勿以科斂爲諱，而特加條畫，申飭監司，俾不得加數掊尅，因事侵漁。」詔申嚴行下。乙亥，初，詔内外侍從官舉縣令，中書記名，以次除授。而言者以爲所舉多親舊，或罪累礙於銓選之人。乃命吏部參考，其負罪礙格之人並罷，仍坐所舉官。丁丑，手詔，略曰：「比緣國難，盜起未息者，蓋姦贓之吏無恤民意，及煩王師，而軍須不免又取於民，因循展轉，日甚一日，欲民不爲盜不可得也。可將建炎三年以前積欠，除形勢户及公人外，一切蠲除。如州縣不奉詔，及監司迫脅州縣巧作催科者，並除名。令御史臺糾察，多出黄榜曉諭。」又詔：「三省備坐祖宗朝真決贓吏舊制〔四四〕，鏤板行下。自今有犯，依法行遣，仍籍没家財。」上以軍興民困，吏緣爲姦，故盜賊蜂起，乃下此詔焉。以岳飛爲神武副軍都統制，仍以所部屯洪州。時飛遣其甥壻高澤民至紹興，乃詐爲飛狀，乞都統制或總管職事。飛皇恐自辨。詔諭以出自上意，仍鑄印賜之。曹成據道州。戊寅，以彗出會稽，許臣民實封言事。詔行在職事官，人添職錢十千。辛巳，復置廣東茶鹽司。舊淮南鹽息歲收八百萬緡〔四五〕，自軍興，淮南道梗，許通廣鹽於江湖諸路，而二年半入納才七十萬緡。至是，江湖鹽價每斤爲七八百錢，議者以爲利厚而冒販者多，故復置官提舉。户部侍郎柳約復請增諸路酒錢，上等每石二千、下等一千，其半令提刑司椿管，餘備軍費。從之。初，監察御史婁寅亮既陳宗社大計，尚書右僕射秦檜以寅亮富直柔所薦，惡之，使言者論寅亮宣和中父死於賊，匿不舉喪〔四六〕。壬午，詔大理寺劾治。甲申，右司諫方孟卿言：「祖宗故事，諫官置局於後省，號爲兩省官。蓋兩省，朝廷政令所自出，祖宗以諫官居之，不無深意。今行在諫院許於皇城内建置，未有定處，望令依舊隨省置局。」詔諫院許於行在所都堂相近置局。丁亥，言者請贓吏當死者勿貸。上曰：「朕本心欲專尚德化，顧贓吏害民有不得已者。然亦豈忍遽置縉紳於死地，如前詔杖遣足矣。」閤門宣贊舍人潘永思追一官，坐爲人市恩澤也。先是，大理推治，事連永思，上曰：「永思雖戚里，既有過，安可廢法。」乃命罷職就逮。戊子，宣撫處置使張浚奏和尚原勦殺金賊〔四七〕。是日，吕頤浩等進呈，浚奏劄言爲水運以給西軍。上曰：「朕料浚必能立功。」秦檜因奏：「去年論浚者紛紛，賴陛下保全，得以安迹，萬一有功，實賴陛下知人善任，使不惑浮言之效。」上因備論天下事有利必有害，但害少而利多皆所可爲。若聽浮言，則事將俱廢。頤浩、檜出至省府，未食，捷奏至，上大喜。壬辰，詔自今春試選人及京官初出官人銓試，如故事。後不果試。明年秋，乃克行之。賜陳東家錢五十萬。詔以冬寒，命有司賑給行在紹興府居民不能自存者，其後移臨安，亦如此例。初命户部降本下江、浙、湖南和糴米，以助軍儲。南平王李乾德薨，子陽煥立。

壬子紹興二年春正月癸巳朔，上在紹興。是日，從官以下，先發以將還浙西也。甲午，詔自今科場復置賢良方正能直言極諫科。乙未，詔諸路死囚應讞者，道路已通處，依舊法奏按。未通處，許酌情減降如舊。上語及禁戢贓吏，吕頤浩曰：「贓吏侵漁，不可不禁。然州縣官依條格合得請給，宜按月支與，使之食足，然後可以養廉隅。」上曰：「然。」輔臣因進呈諸路公使庫支給外，縣官供給條格。詔申明行下。丙申，福建江西荆湖安撫副使韓世忠圍建州。先是，世忠師至福州，守臣程邁以賊方鋭，欲世忠少留以俟元夕。世忠笑曰：「吾以元夕凱旋見公矣。」辛丑，世忠拔建州。初，范汝爲既被圍，固守不下，世忠以天橋對樓雲梯火砲等急擊之，凡六日，賊衆稍怠。夜，官軍梯而上城，遂破，賊衆死者萬餘，生擒其將張雄等五百餘人，汝爲竄回源洞中自焚死〔四八〕。其將葉諒以所部犯邵武軍，世忠擊斬之，餘衆悉平。初，世忠疑城中人皆附賊，欲盡殺之。資政殿大學士李綱時在福州，見世忠曰：「建州百姓多無辜。」世忠受教，及城破，世忠令軍人悉駐城上，毋得下。植旗於城之三隅，令士民自相别，農者給牛種使耕，商賈者弛征禁，爲賊脅從者汰遣，獨取其附賊者誅之。由是多所全活。及師還，父老請祠之，世忠曰：「活爾曹者，李相公也。」壬寅，上御舟發紹興，至錢清堰，乘馬而行。丙午，上至臨安。戊申，武功大夫、榮州團練使蘇易乞以奉化縣界把截所轉一官，於階官上收使。許之。自政和初改官名，以郎、大夫易正副使，由是武功大夫率徑遷横行。至是，横行凡數百千人。中書舍人程俱力論其不可，且謂：「祖宗之制，自閤門副使至内客省使爲横行，不繫磨勘遷轉之列。蓋横行恩數多類從官，以元豐三年班簿考之〔四九〕，横行共二十二人，如种諤、韓存寶、劉昌祚、姚麟之徒，皆一時名將。故元豐官制，武臣獨依舊，不以寄禄官易之，蓋有深意。今文臣之謂庶官者，率不過中大夫，而武臣乃遷横行，此何理也。望自今非軍功勿遷。」從之。己酉，江淮發運副使宋煇知臨安府。丙辰，詔見任郎官，以建炎以來未經上殿者，並引對。吏部侍郎李光言：「方艱難之時，朝廷廣收人才，兼收議論，郎官最號高選，其間豈無英傑之士可備大用，乃不令一覲清光。廉退之士，固難於自進。」故有是旨。丁巳，右司諫方孟卿言：「近權户部侍郎柳約請推祖宗限田之制，凡品官名田數過者〔五〇〕，科敷一同編户。今郡縣之間，官户田居其半，而占田過數者極少。若以格令免科需，則專取於民，必致重困。臣謂艱難之際，士大夫義當體國，豈可厚享占田之利。望寢前詔勿行。」從之。乙卯，詔輔臣：「以邵青、單德忠、李捧三盜就招，卿等速汰其衆，留精鋭堪出戰之士，萬人中不過三千人可留。」宰相吕頤浩、秦檜、都統制張俊被旨揀放，青等有衆二萬三千，其疲老不任披帶者皆釋之，所存七千，一如上所料。

臣留正等曰：世傳漢高帝預知吳王濞五十年後必反，謂狀有反相，可知也。至於五十年之說，非通於數者不能。蓋不然。且其知三傑、料陳平、期周勃之安劉氏，此豈數之能及哉。大抵帝王之興，其睿智絕人，太上皇帝料降卒可用之數妙於蓍龜，其張良所謂沛公殆天授者歟。

戊午，詔自今停藏接引私鹽並與犯人一等科罪。己未，詔修臨安府城之頹圮者。辛酉，忠州團練使楊勍以所部四千屯吉州，恣橫不法，江西兵馬副總管楊惟忠邀勍會飲，伏兵誅之，遂并其兵。勍，建炎中爲盜，踐蹂福建、湖南諸州，至是乃敗。

二月丙寅，詔建州權罷鼓鑄二年，以監兵避亂散逸故也。丁卯，詔選人七階並分左右。時用元祐舊制，寄祿官分左右而贓吏不與焉。言者謂祖宗以來選人皆以州縣繫銜，故無所分別，今選階品秩雖卑，豈可無以律貪而獨置之廉恥之外〔五一〕。乃下吏部如所請。己巳，詔榷貨務依臨安府様製造斛斗百隻，降之諸路。倉部員外郎成太亨言：「紹興府斛斗增大，出給之際例各折閱〔五二〕，興獄滋多。惟臨安斗斛均平，公私兩便。」故有是旨。庚午，提舉臨安府洞霄宮李綱爲荆湖廣南路宣撫使兼知潭州。前五日，知道州向子忞奏曹成犯道、賀二州。宰相秦檜請身至湖外，自當一面。上曰：「卿等當居中運才，不可授人以柄。」至是，命綱。辛未，上諭輔臣曰：「將來御試舉人，止造蓆棚於講殿之前，不必更修別殿。」呂頤浩因讚聖德，以爲如此可以示四方士人，使知陛下恭儉如此。上曰：「朕天性不好華靡，況與承平之主不同。」秦檜曰：「大布之衣，大帛之冠，是古人處患難之事。後世以爲誇美。」上曰：「卿言極是。」壬申，詔自今巡尉毋得注吏職出身人。乙亥，雨雹。丁丑，給事中黄叔敖兼侍讀，權尚書吏部侍郎廖剛兼侍講〔五三〕。始，淮南營田司募民耕荒，頃收十五斛〔五四〕。及是宣諭使傅崧卿言其太重，故百姓歸業者少。詔損歲輸三之二，俟三年乃徵之。仍賜崧卿錢五萬緡，俾貸民爲牛種之費。己卯，進呈張浚劄子，上曰：「虜人既酋領有不免者〔五五〕，當知天意所在。朕當兢謹以祈天弭禍，庶幾其國有瘳乎。」秦檜因奏言〔五六〕：「每見陛下屈己從諫，中外士民無不感悦。」上曰：「如前日百姓揭牌，題以供御綉服，問之，乃十年前京師鋪户用其舊牌，已令毁撤。不知者將謂舊習未革。朕所服者多繒素，豈復有綺綉也。」庚辰，詔自今監司不得任本貫，其見在任者皆移之。夜，雷聲初發。癸未，上始御講殿。自巡幸以來，經筵久輟，至是復之。乙酉，上諭輔臣曰：「人主待臣下，當以至誠。若知其不可用，不若罷去，疑而留之，無益也。」又曰：「人主之德，莫大於仁，仁之字，非堯、舜莫能當。」吕頤浩、秦檜曰：「聖學高明，以誠、仁二者治心修身正家齊天下，有餘裕矣。」丙戌，初置著作官二員，編次日曆。庚子，知撫州高衛落職與宮觀。衛言甘露降於州之祥符觀，且爲圖上之。王居正論：「今日恐非天降祥瑞之時。」言者劾衛：「以蔡京園田叨冒改官，頃者抗疏極言討論之非，實自爲地，縉紳號爲流外侍郎。今乃崇飾謟諛，老不知愧，望賜罷黜。」從之。殿中侍御史江躋言：「自古言利之臣，不過椎剥細民，移東於西，以欺其上。近聞前知明州吴懋輒有所獻，踰五萬緡。竊恐朝廷受之，無名小人覬望，争相效尤，殘民以爲己利，其患有不可勝言者。」詔委自憲臣，勘當以聞。懋守明踰年，時四民承喋血之餘，公私掃地，懋以等第貸民錢十萬緡，又得榷酤之贏，軍用無乏。其後勘當如章，但貶懋二秩而已。己丑，有司以春分日祀高禖。禮畢，宫嬪有位號者以次即宫中飲福、受胙如儀。復荆湖東西爲荆湖南北路。庚寅，監察御史婁寅亮罷。寅亮既爲秦檜所擠，按治無所得，至是獄成，坐爲族叔鄩名田，改立官户。刑寺當寅亮私罪杖，罰銅七斤。詔免所居官，送吏部。未幾，寅亮卒。

三月壬辰朔，虔化縣凶賊李敦仁補閤門祗候〔五七〕。其徒三十八人皆授官，分隸張俊等軍中。淮西招撫使李光執韓世清於宣州。水賊翟進犯漢陽軍，殺權軍事趙令戣及吏民百餘人，以其衆歸於孔彦舟。甲午，詔兩浙市舶就秀州華亭縣置司。承直郎施逵除名，婺州編管。坐爲范汝爲游説辛企宗也。戊戌，罷江淮發運司，以其錢帛赴行在。始，祖宗時，發運司歲漕江湖粟六百萬斛，即真、楊、楚、泗州置轉般倉，納受泝流摺運，以贍中都。且因諸路之凶豐而平其糴。及是，江湖盜寇多，綱米不繼，發運司歲費錢十六七萬緡，第職糴買而已。故省之。襄陽府鄧隨郢州鎮撫使桑仲爲知郢州霍明所殺，囚其從者，而以反聞。上惻然，授其二子昕、維將仕郎。己亥，制授南越王李乾德子陽煥靜海軍節度使，封交趾郡王，仍賜「推誠順化功臣」。自元豐後，大臣功號悉除，獨安南如故。庚子，詔自今行軍，專委本路漕臣一員通融應副。陝西都統司同統制軍馬楊政及金人戰於方山原，敗之。辛丑，鑄紹興經筵印。淮東提點刑獄公事兼營田副使王實言：「根括到楊州未種水田一萬七千頃，陸田一萬三千頃，已分給六軍趁時耕種。」從之。丙午，復置中書門下省檢正官一員。戊申，江東統制軍馬張俊叙所降一官。俊起於諸盜，所部凡七千餘人，至是，汰其老弱僅三千，乃有是命（此即小張俊也）。己酉，臨安府布衣孫清上疏論事，詔賜束帛。癸丑，詔寬兩淮租稅。童子朱虎臣七歲能誦七書，排陣布射〔五八〕，與其兄端友皆來。上召對，端友以誦經、子書賜束帛，而虎臣爲承信郎。甲寅，上策試諸路類試奏名進士於講殿。上謂輔臣曰：「朕此舉將以作成人才，爲異日之用。若其言鯁亮切直，他日必端方不回之士。自崇寧以來，惡人敢言，士氣不作，流弊至今，不可不革。」因手詔諭考官直言者置之高等，尤諂佞者居下列。鹽官進士張九成對策曰：「禍難之作，天所以開聖人。願陛下以剛大爲心，無遽以驚憂自沮。臣觀金虜有必亡之勢〔五九〕，而中國有必興之理，特在陛下何如耳。夫好戰必亡，失其故俗必亡，人心不服必亡，而金虜皆與有焉。彼劉豫者，素無勳德，殊乏聲稱，天下徒見其背叛於君親，而委身於夷狄耳。黠雛經營〔六〇〕，有同兒戲。今日之計，當先用越王之法以驕之，使侈心肆意，無所忌憚，天其滅之，將見權臣争强，篡奪之禍啓矣。臣觀濱江郡縣爲守令者，類無遠圖。陽羨惠山之民，何其被酷之深也。率斂之名，種類閎大，秋苗之外，又有苗頭，苗頭未已，又行八折，八折未已，又曰大姓，大姓竭矣，又曰經實，經實均矣〔六一〕，又曰均敷，均敷之外，名字未易數也。流離奔竄，益以無聊。臣竊謂前世中興之主，大抵以剛德爲尚〔六二〕，去讒節欲，遠佞防姦，皆中興之本也。今閭巷之人，皆知有父兄妻子之樂，陛下雖貴爲天子，富有四海，以金虜之故，使陛下冬不得温，夏不得清，昏無所於定，晨無所於省。每感時遇物，想惟聖心雷厲，天淚雨流，思欲掃清鑾帳，以迎二聖之車。」又曰：「閹寺聞名，國之不祥也。今此曹名字稍稍有聞，此臣之所憂也。賢士大夫宴見有時，宦官、女子實居前後。有時者易疏，前後者難間，聖情荏苒，不知其非。不若使之安掃洒之役，復門户之司，凡交結往來有禁，干與政事者必疏。陛下日御便殿，親近儒者，講詩書之指趣，論古今之成敗。將見閹寺之言，如狐狸夜號而鵂梟晝舞也。」〔六三〕上感其言，擢九成第一，餘杭凌景夏次之。尚書左僕射吕頤浩言：「景夏之詞實勝九成。」欲以爲第一。上曰：「九成對策，文雖不甚工，然上自朕躬，下逮百執事之人，無所回避。擢置首選，誰謂不然。」遂賜九成以下二百五十九人及第、出身、同出身。而川陝類省試合格進士楊希仲等一百二十人皆即家賜第，希仲視廷試第五人恩例，餘皆同出身。龍圖閣直學士致仕楊時遺九成書曰：「廷對自更科以來未之有，非剛大之氣不爲得喪回屈，不能爲也。」金人復自水洛城入寇，統制官楊政等又大敗之。丙辰，詔：「韶州自今所鑄新錢，毋得滅裂，務令民間不能倣傚。」上謂呂頤浩曰：「比來苦雨，前日祈晴，雨即止。朕遣人於郊外取麥穗視之，已結秀，若晴霽十數日，二麥必大熟，茲誠上瑞，何必甘露慶雲耶。」頤浩奏曰：「太宗皇帝嘗命親近人取禾穗入禁中，又駕幸近郊觀稼，皆聖主務農重穀之意。」戊午，詔：「景靈宮酌獻，歲用三百五十羊，自今損三之一。」詔：「應有坑冶去處，令漕司契勘，所得不償所費者並罷。」庚申，初，桑仲之未死也，遣譚憲來告以願宣力取京師，乞朝廷出兵淮南，以爲聲援。呂頤浩信之，始大議出師。

夏四月壬戌，進呈殿試陞降策，因奏有犯御名者。上曰：「犯御名法當扶出，然使文理可采，亦不可因以失士。」庚午，翰林學士承旨兼侍讀翟汝文參知政事。辛未，復置諸州學官四十三員。時言者論：「文武之道不可偏廢，頃緣議者務減吏員〔六四〕，諸州教授例從鐫減。今所在州郡添差筦庫捕盜官，無慮十數，何獨於此而吝之。」事下給舍看詳，而有是命。壬申，江東兵馬副總管楊惟忠討軍賊趙進降之。乙亥，初命館職校御府書籍。戊寅，進呈新第正奏名雜犯助教人，乞依特奏名例推恩。上曰：「初降旨，令考官以鯁正爲上，諛佞居下，此以示朕好惡。凡士人當須自其初進別其忠佞，庶可冀其有立。如張九成對，上自朕躬，下逮百職，言之無所回避，擢在首選，其誰曰不宜。」己卯，執政奏事，上諭二相曰：「頤浩專治軍旅，檜專理庶務，當如范蠡、大夫種分職。」先是，呂頤浩聞桑仲進兵，乃大議出師而身自督軍北向。及是，上諭輔臣，二人唯唯奉詔。

朱勝非閒居録曰：呂頤浩、秦檜同秉政，檜謀出呂而專其政，使其黨建言：「周宣内修政事，外攘夷狄，故能中興。令二相宜分任内外之事。」於是除頤浩江淮荆浙都督諸軍事，總兵江上，置修政局議更張法度〔六五〕，而檜領之。

庚辰，太學生許焘上書論事，上召對，命爲迪功郎。壬午，手詔曰：「比自國步艱難以來，中原士夫隔絶滋久，間有流寓東南者，往往乏媒寡援，姓名不能上達，良可惜也。可詔内外侍從、監司、郡守各搜訪薦舉三兩人，以備器使。」夜，臨安火。癸未，詔曰：「朕寤寐中興，累年於兹，任人共政，治效缺然。載加考績，登庸二相。蓋欲其謀斷協濟事功，倚毗眷遇，體貌惟均。凡一時啓擬薦聞之士，顧朕拔擢任使之間，隨其材器，試可乃已，豈有二哉。繼自今小大之臣，其各同心體國，敦尚中和，交修不逮。如或朋比阿附，以害吾政治者，其令臺諫論列聞奏，朕當嚴置典刑，以誅其意。」時呂頤浩、秦檜同秉政，檜知頤浩不爲時論所與，乃多引知名之士爲助，欲傾頤浩而專朝權，上頗覺之，故下是詔。甲申，中書舍人胡安國上制國論，大略謂：「陛下登極六年，謀議紛紜，未有一定。昨嘗降詔，定都建康，而六飛暫駐杭、越，乃以湖北爲分鎮，恐非設險守邦之意。且朝廷近棄湖北，遠留川陝者〔六〕，謂蜀貨可以富國，秦甲可以强兵也。萬一有桀黠得之，以守峽江之險，則蜀貨不得東，塞武關之阻，則秦甲不得南，猶一身束其腰膂而首尾不相衛矣。臣謂宜必都建康，且不以湖北爲分鎮，則全據上流，出秦甲，下蜀貨而血氣周流矣。」又言：「祖宗都汴，其勢當自内而制外。今都江左，當自南而制北，與祖宗事雖殊而意則同，此復中原之勢也。」乙酉，吕頤浩言：「近至天竺祈晴，今雨少霽，可以少寬聖慮。」上曰：「朕宫中亦自育蠶，此不惟可候歲事，亦欲知女工艱難，事事質儉。」李綱始受湖廣宣撫使之命，是日上遣内侍于蓋撫問，令視上道乃還，賓客多往賀綱。有臨川陳沖用者，獨不賀，人問其故，沖用曰：「丞相在靖康末以天下安危自任，人望所歸。今雖閒居，其望猶重。若因此成功，尚蓋前失，萬一又無所成，今日之名掃地矣，何賀之有。」戊子，尚書左僕射、同中書門下平章事兼知樞密院事吕頤浩都督江淮荆浙諸軍事，開府鎮江。韓忠彦進封魏國公。己丑，詔建州豐國監復鑄錢，監舊有役兵五百，歲鑄錢二十五萬緡。及是，纔餘役卒數十人，乃減鑄額之半。庚寅，僞齊劉豫移都汴京。

閏四月癸巳，高麗國王楷遣崔維清、沈起入貢。衍聖公孔端友既卒，詔以其子玠爲右承奉郎，封衍聖公。甲午，上諭吕頤浩曰：「卿耆艾有勞，今總督之任，以大事委卿，不當復親細務。」頤浩皇恐奉詔。乙未，詔諸路類試進士赴殿試不及人，正奏名與進士同出身，特奏名與助教調官。以道梗，特優之也。丙申，神武副軍都統制岳飛引兵擊曹成於賀州境上，大敗之。成率餘兵屯桂嶺縣。丁酉，罷後苑作，惟留老工數人作弓鎧，以爲武備。己亥，吕頤浩進呈樞密院編修官王大智所造戰車。上言：「大智知兵法可用。」因語頤浩：「人才隨能器使，皆可就事。卿爲宰相，當識拔人物，如大智宜擕以自隨，令造水戰之具，不當棄能也。」詔移紹興府榷貨務都茶場於臨安。辛丑，詔韓世清特處斬。乙巳，宰相奏以大理卿章誼知平江府。上曰：「誼，儒者，賴其奏讞平恕〔六七〕，使民不寃，勿令補外。」丙午，神武副軍都統制岳飛敗曹成於桂嶺縣，成拔寨遁去。韓世忠遣董旼往招之，成以其衆就招。壬子，吕頤浩言：「今歲防秋，當用兵江淮之間，若車駕時巡，則諸將孰敢不盡力。但恐道路玉食不備。」上曰：「朕自艱難以來，奉身至約。昔爲元帥，與士卒同甘苦。一日在道絶糧，朕亦終日不食。今居禁中，雖太官上食，間食燒肉一味，若在道路，雖無肉食庸何傷乎。」乙卯，詔寺監丞以下並令吏部擬除。時吕頤浩、秦檜言：「祖宗舊制，内外差遣並付審官，士大夫自有調官之路，故請謁奔競之風息。近世堂除闕多，侵占注擬，士人失職，廉耻道喪，欲外自監司、郡守及舊格堂除通判內，自察官、省郎以上及館職書局編修官外，並令吏部依格注擬。」從之。戊午，將仕郎賀廩獻書五千卷。詔吏部添差廩監平江府糧料院，仍官其家一人。己未，封漢南昌尉梅福爲吏隱真人〔六八〕。初，桑仲既爲知郢州霍明所殺，都統制李横、副統制李道共率其兵縞素圍郢州。明知事急，乃夜半與其徒數百縋石城，下漢江泛舟順流而去。横遂併將郢軍，留其黨李簡知郢州。

五月庚申朔，日北至，祀皇地祇於天慶觀之望殿，祭始用牲玉〔六九〕。辛酉，兵部尚書權邦彥簽書樞密院事。邦彥獻十議以圖中興，其一謂：「進圖洪業，恢復土宇，勿苟安於江南。」其二謂：「駕御諸將，宜威之以法，而限之以爵。」其三：「論講讀之官，宜取三代、漢唐中興故事，日陳於前。」其四言：「察忠邪。」其五論：「愛民先愛其力，寬民先節其用。」又謂：「朘己俸以佐國用，當自宰執始。」又謂：「分閫而屬大事，必得賢大將而後可。」又謂：「制置一官可省。」又謂：「宗室中傑然有人望，可留宿衛者，宜置諸左右。」又謂：「人事盡則天悔禍，不可獨歸之數。」呂頤浩與邦彥善，故薦用之。壬戌，降授中大夫朱勝非復左宣奉大夫、提舉萬壽觀兼侍讀。呂頤浩薦之也。癸亥，呂頤浩出師，以神武後軍及御前忠鋭將崔增、趙延壽二軍從行，百官班送。甲子，詔觀察使以上許薦可爲將帥者二人〔七〇〕，樞密院置籍以備選用。言者論：「今正右武之時，雖二大將嘗立奇功而取富貴矣，竊恐隱約之中，尚多奇士。」故有是旨。丁卯，罷兩浙轉運司回易庫。辛未，詔左文林郎趙子偁令赴都堂審察。時知南外宗正事令廣奉詔選宗子伯琮、伯浩入禁中。伯浩豐而澤，伯琮清而癯。上初愛伯浩，忽曰：「更仔細觀。」乃令二人並立，有猫過，伯浩以足僦之〔七一〕，伯琮拱立如故。上曰：「此兒輕易乃爾，安能任重耶。」乃賜白金三百兩罷之。後四日，以子偁爲左宣教郎。壬申，以霖雨不止，命刑部郎官及諸路憲臣躬督獄訟。丙子，初，朝廷以福建江西荆湖宣撫使孟庾自温州趨湖南，故命湖廣宣撫使李綱由汀、道州之鎮。至是，綱言：「祖宗朝，宣撫使以執政爲之。近張浚、孟庾爲宣撫，皆見執政。如臣起廢典藩，亦冒使名。兼庾已領湖南北，韓世忠副之，今又除臣湖南，借使諸處盜賊一司欲令招納，一司欲令討捕，不知何所適從。諸州錢糧一司欲令支用，一司欲令樁留，不知如何遵稟。以至節制諸將，辟差官吏，行移措置，皆有所妨。望詳酌事宜，明降處分，使有遵守。」綱又言：「自建昌、虔、吉至衡、潭，約一月程，自汀、道州三倍。今曹成在連、賀，非重兵不可行。」詔綱先往廣東置司捍寇，俟庾、世忠撫定盜賊畢，赴潭州。於是，曹成已爲岳飛所破，遂就韓世忠招安，而朝廷未知也。丁丑，初，吕頤浩總師次常州，其前軍將趙延壽所部忠鋭軍叛，過金壇縣，知縣事胡思忠率射士迎敵，爲所敗，賊逐之至市河，思忠溺死。浙西安撫大使劉光世遣王德追叛兵及之，盡殲其衆。於是頤浩稱疾不進。庚辰，臨安府火，彌六七里，延燒萬餘家。時浙部淫雨害稼，御史中丞沈與求因推言灾異，謂：「徽、嚴水泉暴湧，漂及城郭廬舍。臨安火，延居民至萬餘家。天變異常，同時而見，可畏也。陛下當於行事之際，思其所未至者，加之以誠。夫畏天不以誠，則工祝雖具，近於致瀆，愛民不以誠，則詔令雖繁，終於失信。用人不以誠，則讒間日進，將以疑似而遠正人。聽言不以誠，則阿諛日聞，將以忌諱而惡直士。追祖宗之法而不以誠，則不無背戾。惇骨肉之親而不以誠，則不無猜嫌。薄宦寺之權而不以誠，則雖名爲裁抑，而桀黠之輩不除。正宮闈之化而不以誠，則雖外示樸素，而奢靡之習猶在。願陛下加意而行，則天地感格，陰陽和平，灾異之生顧爲福耳。」上嘉納焉。癸未，御史中丞沈與求言：「虜若入寇〔七二〕，當由武昌、建康兩路而來。其造海舟，慮爲虛聲以懼我。議者多欲於明州向頭設備，使賊舟得至向頭，而已入吾心腹之地矣。臣聞海舟自京東入浙，必由泰州石港、通州料角、陳貼、通明鎮等處，次至平江南北洋，次至秀州金山，次至向頭。又聞料角水勢湍險，一失水道，則舟必淪溺，必得沙上水手方能轉料。倘於石港、料角等處拘收水手，優給庸直，而存養之，以待緩急之用，彼亦安能衝突。」詔以付都督府〔七三〕。既而吕頤浩言：「料角等處去金陵遥遠，緩急恐失事機，乞就委劉光世措置。」從之。三省請於行在別置作院一所，令諸軍匠各造器甲，並申朝廷支撥。後以御前軍器所爲名，仍隸工部。甲申，上臨軒疏決繫囚。自是遂爲故事。户部請諸路上供絲帛並半折錢三千，如兩浙例。許之。是時，江、浙、湖北、夔路歲額紬三十九萬匹，江南、川、廣、湖南、兩浙絹二百七十三萬匹，東川、兩浙、湖南綾、羅、絁七萬匹，成都府、廣西路布七十七萬匹，成都府錦綺千八百餘匹段，皆有奇。江淮閩廣荆湖折帛錢蓋自此始。丙戌，詔置修政局。時尚書左僕射呂頤浩既督軍於外，右僕射秦檜乃奏設此局，命檜提舉，而參知政事翟汝文同領之。又以尚書户部侍郎黄叔敖爲參詳官，起居郎胡世將、太常少卿王居正爲參議官，尚書右司員外郎吴表臣、屯田員外郎曾統、兵部員外郎樓炤、考功員外郎張觷並爲檢討官〔七四〕，置局如講議司故事。仍詔侍從、臺省、寺監官、監司、守令各述所見，言省費裕國、强兵息民之策。詔江東西諸州上供絲帛並於建康府、吉州椿管，非朝旨而擅用者，依軍法。丁亥，初，宣撫處置使張浚以淮鹽未通，乃通大寧鹽於京西〔七五〕、湖北。至是，秦檜聞其事，下堂帖禁之。其後浚復通蜀鹽。詔不許。戊子，手詔用建隆故事，行在百官日輪一人轉對，令極言得失。先是，詔臺省官限半月各述利害條具以聞，而御史中丞沈與求言：「臺諫係言事官，遇有職事非時入對，不在輪對及條列之限。」乃命釐務官通直郎以上如初詔。朱勝非復觀文殿學士、知紹興府。初，兩浙轉運副使徐康國自温州，奏發宣和間所製間金銷金屏障等物至行在，御史中丞沈與求奏曰：「陛下勤儉，德侔大禹，漢文帝已下不足道也。康國不識事君之禮，尚習故態，欲以微物累盛德。乞用廣陵故事，斥而焚之，仍顯黜康國，明示好惡，且爲小人希旨之戒。」詔屏障令臨安府毀弃，康國特降二官。

六月庚寅朔，新知復州李宏引兵入潭州，執湖東招撫使馬友殺之。辛卯，呂抗、呂摭並直秘閣、主管萬壽觀，呂挺爲右承務郎。中興後大臣子以恩澤除職名，自此始。

朱勝非閒居録曰：祖宗舊制，宰執子弟並不堂除，只於銓部注擬。罷政不以罪，則推恩遷擢。蓋二府號表則之地，不阿其親，當以身率也。至蔡京作相，不數年，子六人、孫四人爲執政、侍從。建炎以後，子弟得職名者汪伯彦子召嗣直徽猷閣，呂頤浩二子抗、摭，秦檜兄梓，並爲直秘閣。張浚兄滉亦直徽猷閣。李綱弟維亦直秘閣。權門復啓，蓋諸公不爲國家計也。

詔：「進士陳邊事可采，及自河北、京東遠赴行在之人，並充樞密院效士。」其後都督行府亦如之。癸巳，頒黄庭堅所書太宗御製戒石銘於郡縣，命長吏刻之庭石，置之坐右。初，命廣西經略司即韶州撥内帑錢三十萬緡市戰馬，至是，經略司言：「比歲不逞之徒，多以金銀市馬，鬻於群盜，故馬直踴貴。望於大觀格遞增二分。」許之。舊格入等馬高四尺七寸者，直四十五千。最下高四尺一寸者，直十有三千。其餘以是爲差。然蠻馬尤駔駿者，在其地或博黃金二十兩，日行四百里，但官價有定數，故不能致此等馬。甲午，上諭輔臣曰：「士有從軍該賞者，可第補右選，庶清流品。三年自有科舉取士，豈可開此一路。」上又曰：「今曆官不精推步，七曜細行，皆不能算，故曆差一日。近得紀元曆已令參考。自明年當改正。」戊戌，朝廷聞曹成爲岳飛所破，乃命孟庾班師。李綱徑如潭州，而飛以所部之江州屯駐。己亥，江東安撫大使李光乞行宮比臨安增創後殿，仍修蓋三省、樞密院、百司及營房等。許之。其後上手詔光第令具體而微，毋困民力。輔臣進呈，上曰：「但令如州治足矣。若止一殿，雖用數萬緡亦未爲過，必事事相稱，則土木之侈，傷財害民，何所不至。」壬寅，御筆：「翟汝文罷參知政事。」時四方上奏未決，吏緣爲奸，汝文語尚書右僕射秦檜，宜責都司考其稽違者峻懲之。汝文嘗受詞牒，書字用印直送省部，檜不能平，他日因對，汝文乞治堂吏受賄者，檜面劾汝文擅治吏。汝文言：「臣位執政，按吏而爲宰臣所劾，無顏居位。」力求去。上意不直汝文。右司諫方孟卿因奏：「汝文不顧大體，豈能共濟今日之事。蓋防秋在近，規爲脱去之計。」上以詔諭留汝文，汝文終不釋，孟卿章再上，遂命出守。

朱勝非閒居録曰：秦檜作相，力引翟汝文參預，纔數月失歡，對按相詬，秦斥翟曰狂生，翟詈秦曰濁氣，左右堂吏至今能言之。唐相鄭畋、盧攜議備禦王仙芝、黃巢，爭論不叶，擲硯相擊，識者謂唐室衰亂之兆。今方圖中興，豈當爾耶。

蘄黃鎮撫使孔彥舟叛降僞齊。乙巳，詔簽書樞密院事權邦彥兼權參知政事。戊申，輔臣進呈大理少卿李曦論太祖皇帝明謹獄事。上曰：「此太祖皇帝德澤也。朕敢不遵承。每於庶獄奏讞，未嘗不謹慎，亦未嘗送下公事，恐獄吏觀望，鍛煉人罪。」邦彥曰：「法者，天子所與天下公共。」上然之。庚戌，御史中丞沈與求言：「祖宗故事，許令館職兼在京釐務官，所以蓄養人才。自今劇曹郎官並繁冗局務有闕，乞於館職、編修、計議、删定官、太常丞、博士、國子監丞内隨才選差，亦可試其能否。」從之。自是職事官復權郎矣。癸丑，李健提舉江西茶鹽公事。初復提舉官也。甲寅，詔都督江淮荆浙諸軍事吕頤浩令赴行在奏事。初，頤浩甫出師，而其前軍叛去。又聞桑仲死，頤浩不能進，遣參謀官傅崧卿以所部之建康，因引疾求罷。上手詔封還所上章，頤浩復乞祠，乃命還朝，以崧卿權主管都督府職事〔七六〕。乙卯，上謂秦檜曰：「周宣内修政事，外攘夷狄。近設修政局〔七七〕，令百官各條具利害甚善，所謂修車馬，備器械，外攘夷狄之事，卿更宜講求。」檜曰：「臣敢不奉詔。」福建江湖宣撫司統制解元、巨振以所部入潭州〔七八〕，執李宏以歸。韓世忠即以宏爲宣撫司統制。時朝廷始聞馬友死〔七九〕，以敕書勞宏，而宏已執矣。丁巳，神武右軍都統制張俊請本軍自造軍器，赴朝廷呈訖，置庫樁管。下户部支物料價錢。許之。戊午，詔江浙湖廣福建諸路各委漕臣一員〔八〇〕，出賣官田。

秋七月辛酉，御筆：「福建州縣盜賊焚劫之家，悉捐其田税。」先是，德音蠲免，而有司以爲著令不得過三分，上欲實惠及民，繇是申命。壬戌，復置湖北提舉茶鹽司。癸亥，初令廣西經略司以鹽博馬。其後，歲撥欽州鹽二百萬斤與之。初，江東安撫大使李光奏：「小使臣翟慶、賀仲堪爲宣州兵馬監押，如有已差人，亦乞從今來所辟施行。」詔並特添差。甲子，殿中侍御史江躋言：「臣嘗怪近日帥守、監司辟官往往不知尊朝廷，必欲直衝吏部已差之人。朝廷既不能奪吏部已行之命，又不能違藩鎮辟置之意，則不惜以添差與之。朝廷姑息藩鎮，可謂得已而不已，願罷慶、仲堪，仍下吏部措置，每州縣添差不得過若干員，以寬民力。」從之。令修政局措置罷福建提舉市舶司，令憲臣兼領。乙丑，給事中胡安國入對。上曰：「聞卿大名，何爲累召不至？」安國再拜辭謝，進曰：「臣聞保國必先定計，定計必先定都，建都擇地必先設險，設險分土必先遵制，制國以守，必先恤民。夫國之有斯民，猶人之有元氣，不可不恤也。除亂賊，選縣令，輕賦斂，更弊法，省官吏，皆恤民之事也。而行此有道，必先立政。立政有經，必先核實。核實者，是非毁譽各不亂真，此致理之大要也。是非核實而後賞罰當，賞罰當而後號令行，人心順從，惟上所命。以守則固，以戰則勝，以攻則服，天下定矣。然致此顧人主志尚如何耳。尚志所以立本也，正心所以決事也，養氣所以制敵也，宏度所以用人也，寬隱所以明德也，具此五者，帝王之能事備矣。乞以核實而上十有五篇，付宰相參酌施行。」先是，安國爲時政論二十篇以獻。其論定計略曰：「陛下履極六年，以建都則未有必守不移之居，以討賊則未有必操不變之術，以立政則未有必行不反之令，以任官則未有必信不疑之臣。」論建都謂：「建康有可都者五，不宜數動，與夷狄逐水草無異。」論設險謂：「欲固上流必保漢、沔，欲固下流必守淮、泗，欲固中流必以重兵鎮安陸。」論正心謂：「在先致其知而誠其意，故人主不可不學。」論養氣謂：「用兵之勝負，軍旅之强弱，將帥之勇怯，係人主所養之氣曲直如何。願强於爲善，益新厥德，使無曲失可得指議。」論宏度謂：「人主以天下爲度，不可以私勞行賞、私怨用刑。」論寬隱謂：「創業興衰之君，柔遜謙屈，必施於林壑退藏之士，以礪其節。獨以威刑外施暴横之戎，内拂貪殘之賊與悍驕不可使之將、讒説殄行之臣，則天下歸心而治道成。」其大指如此。至是又申言之。時上欲講春秋，遂以左氏傳付安國點句。安國言：「今方思濟艱難，豈宜耽玩文采。莫若潛心聖人之經。」上稱善。安國因薦司勳員外郎朱震。資政殿學士、新除提舉萬壽觀兼侍讀張守知福州。從所請也。上曰：「福建盜賊之後，要在拊循凋瘵，用守爲宜。」初，僞閩以八州之産，分三等之制，膏腴者給僧寺觀，中下者給土著流寓。自劉夔守福，始貿易以取貲。守與士大夫謀爲實封之説，存留上等四十餘刹以待高僧，餘悉爲實封，金多者得之，歲入不下七八萬緡，以助軍衣，餘寬百姓雜科。時實便之。起居郎王居正知婺州。居正素與秦檜善，檜爲執政，嘗與居正論天下事甚鋭，及拜相，所言皆不讎。居正見上曰：「秦檜嘗語臣，中國之人惟當著衣噉飯，共圖中興。臣時心服其言。又自謂使檜爲相，數月必驚動天下。今爲相施設止是，願陛下以臣所言問檜所行。」於是檜始恨之。己巳，上謂輔臣曰：「比來臺諫論駁多涉細事，意其沽敢言之名。朕謂宣和間言事者少，千百中無一，今朕盡令人言，不問疏遠，所以人人敢言。」癸酉，上諭秦檜曰：「内諸司可省者令修政局條上。」檜曰：「此盛德事也。大觀、宣、政間屢省冗費，終不能行。今斷自淵衷，誰敢不聽。」甲戌，給事中胡安國進兼侍讀，給事中程瑀〔八一〕、中書舍人陳與義並兼侍講〔八二〕。上令安國兼讀春秋，仍諭以「隨事解釋，不必作義，朕將咨詢。」

臣留正等曰：易之文言曰：君子學以聚之，問以辨之，寬以居之，仁以行之，而下文繼之曰：君德也。蓋人君之德，莫大於學問。寬也者，所以居是學問者也。仁也者，所以行是學問者也。學則必有思，思則必有疑，疑而問，問而辨，辨而明，明而廣，大昭徹與天地等，得失是非，不能爲之亂，賢否忠佞不能爲之惑，欲帝而帝，欲王而王，惟所擇而用之，無不如意。夫是之謂君德。堯、舜、禹、湯、文、武之所以汲汲也。仰惟太上皇帝以天縱之聖，當艱難之初，萬機之繁，日不暇給，而留神六籍，退託不明，申命講臣，無爲義訓，隨事解釋，用將咨詢焉。嗚呼。茲君德之盛，所以與堯、舜、禹、湯、文、武相望於千百年之上也。

知無爲軍王彥恢言：「建康，古都乃用武之地，欲保建康，必内以大江爲之控扼，外以淮甸爲之藩籬。又必措置兵食以贍國費。然大江以南，千里浩渺，决欲控扼，非戰艦不可。大江以北，萬里坦途，欲遏長驅，非戰車不可。舒、廬、滁、和，良疇百萬，欲措置軍食，非營田不可。舟車之法，以輕捷爲上。彥恢所制飛虎戰艦，傍設四輪，每輪八檝，四人旋斡，日行千里。又有神武戰車，下安四輪，略同飛虎，頂張布帷以避矢石，傍斜衝擊，其用如神。又有拒馬車，一人之力可以轉用，比之蒙衝、偏箱、鹿角，此尤至要。淮西良疇不可以數計[八三]，不須朝廷給本，祇以有無相濟，併力營田，計其户口什一養兵，則淮西可以守矣。如許令彥恢招兵教習，只乞那融淮西數州財賦，可足舟車之用。及以數州秋成所得那融營田，可足兵食之費。萬一今秋虜人長驅入寇[八四]，及盜賊猖獗，彥恢當以此舟車摧鋒陷陣，以此士卒斬將搴旗，以此種蒔飛芻輓粟，保守淮疆，决無疏失。」詔彥恢就本軍措置。己卯，呂頤浩自鎮江入見。初，韓世忠進師討劉忠，至岳州之長樂渡，與賊對壘。至是遣卒疾馳入其中軍，賊驚潰，大敗遁去。忠據白面山跨三年，及是乃敗，其輜重皆爲世忠所得。辛巳，詔呂頤浩日下赴都堂治事。知紹興府朱勝非同都督江淮荆浙諸軍事。頤浩薦勝非，蓋以傾秦檜也。丙戌，初，宗正寺所掌四書，曰玉牒，曰仙源積慶圖，曰宗藩慶繫録，曰宗枝屬籍。玉牒如帝紀而特詳，於國書中最爲嚴重。建炎南渡，舉四書而逸於江滸。丁亥，宗正少卿李易請編次玉牒，從之。

八月庚寅，起居舍人張燾言：「自古未有不知敵人之情而能勝者。願詔大臣、諸將厚爵賞以募可用之人，遣往伺賊，撫養家屬以繫其心，資之財用，或使爲商，或爲伎藝，以混其迹。凡敵人動静皆審知之，則戰守進退在我有備。」詔以付都督及沿江諸帥。壬辰，福建等路宣撫使孟庾兼權同都督江淮荆浙諸軍事，觀文殿學士朱勝非復知紹興府。先是，呂頤浩自江上還，欲傾秦檜而未得其要，過平江，守臣席益謂之曰：「目爲黨可也。然黨魁在瑣闥，當先去之。」頤浩大喜，乃引勝非爲助，故以勝非同都督諸軍事。給事中胡安國言：「勝非與黄潛善、汪伯彦同在政府，緘默附會，馴致渡江，至今人心追恨未泯。乃尊用張邦昌，結好金國，許其子孫皆得叙録，淪滅三綱，天下憤鬱。及正位冢司，苗、劉肆逆，貪生苟容，辱逮君父。以此三者觀之，勝非忠邪賢否斷可見矣。」侍御史江躋亦奏勝非不知兵。癸巳，提點鑄錢司言：「江、池殘破，遠涉大江，乞權就虔、饒二州併工鼓鑄。」許之。舊制，江、池、饒、建四州歲鑄錢百三十萬緡，以贍中都，其後皆不登此數。至是，併廣寧監於虔州，永豐監於饒州。是歲，鑄錢纔八萬緡。甲午，近歲官吏坐贓抵死之人，率皆貸配，故犯法者滋多。至是，錢塘縣吏欒振受賄當死。詔論如律，其徒始駭懼。大理寺丞姚焯因請以振刑名頒下諸州〔八五〕。從之。乙未，言者論：「比年編伍之民累經蕃寇，識其伎能，往往保社相聯，乘間邀擊，賊不敢犯。今數路分屯，沿海設備，縱有百萬精鋭之師，亦不能遍給。儻能激勸土豪，使之訓習，數年之後，民兵之勢既成，即黥刺之法可以漸變。」詔諸州守臣隨鄉土之宜措置。丙申，左司諫吴表臣言：「時方艱危，州郡獲全者無幾，正賴賢守以循撫之。望用藝祖、漢宣帝、唐太宗、明皇故事，應郡守初自行在除授，及代歸赴闕者並令引對。一則明示朝廷謹重郡守之意，使之盡心。二則可以揣知其人之賢否，與其才之所堪，從而褒黜。三則自外來者可詢其所以爲政，與民情風俗之所安，而下情上通，不至壅蔽。」輔臣進呈。上曰：「郡守民之帥，帥若不得人，千里受弊，宜從之。」戊戌，朱勝非提舉醴泉觀兼侍讀。是日，吕頤浩進求勝非還任〔八六〕。上曰：「勝非入相三日，值劉、苗作亂，當時調護有力，朕豈不知。可除在京宮觀，留侍經筵。」蓋頤浩必欲引勝非，故有此命。頤浩恐胡安國持録黄不下，特命中書門下省檢正諸房公事黄龜年書行。安國言：「由臣愚陋，致朝廷過舉，侵紊官制，隳壞紀綱。孟子曰：『有官守者不得其職則去。』臣待罪五旬，毫髮無補，既失其職，當去甚明。況勝非係臣論列之人，今朝廷乃稱其處苗、劉時，能調護聖躬，即與向來詔旨責詞是非乖異。昔公羊氏以祭仲廢君爲行權，先儒力排其説，蓋權宜廢置非所施於君父，春秋大法尤謹於此。自建炎改元，凡失節者非特釋而不問，又加進擢，習俗既成，大非君父之便。臣蒙眷奬，方俾以春秋入侍，而與勝非爲列，有違經訓。倘貪禄位，不顧曠官，縱臣無恥，公論謂何。」不報，遂卧家不出。詔選人充樞密院計議編修官，到任一年，進士通理四考，餘人五考，並與改京官。己亥，給事中兼侍讀胡安國言：「自古盛王，雖用文德，必有親兵專掌宿衛。成王即政，周公指虎賁與常伯同戒於王，欲其知恤。虎賁者，猶今侍衛諸軍也。康王初立，太保俾齊侯呂汲以虎賁百人逆於南門，呂伋者，太公望子，自諸侯入典親兵，猶今殿前、馬步軍都帥也。勳德世門總司禁旅，虎賁鋭士宿衛王宮，其爲國家慮深遠矣。本朝鑒觀前代，三衙分掌親軍，雖崇寧間舊規猶在。及至高俅得用，軍政廢弛，遂以陵夷。陛下嗣承寶位，謀國者不思復古，親兵寡弱，宿衛卑少，豈尊君彊本、消患預防之計也。伏望考祖宗選擇禁旅之法，修明軍政，威服四方，上嚴宸極。」詔三衙措置。辛丑，左司諫吴表臣言：「大江之南，上自荆、鄂，下至常、潤，不過十郡之間，其要緊處不過七渡。上流最急者三：荆南之公安、石首，岳之北津。中流最緊者二：鄂之武昌，太平之采石。下流最緊者二：建康之宣化，鎮江之瓜洲是也〔八七〕。

惟此七渡當擇官兵修器械，其餘數十處，或道路迂曲，或水陸不便，非大軍往來徑捷之處，略爲之防足矣。」詔以付沿江守帥〔八八〕。初，命尚書倉部員外郎成大亨等四人催督江浙諸路夏税物帛，而使者以趣辦爲功，至有五月初已到行在。論者以爲擾民〔八九〕，於是前所降州縣催督官吏及受納管押等官推賞指揮並罷。癸卯，上出所書孝經以示輔臣。淮東宣撫使劉光世言：「通問使王倫還自金國。」始朝廷遣人使虜，自宇文虚中之後，率募小臣，或布衣借官以行，皆爲所拘。既而金左副元帥宗維遣都點檢烏陵阿思謀至館中〔九〇〕，具言息兵議和之意，俾倫南歸，須使人往議。戊申，給事中兼侍讀胡安國罷。安國以論朱勝非不從，力求去，勝非皇恐，亦上會稽印，走傍郡，乞奉祠。詔曰：「禮義不愆，於人言而奚恤。君臣無間，於大體以何傷。」章十數上，卒不許。吕頤浩言於上，是日，詔安國可落職、提舉建昌軍仙都觀。右僕射秦檜三上章乞留安國，不報，遂家居不出。己酉，以中書門下省檢正諸房公事黄龜年爲殿中侍御史，尚書右司員外郎劉棐行右司諫。吕頤浩用二人將以逐檜也。是日，給事中兼侍講程瑀亦罷知信州。自是臺省相繼出矣。汀州童子萬頃年十歲能誦經子書，上召見於内殿。頃記誦如流，上嘉其敏，命爲文林郎，仍賜名嚴。庚戌，大理少卿張宗臣奏：「風塵未静，寇盜間作，州郡兵器朘削殆盡，作院旬呈之法僅成虚文。漕計闕乏，不復給物料之直，工匠散充他役。今兵器闕少，將使數百疲卒索手臨敵，此必不可。宜行下諸路，嚴責州郡，凡軍器物料速給其直，工匠不許他役，監司察其滅裂者，帥司或大軍取索，先足本州合用之數，方計給其餘。」詔從之。辛亥，侍御史江躋、左司諫吴表臣並罷。壬子，程瑀、胡世將、劉一止、張燾、林待聘、樓炤並落職與宫觀，皆坐秦檜黨，爲吕頤浩所斥也。自是臺省一空矣。癸丑，詔職事官輪對已周，復令轉對。甲寅，尚書右僕射、同中書門下平章事兼知樞密院事秦檜罷爲提舉江州太平觀。檜與左僕射吕頤浩不諧，會邊報王倫來歸，殿中侍御史黄龜年因劾檜專主和議，沮止國家恢復遠圖，且植黨專權，漸不可長。上乃召兵部侍郎兼直學士院綦崇禮入對，出檜所獻二策，大略欲以河北人還金國，中原人還劉豫，如斯而已。上謂崇禮曰：「檜言南人歸南，北人歸北，朕北人，將安歸？又檜言臣爲相數月，可使聳動天下。今無聞。」崇禮請御筆付院，上即索紙書付崇禮。崇禮退，未至院而麻制已成。翌日，制責檜曰：「自詭得權而舉事，當聳動於四方，逮兹居位以陳謀，首建明於二策，罔燭厥理，殊乖素期。」檜既免，上乃諭朝廷終不復用，仍榜朝堂。檜入相凡一年〔九一〕。

龜鑑曰：秦檜何人哉！既出宗尹而奪之位，又出頤浩而專其權。昌言二策可聳四方，及上二策，專爲虜計。南自南，北自北，此何語也，而斷然與天子言之。王居正有言：「檜自請爲相，必驚動天下。今設施乃止。」於是置修政局，所修何政，實欲奪同列之權。宜乎曾統有「何以局爲」之譏也。既而頤浩視師還朝以傾檜，御史黃龜年之論奏一行，檜於是下章辭位矣。考紹興三、四年間，國勢乍張而復沮，虜酋既懾而復肆者，秦檜禍國之胎已萌於此也。

詔珍禽花木毋入臨安諸門。夜四更，彗出於胃，上憂之，命大官進素膳。宰執言：「所次分野甚遠。」上曰：「今不論齊、魯、燕、趙之分，天象示譴，朕敢不畏天之威耶。」乙卯，詔防秋届期〔九二〕，建康修大内可罷。丙辰〔九三〕，上以星變，諭輔臣修闕政〔九四〕。

九月戊午朔，觀文殿學士、提舉江州太平觀秦檜落職。告詞云：「聳動四方之聽，朕志爲移。建明二策之謀，爾材可見。」己未，罷修政局。以議者言修政所講多刻薄之事，失人心，致天變故也。辛酉，以彗星出赦天下，内外臣庶許直言時政闕失。朝奉郎、大金通問使王倫至行在。癸亥，執政進呈胡安國請益衛兵，上曰：「一衛士所給，可贍三四兵。朕命楊沂中治神武中軍，此皆宿衛兵也。卿等可修鞍馬，備器械，乃爲先務。」初置六部監門一員。乙丑，提舉醴泉觀兼侍讀朱勝非守尚書右僕射、同中書門下平章事。辛未，詔：「自今應批降處分，係親筆付出外者〔九五〕，並依舊作御筆行下。」是日，御筆：「醫官樊端彦湯藥有勞，特除遥郡刺史。」言者謂：「陛下臨御已來，深戒僥倖之弊，事有不由朝廷者，皆許覆奏，所以絶群小之求。今奉御筆，恐斜封墨敕復自此始。」乃寢前命。然用御筆行下如故，蓋呂頤浩意也。甲戌，夜，彗星没。乙亥，御筆：「尚書兵部侍郎兼直學士院綦崇禮爲翰林學士。」自靖康後，從官以御筆除拜自此始。丙子，詔：「近降御筆處分事，多係寬恤及軍期等事，與前此指揮事體不同，並經三省、樞密院，如或不當，自合奏禀，仍許給舍繳駁，臺諫論列，有司申審。若奉行違慢，止依違聖旨科罪。」是日進呈，上謂輔臣曰：「今日批降處分雖出朕意，必經由三省、樞密院，與已前不同。」戊寅，罷鎮江府織御服羅。上諭輔臣：「方軍興，有司匱乏，豈可以朕服御之物爲先。且省七萬緡，助劉光世軍費也。」御筆：「靖康、建炎以來，上書授官之人，並令免吏部審量。」時方下詔求言，論者以爲：「近歲因上書直言而得官者，乃與宣和以前投賦獻頌之人例皆審量。故忠正之士咸以爲耻，未敢盡言。」故有是命。［辛巳］神武左軍都統制韓世忠爲江南東西路宣撫使，置司建康府。沿江三大帥劉光世、李回、李光並去所領揚、楚等州宣撫使名，其節制淮南諸州如故，惟荆湖廣東宣撫使李綱止充湖南安撫使，湖北、廣東並還所部。自分鎮以來，前執政爲帥者，例充安撫大使，至是，右司諫劉棐屢言綱跋扈，呂頤浩將罷綱，故帥銜比江東西，減大字。世忠還建康，乃置背嵬親隨軍，皆鷙勇絶倫者。壬午，遣使宣諭江、浙、湖、廣、福建諸路。時盗賊稍息，呂頤浩慮守令弗虔，請分命御史循行郡國。前一日，手詔選强明廉謹不欺之人，觀風問俗，平反獄訟，宣布德音〔九六〕。權尚書禮部侍郎趙子晝充樞密都承旨，自改官制後，都承旨除文臣自子晝始。甲申，詔：「淮浙鹽每袋令商人貼納通貨錢三千。已筭請而未售者亦如之。十日不自陳，論如私鹽律。應販私茶鹽，雖遇非次赦恩，特不原免。」時吕頤浩用提轄榷貨務張純議，峻更鹽法，至是畫一行下。總領四川財賦趙開初變鹽法，盡榷之。倣大觀法置合同場，收引稅錢，與茶法大抵相類，而嚴密過之。丙戌，知興元府王似爲川陝等路宣撫處置副使，與張浚相見，同治事。浚在關陝，與鄉黨親舊之間少所假借，於是，士大夫起謗議，朝廷疑之，將召歸，先爲置副。時似已復還成都，而行在未知也。江南東路安撫大使李光落職，提舉台州崇道觀。婺州編管人施逵移瓊州編管。逵中道逸去，後改名宜生，奔僞齊。〔是月〕劉忠爲統制解元所破，與其徒遁走北去，遂附於劉豫。

冬十月戊子朔，置孳生馬監於饒州，命守臣提領，括神武諸軍及郡縣官牝馬隸之，仍選使臣五人專主其事。己丑，進呈御前給歷遣使五人巡行諸路，仍各賜内帑絹二百匹。曾統等辭免，上曰：「朕欲出使無擾，不受一切饋遺。若不賜予，何以養廉。聞司馬光爲相，每詢士大夫生計足否，人怪而問光，光曰：『儻衣食不足，安肯爲朝廷理會事，輕去就耶。』至今人多誦此語。」辛卯，朝議以坑冶所得不償所費〔九七〕，悉罷監官，以縣令領其事。至是，江東轉運副使馬承家奏存饒、信二州銅場。許之。二場皆産膽水浸鐵成銅。元祐中，始置饒州興利場，歲額五萬餘斤。紹聖三年，又置信州鉛山場，歲額三十八萬斤。其法，以片鐵排膽水槽中，數日而出，三煉成銅。癸巳，直龍圖閣胡寅應詔上書，論修政事，備邊陲，治軍旅，用人才，除盜賊，信賞罰，理財用，核名實，屏佞諛，去奸慝十事。甲午，御筆：「起居舍人王洋面奏不急之務，可降一官。」〔九八〕初，詔群臣條闕失，而洋面奏請官五代九國子孫。上諭輔臣曰：「朕虛己求言，務濟時病，如敵國外患及朝廷闕失，可言者非一。洋姑應詔旨，豈朕所望。諸國在五季時割據，類皆盜賊，洋欲封其後，是奬賊也。洋言無取，與降一官，若後來獻言之人有補治道，朕當旌賞。」進士周拯、夏康佐、陳康國各上書論時事。詔拯召見，餘賜帛罷之。既而康佐等辭賜帛，上曰：「唐太宗固嘗如此，本朝久亦不廢，茲乃待士禮意也，其以此諭之。」乙未，詔王庶落職提舉江州太平觀，本州居住。用張浚奏也。丙申，初置江浙荊湖廣西福建路都轉運使，自罷發運司，頗失上供錢物，故吕頤浩以爲請。戊戌，吕頤浩言：「建康米斗不及三百，欲於鎮江上下積粟三十萬斛，以助軍用。」上曰：「若精選兵十五萬，分爲三軍，何事不成。祖宗取天下兵數如此。」〔九九〕庚子，御筆：「右諫議大夫徐俯可賜進士出身。」故事，任子不爲臺諫官，故有是命。丙午，監察御史李藹言〔一〇〇〕：「傅崧卿、施坰保明秀州糴買軍糧數足，乞議置賞。而徐康國奏秀州尚有未糴之數。」詔詰問崧卿，對以其彼善於此，所以特爲開陳。詔：「近方選任直臣，廉按諸路，冀有埋輪攬轡之士，以副朕意。在而傅崧卿初將詔命，公肆誕謾，既列從班，仍加反覆。施坰保明觀望不實，朝廷何所賴焉。崧卿可落待制職，降二官，與在外宮觀，施坰降兩官，令吏部與遠處監當。崇德、嘉興兩縣係施坰所具當職並放罷。」丁未，盜張成入醴陵縣，知縣事程愿率土兵射士擊之，巡尉曹修、郭建皆爲所殺，愿中刃不死，賊亦去。己酉，詔帥臣、統兵官以公使酒酤賣者，取旨論罪。先是，李綱爲湖廣宣撫使，請於所在州軍造酒。許之。及是，呂頤浩因進呈言：「茶鹽榷酤，今日所仰養兵。若三代井田、李唐府兵可復，則此皆可罷，不然財用捨此何出？」朱勝非曰：「榷酤自漢孝武時因兵興而有。」上曰：「行之千餘年不能改革，可見久長之利。」故有是旨。詔湖北安撫使劉洪道、知鼎州程昌寓併力招捕湖寇楊太。辛亥，左迪功郎孔端朝，宣聖之後也。上召見，特改左承事郎。尋以端朝爲秘書省正字。[是月]〔一〇〕尚書右僕射朱勝非上經營淮北五事：一謂：「逆豫方行什一稅法，聚以資虜。今當渡江取彼所積，以實邊圉。」二謂：「宜分三軍，張聲勢，使逆豫分兵拒守，然後大軍直擣宋、亳，豫必成擒。」三「慮虜賊併力南寇，不若先破豫兵，去其一助」。四「大軍一出，所得金帛悉以賞軍」。五「淮北有土豪助順者，就以爲守將。」上納之。

十有一月戊午朔，右諫議大夫徐俯入對，言：「大臣不可立威，宜與諸將論事。」上曰：「朕命大臣與諸將會食共議，卿特未知。」庚申，執政進呈：「朝堂所受訟牒，州郡有未決者，乞付大理。」上曰：「宰相進賢退不肖，用治天下。豈可以細事爲務。」顧呂頤浩曰：「卿可諭臨安守臣宋煇，令盡心獄訟，毋致煩紊朝廷。」辛酉，詔：「自今住講日，令經筵官輪進春秋口義一授〔一〇二〕，至開講日如舊。」〔乙丑〕〔一〇三〕初，明州象山、定海、鄞縣旁海有鹵田三十七頃，民史超等四百六十餘家刮土淋鹵煎鹽，官未嘗收其課。至是，浙東提舉茶鹽公事王然始拘充亭户，盡榷其鹽，歲爲二百九萬餘斤，收鈔錢十萬餘緡。事既行，乃言於上。於是守臣、直秘閣陸長民以是爲言。都省勘會，令憲司具的確利害申尚書省，卒推行之。丁卯，左中大夫致仕胡國瑞卒〔一〇四〕，年五十三。國瑞爲郎時，初得任子恩。先官其弟，朝廷許之。因著令，初遇大禮，有子者聽蔭補其親〔一〇五〕。〔己巳〕尚書左僕射呂頤浩屢請因夏月舉兵北向，以復中原。且言：「今之戰兵，其精鋭者皆中原之人，恐久而銷磨，異時勢必難舉。」庚午，詔自今御筆並作聖旨行下。時右諫議大夫徐俯言：「祖宗朝，應批降御筆並作聖旨行下。自宣和以來，所以分御筆、聖旨者，以違慢住滯科罪輕重不同也。今明詔許繳駁論列，當依祖宗法，作聖旨行下。方其批付三省合稱御筆，三省奉而行之則合稱聖旨。然後名正言順。祖宗御筆不少，王廣淵在仁宗朝嘗編類成書，以爲後法。乞依故事施行。」上從之。禮部尚書洪擬言：「近時吏强官弱，官不足以制吏。官有以財用不給而罷者，有以刑名而罷者，吏未嘗過而問也。官有罪，吏告之，有司治之惟恐後。吏有罪，官按之，則相疑曰：豈寬縱致然耶。宜其所在姦吏專權擅勢，大作威福。」上謂宰執曰：「朕思此一事，要在官得其人，吏不敢舞文爲奸。」呂頤浩曰：「緣官不知法，致吏得以欺。」上然之。〔後二日〕〔一〇六〕詔見緡出門，毋得過十千。辛未，上曰：「朕嘗思創業、中興事殊，祖宗創業固難，中興亦不易。中興又須顧祖宗已行法度如何，壞者欲振，墜者欲舉，然大不容易，此實艱難，朕不敢不勉也。」〔壬申〕〔一〇七〕上諭輔臣曰：「自昔中興，豈有端坐不動於四方者。將來朕撫師江上。朕觀周宣王修車馬，備器械，其車攻復古一篇可見。若漢世祖〔起〕南陽，初與尋邑之戰，以少擊衆，大破昆陽。其下如唐肅宗，雖不足道，能用郭子儀、李光弼以復王室。朕謂中興之治，無有不用兵者。卿等與韓世忠曲折議此否。可更召侍從，日輪至都堂，給劄條對來上，朕將參酌以决萬全。」詔吉州榷貨務見賣廣南鹽鈔，並增貼納錢，如淮浙例。甲戌，詔：「淮浙鹽場所出鹽，以十分爲率，四分支今降指揮以後文鈔，二分支今年九月甲申以後文鈔，四分支建炎渡江以後文鈔。」用户部尚書黄叔敖請也。先是，呂頤浩以對帶法不可用，乃令商人輸貼納錢。至是，復以分數均定如對帶矣。命潭鼎荆鄂帥守李綱等四人約日會兵〔一〇八〕，收捕湖寇。初，綱以湖廣宣撫使赴湖南，聞曹成將自邵入衡，以趨江西，即駐師衡陽，遣使諭成，使散其衆。成至衡，綱召與語，俾率其餘衆四萬詣建康。時馬友之將步諒有兵二萬，掠衡山，綱親帥大軍，自白沙潛涉江，諒不虞其至，遂出降。至是以聞。詔綱精加揀汰，得七千餘人隸諸軍。綱尋入潭州，械知醴陵縣張覿屬吏，權攝官以漸易置，贓吏稍戢。綱延見長老，問民疾苦，皆以盜賊、科須爲言。乃檄州縣，非使司命而擅科率者，以軍法從事。應日前科須之物，並以正賦準折。又遣統制官郝晸降潰將王進於湘鄉〔一〇九〕，吳錫擒王俊於邵陽，自是湖南境内潰兵爲盜者悉平，惟湖寇楊太據洞庭。綱命統領官李建、馬準、吳錫分屯湘陰、益陽、橋口以備之。湖南無水軍，綱乃拘集沿江魚綱户，得三千人，屯潭州。言於朝，乞合兵討蕩。詔湖北安撫使劉洪道、知鼎州程昌寓、荆南鎮撫使解潛遣兵會之，仍權聽綱節制。乙亥，賜新除殿中侍御史曾統進士出身。詔江東西宣撫使韓世忠措置建康營田，募民如陝西弓箭手法。戊寅，閩盜范忠掠龍泉縣。忠，范汝爲餘黨也。己卯，宣諭五使劉大中、胡蒙、朱異、明橐、薛徽言同班入見。上諭曰：「比所下詔令，州縣徒掛墻壁，皆爲虚文。今遣卿等，務令民被寔惠。守令，民之師帥，縣令尤親於民，奸贓之吏必須按發，公正奉法之人必須薦舉，如山林不仕賢者，亦當具名以聞。平反獄訟，觀風問俗等事並書於曆，朕一一行之，此非尋常遣使比也。」徽言請：「州縣已鬻租賦文簿，建炎改元已前者並行焚毁。」又乞：「所至州縣，吏無大過而職事不辦者，如漢薛宣守馮翊故事，聽臣兩易其任，不理遺闕。」翌日，上諭大臣曰：「近臨遣五使，面諭丁寧，非往時遣使之比。朕欲寔惠及民，可依所奏焚毁，示民不疑。有如合對移官〔二〇〕，具事因申省取旨。」〔二一〕辛巳，上謂輔臣曰：「昨日大理少卿元衮面對，朕戒諭以持法明恕。如宣和間開封尹盛章、王革可謂慘刻。」吕頤浩曰：「惟明克允用，刑所先也。」壬午，知湖州汪藻言：「自太上皇帝、淵聖皇帝及陛下建炎改元至今，三十餘年並無日曆。本朝宰相皆兼史館，故書榻前議論之辭，則有時政記，柱下見聞之實，則有起居注，類而次之謂之日曆，條而成之，謂之實録，所以備記言垂一代之典也。望許臣編集元符庚辰至建炎己酉三十年間詔旨，繕寫進呈，以備修日曆官采擇。」許之。自軍興，史官記録靡有存者。藻出守湖，而湖州不被寇，元符後所受御筆、手詔、賞功罰罪等事皆全，藻因以爲張本，又訪諸故家士大夫以足之，凡六年乃成。詔江、浙、福建諸州造甲五千副，每度牒一爲錢百二十千，以償三副之直。甲申，時流民有至行在者，知臨安府宋煇請以常平米賑給。從之。［是月］〔二二〕虔賊陳顒等犯梅州。

十有二月丁亥朔，令申世景、單德忠以所部捕閩盜范忠。既而處州復告急，乃命張守忠以精兵會之，賊遂平。黄州布衣吴伸上書曰：「陛下有孝弟之大德，而二帝之問不通，敵國之陵不已，土地之封日削，國用之富不饒，盜賊之鋒未戢。」又曰：「復祖宗之故業，則陛下有萬世垂統之基，若止如東晉之南據，則不過有百年之世祚。又況自古南北雌雄之勢，但見以北并南，未聞以南并北者也。」又曰：「劉豫誘陛下之英賢，則謀謨可得而策。誘陛下之士卒，則戰鬬可得而用。誘陛下之行旅，則國之虚實可得而知矣。」又曰：「自古帝王之興，兵權未嘗重假於人。今陛下親御之衆，不如藩鎮之多。近日沿邊州軍多用武臣爲守，或起於卒伍，或招於賊徒，毒心不改，逆謀猶存。莫若以沿邊之郡十州之地，建一諸侯，以同姓之親者主之。前言伐齊者，策之上也。不得已而建諸侯者，策之次也。」疏入，詔赴都堂審察，遂以伸爲將仕郎。庚寅，廣東經略司言海賊柳聰已受招。詔補承信郎。然聰居海中，出没如故，久之乃定。［辛卯］〔一三〕新知江陰軍趙詳之奏：「乞令經筵官兼講諸史。」上諭大臣曰：「朕觀六經皆論王道，史書多雜霸，又載一時捭闔辯士曲説。」遂不行。癸巳，禮部尚書洪擬請依元祐法，兼用詞賦經義取士。已而御史曾統以爲未須兼經，可且止用詞賦。上曰：「古今治亂多在史書，以經義登科者類不通史。」吕頤浩言：「均以言取人，第看所得人材如何耳。臣嘗見太祖皇帝與趙普論事書數百通，其一有云：『朕與卿定禍亂以取天下，所創法度子孫若能謹守，雖百世可也。』」上曰：「唐末五季藩鎮之亂，普能消於談笑間。如國初十節度，非普謀，亦孰能制。輔佐太祖，可謂社稷功臣矣。」甲午，御筆申嚴銷金之禁。上因覽韓琦家傳論戚里多衣銷金事，且聞都人以爲服飾者甚衆，故禁之。觀文殿學士、知潭州充湖南安撫使李綱罷。命吏部尚書沈與求爲湖南安撫使兼知潭州。綱嘗言：「荆湖之地，自昔號爲用武之國。今朝廷保有東南，制御西北，當於鼎、澧、荆、鄂皆宿重兵，使與四川、襄漢相接，乃有恢復中原之漸。」未及行而綱廢。言者論：「通州歲支鹽二十萬袋。近浙西安撫大使司統制官喬仲福、王德市私鹽，倣官袋而用舊引，貨於池州，人不敢問。」尚書省言：「茶鹽之法，朝廷利柄，自祖宗以來，它司不敢侵紊。」乃詔劉光世詰仲福與德之罪。後有犯者，捕送臺獄，重行貶竄。夜，行在臨安府火，燔吏工刑部、御史臺及公私室廬甚衆。乙未旦乃滅。丁酉，右諫議大夫徐俯入對，上面諭俯有合奏稟事，不拘早晚及假日，並許入。俯嘗勸上熟讀漢光武紀，上書以賜之曰：「卿近進言，使朕熟看世祖紀，以益中興之治。因思讀十過未若書一遍之爲愈也。先以一卷賜卿，雖字惡甚無足觀者，但欲知朕不廢卿之言耳。」戊戌，左宣教郎洪興祖爲秘書省正字。興祖〔一四〕，擬兄子也。與孔端朝、張炳、周林四人俱召試，上覽策，謂大臣曰：「興祖所論讜直，切中時病，當爲第一。」遂與端朝並除正字，而炳、林令吏部與諸州學官。江東安撫大使趙鼎始至建康視事。時權同都督江淮荆浙諸軍事孟庾、江南東西路宣撫使韓世忠皆駐軍府中，軍中多招安强寇，鼎爲二府，素有剛正之風，庾、世忠皆加禮，兩軍肅然知懼，民既安堵，商賈通行焉。己亥，沈與求力辭湖南之命，乃以折彦質代李綱，與求提舉江州太平觀。辛丑，高麗國遣洪彝叙等來貢。甲辰，詔張浚罷宣撫處置使，依舊知樞密院事。知夔州盧法原爲川陝宣撫處置副使，與王似同治事。令浚與劉子羽、馮康國俱還。上謂大臣曰：「近引對元祐臣僚子弟，多不逮前人，亦一時遷謫，道路失教。元祐人才皆自仁宗朝涵養，焉及子孫。自行經義取士，往往登科後再須修學，所以人才大壞，不適時用。」乙巳，吕頤浩言：「近遣郎官孫逸督上供米於江西，聞已起三綱，則三十萬之數可集矣。」上曰：「所補不細。江西漕臣必待遣官趣之，則失職爲可責。朕面諭都轉運使張公濟，俾先理常賦，若常賦不入，反務橫斂，非朕恤民之意也。」庚戌，詔福建轉運司移福州，提刑司移建州。辛亥，司封員外郎鄭士彦言：「國以兵故强，兵以教故精。國家承平時，禁軍教法甚嚴，況今艱難。而諸州往往冗占，以將迎爲急務，教習爲虚文。望詔有司申嚴故事，每州選兵官專主，歲終較其精粗而賞罰之。」詔以付諸路帥司。襄陽鎮撫使李横敗僞齊於揚石店，遂復汝州。甲寅，言者論：「淮南多閑田，而耕者尚少。今安復鎮撫使陳規措置屯營田，深得古者寓兵於農之意。望倣其制下之諸路。」詔湖北、江東西、浙西屯田令帥臣劉洪道〔一二五〕、韓世忠、李回、劉光世措置，都督府總治。

［是冬］〔二六〕虔賊謝達犯惠州。

校證

〔一〕趙璧　再造本、文海本同，中興聖政卷九、繫年要録卷四一作「趙璧」。

〔二〕諸州　原作「諸司」，文海本、中興聖政卷九同，再造本闕文，作「諸司」義不通，據繫年要録卷四一、宋史卷二六高宗紀校改。另可參宋會要輯稿職官四一之一〇一至一〇二所載。

〔三〕荆湖東西路　原作「湖南西路」，文海本同，再造本闕文，中興聖政卷九作「湖東西路」，據同上引諸書校改。

〔四〕虜　原作「敵」，據再造本、文海本回改。

〔五〕禁中　原作「軍中」，再造本、文海本、中興聖政卷九同，據繫年要録卷四二、徐夢莘三朝北盟會編卷一四五、汪藻浮溪集卷一行在越州條具時政校改。

〔六〕勤政　原作「勤攻」，據再造本、文海本、中興聖政卷九、繫年要録卷四三校改。

〔七〕榷　李校：原作「摧」，據中興聖政卷九、繫年要録卷四十三改。汪按：再造本、文海本、中興聖政卷九均作「摧」。據文義，李校是。

〔八〕七十萬八千四百斤　原作「七十八萬千四百斤」，再造本、文海本同，據中興聖政卷九、繫年要録卷四三、宋會要輯稿食貨二六之一校改。

〔九〕進士　李校：原作「進事」，據繫年要録卷上(四)十三改。汪按：再造本、文海本亦誤作「進事」。除繫年要録外，中興聖政卷九、王應麟玉海卷三天文書也作「進士」。作「進士」是。

〔一〇〕祖宗　原作「宗祖」，再造本、文海本同，據上文及中興聖政卷九、繫年要録卷四三注引中興聖政乙正。

〔一一〕遵守　李校：原作「遵之」，據中興聖政卷九、(繫年)要録卷四十三改。汪按：再造本、文海本亦誤作「遵之」。李校是。

〔一二〕虜酋　原作「金人」，據再造本、文海本回改。

〔一三〕虜　原作「敵」，據再造本、文海本回改。

〔一四〕烏魯折合　原作「烏嚕舍赫」，據再造本、文海本回改。下一「烏魯折合」同此。

〔一五〕没立　原作「默呼」，據再造本、文海本回改。下二「没立」同此。

〔一六〕朝聞　再造本、文海本同，中興聖政卷九、繫年要録卷四四作「朝問」。

〔一七〕虜　原作「敵」，據再造本、文海本回改。

〔一八〕推之　原作「惟之」，再造本、文海本同，義不通，據中興聖政卷九、繫年要録卷四四校改。

〔一九〕親札　原作「親扎」，再造本、文海本、中興聖政卷九同，據文義及繫年要録卷四四校改。

〔二〇〕郭仲荀　原作「郭仲苟」，再造本、文海本同，據中興聖政卷九、繫年要録卷四四校改。

〔二一〕招補　原作「招捕」，再造本、文海本同，據中興聖政卷九、繫年要録卷四四校改。

〔二二〕催稅　原作「摧稅」，文海本字模糊，據再造本、中興聖政卷九、繫年要録卷四四校改。

〔二三〕少監　李校：原作「少鹽」，據繫年要録卷四十四改。汪按：再造本、文海本、中興聖政卷九作「少監」不誤。

〔二四〕且　原作「具」，再造本、文海本同，據中興聖政卷九、繫年要録卷四四校改。

〔二五〕太祖　李校：繫年要録卷四十五作「太宗」。汪按：四庫本繫年要録卷四五、中興聖政卷九、宋史卷三三孝宗紀、卷三九九婁寅亮傳、建炎雜記乙集卷一壬午内禪志、王明清揮麈三録卷一、周煇清波雜志卷一均作「太祖」，且太宗後裔無以「伯」字行者，故作「太宗」實誤。

〔二六〕令慶　原作「令廣」，繫年要録卷四五同，據再造本、文海本、中興聖政卷九、宋史卷二四四宗室傳令慶、朝野雜記乙集卷一壬午内禪志校改。

〔二七〕對修　原作「删修」，據再造本、文海本、中興聖政卷一〇、繫年要録卷四六、文獻通考卷一六七刑考校改。

〔二八〕己巳　「己巳」以下至「蓋檜力也」原脱，據再造本、文海本補入。

〔二九〕此句再造本、文海本無，四庫本有，今暫依時序排入，待考。

〔三〇〕難以出入禁闥　此六字原脱，據再造本、文海本、中興聖政卷一〇補。

〔三一〕倬子岸次　文海本字模糊，再造本、中興聖政卷一〇作「倬于岸次」，繫年要録卷四七作「倈于岸次」，徐松宋會要輯稿兵一三之九作「伺于岸次」。「倈」、「伺」宋元間常互用，疑當從二者。

〔三二〕楊愿　原作「揚願」，據再造本、文海本、中興聖政卷一〇、宋史卷三八〇楊愿傳校改。

〔三三〕洪　原作「州」，再造本、文海本同，據中興聖政卷一〇、繫年要録卷四七校改。

〔三四〕撒離曷　原作「薩里罕」，據再造本、文海本回改。

〔三五〕椿辦　「椿」原作「摏」，再造本、文海本、中興聖政卷一〇同，「摏辦」意不通，據宋史卷一八一食貨志會子、繫年要録卷四八、文獻通考卷九錢幣考校改。

〔三六〕孫易爲分寧令　李校：「易」字原闕，據中興聖政卷十、（繫年）要録卷四十九補。汪按：「易」字，再造本有，文海本闕。李校是。另分寧令之「令」原作「今」，今亦據再造本、文海本及同上引二書校改。

〔三七〕專切　原作「專功」，再造本、文海本同，據中興聖政卷一〇、繫年要録卷四九、周去非嶺外代答卷五經略司買馬校改。

〔三八〕趙子畫　再造本、文海本、中興聖政卷一〇、繫年要録卷四九均同，然宋元文獻中多有作「趙子晝」者，如宋史卷二四七宗室傳有趙子晝傳，另玉海等也作「趙子晝」，今姑依原文字，存疑待考。

〔三九〕合　文海本同，再造本、中興聖政卷一〇、三朝北盟會編卷一四九、祝穆古今事文類聚前集卷三〇仕進部均作「令」。

〔四〇〕舊禮　原作「舊理」，再造本、文海本同，據中興聖政卷一〇、繫年要録卷四九校改。

〔四一〕杜絶官吏弄法受贓之弊　再造本、文海本作「杜絶官吏弄法受賕之弊」。中興聖政卷一〇、繫年要録卷四九、歷代名臣奏議卷二一三均作「杜絶姦吏弄法受賕之弊」。即「官」作「姦」，「贓」作「賕」。宋史卷三七八劉一止傳作「絶姦吏弄法受財之弊」。劉一止苕溪集卷一二論尚書六曹及百司法令之弊作「杜絶奸吏弄法受賄之弊」。

〔四二〕湖田　再造本、文海本、繫年要録卷五〇同，中興聖政卷一〇作「湖佃」，細體文義，李光所要復者非湖田，而恰是要廢湖田，故似作「湖佃」是。另可參李心傳舊聞證誤卷三。

〔四三〕遇　原作「過」，文海本字模糊，據再造本、中興聖政卷一〇、繫年要録卷五〇校改。

〔四四〕祖宗朝真决贓吏　原作「祖宗廟措决職吏」，據再造本、文海本、中興聖政卷一〇、繫年要録卷五〇校改。

〔四五〕八百萬緡　再造本、文海本、繫年要録卷五〇同，中興聖政卷一〇作「六百萬緡」，建炎以來朝野雜記甲集卷一四總論國朝鹽策亦作「八百萬緡」，作「六百萬緡」似誤。

〔四六〕舉喪　再造本、文海本、繫年要録卷五〇同，中興聖政卷一〇作「發喪」。

〔四七〕金賊　原作「金人」，據再造本、文海本回改。

〔四八〕回源洞　原作「回原洞」，再造本、文海本同，據中興聖政卷一一、繫年要録卷五一、熊克中興小紀卷一二、杜大珪名臣碑傳琬琰之集上卷一三趙雄韓忠武王世忠中興佐命定國元勳之碑、玉海卷一九三兵捷校改。
〔四九〕元豐三年　原作「元豐二年」，再造本、文海本同，據中興聖政卷一一、繫年要録卷五一、程俱北山集卷四〇繳蘇易轉行横行奏狀校改。
〔五〇〕名田　原作「民田」，據再造本、文海本、中興聖政卷一一、繫年要録卷五一校改。
〔五一〕律貪　原作「津貪」，據再造本、文海本、中興聖政卷一一、繫年要録卷五一校改。
〔五二〕例各　原作「例合」，再造本、文海本同，據中興聖政卷一一、繫年要録卷五一校改。
〔五三〕侍講　原作「侍讀」，再造本、文海本同，據中興聖政卷一一、繫年要録卷五一、北山集卷二七給事中黄叔敖兼侍讀權吏部侍郎廖剛兼侍講校改。
〔五四〕頃　原作「須」，文海本同，據再造本、中興聖政卷一一、繫年要録卷五一校改。
〔五五〕虜　原作「金」，據再造本、文海本回改。
〔五六〕秦檜　原作「奏檜」，據再造本、文海本、中興聖政卷一一校改。
〔五七〕袛候　原作「秪候」，再造本、文海本、中興聖政卷一一同，據繫年要録卷五二、宋史卷一六八職官志校改。
〔五八〕排陣　原作「排定」，再造本、文海本同，據中興聖政卷一一、繫年要録卷五二、建炎以來朝野雜記甲集卷一三童子舉、文獻通考卷三五選舉考童科校改。
〔五九〕金虜　原作「金人」，據再造本、文海本回改。下文「以金虜之故」之「金虜」同此。

〔六〇〕點雞 原作「點雞」，文海本同，再造本字殘，據繫年要録卷五二、宋史卷三七四張九成傳、張九成橫浦集卷一二狀元策一道校改。

〔六一〕又曰經實經實均矣 上引諸書同，惟橫浦集卷一二狀元策一道作「又曰湮實湮實虚矣」。

〔六二〕剛德 原作「功德」，文海本同，據再造本、中興聖政卷一一、繫年要録卷五二、歷代名臣奏議卷三、李幼武宋名臣言行録别集下卷九張九成及上引宋史本傳、橫浦集校改。

〔六三〕狐狸 原作「孤狸」，據再造本、文海本、中興聖政卷一一校改。

〔六四〕頃緣 原作「須緣」，再造本、文海本、中興聖政卷一一同，據文義及繫年要録卷五三校改。

〔六五〕修政局 原作「修正局」，再造本、文海本同，據中興聖政卷一一、繫年要録卷五四、宋史卷二七高宗紀卷一六二職官志卷四七三姦臣秦檜傳校改。

〔六六〕遠留 原作「遠流」，再造本、文海本同，據中興聖政卷一一、繫年要録卷五三、中興小紀卷一二、歷代名臣奏議卷四七校改。

〔六七〕平恕 原作「平怒」，再造本、文海本同，據中興聖政卷一一、繫年要録卷五三、宋史卷三七九章誼傳校正。

〔六八〕梅福 李校：原作「海福」，據（繫年）要録卷五十三改。汪按：再造本、文海本、中興聖政卷一一均作「梅福」不誤，應作校勘依據。

〔六九〕天慶觀之望殿，祭始用牲玉 再造本、文海本同，中興聖政卷一一、繫年要録卷五四作「天慶觀之望祭殿，始用牲玉」。

〔七〇〕將帥　原作「將師」，據再造本、文海本、中興聖政卷一一、繫年要録卷五四校改。

〔七一〕以足僦之　再造本、文海本、中興聖政卷一一同，繫年要録卷五四、建炎以來朝野雜記乙集卷一壬午内禪志、王明清揮麈餘話卷一、方大琮鐵庵集卷四進故事均作「以足蹴之」。作「蹴」似是。

〔七二〕虜　原作「敵」，據再造本、文海本回改。

〔七三〕付　原作「副」，據再造本、文海本、中興聖政卷一一、繫年要録卷五四校改。

〔七四〕張觷　原作「張覺」，據再造本、文海本、中興聖政卷一一、繫年要録卷五四校改。

〔七五〕大寧鹽　原作「天寧鹽」，再造本、文海本、中興聖政卷一一同，繫年要録卷五四作「大寧鹽」，按此指夔州路大寧監鹽，參宋史卷八九地理志等，作「大寧鹽」是，據校改。

〔七六〕職事　原作「執事」，再造本、文海本同，據中興聖政卷一一、繫年要録卷五五校改。

〔七七〕修政局　「政」原作「正」，再造本、文海本同，據前後文及中興聖政卷一一、繫年要録卷五五、熊克中興小紀卷一二校改。

〔七八〕巨振　再造本、文海本、中興聖政卷一一、宋史卷二七高宗紀並同，惟繫年要録卷五五作「程振」。

〔七九〕馬友　原作「馬交」，再造本、文海本字模糊，據中興聖政卷一一、繫年要録卷五五校改。

〔八〇〕漕臣 李校：原作「漕成」，據中興聖政卷十一改。汪按：再造本、文海本亦作「漕成」，繫年要録卷五五作「漕臣」，李校是。

〔八一〕程瑀 原作「陳瑀」，再造本、文海本、中興聖政卷一二同，據下文及繫年要録卷五六、宋史卷三八一程瑀傳等校改。

〔八二〕侍講 原作「侍讀」，據再造本、文海本、中興聖政卷一二、繫年要録卷五六校改。

〔八三〕淮西 原作「淮泗」，據再造本、文海本、中興聖政卷一二、繫年要録卷五六、周應合景定建康志卷三八武衛志校改。

〔八四〕虜人 原作「金人」，據再造本、文海本回改。

〔八五〕姚焯 李校：原作「姚悼」，據（繫年）要録卷五十七改。汪按：再造本、文海本、中興聖政卷一二均作「悼」。然「姚悼」除二書外，不見他載，而「姚焯」除繫年要録外，又見於宋會要輯稿、至元嘉禾志、張守毗陵集等，且「悼」不宜用作人名，故作「姚焯」是。

〔八六〕進求 再造本、文海本、中興聖政卷一二作「進上」，繫年要録卷五七作「進呈」。

〔八七〕上引吴表臣言再造本、文海本、中興聖政卷一二、繫年要録卷五七全同，然玉海等引録有「緊」、「急」之小異。玉海卷一八地理作：「……其要不過七渡……」餘同，袁褧楓窗小牘卷上作：「……其要不過七渡……上流最急者……中流最急者……下流最急者……」，餘同。

〔八八〕沿江 李校：原作「松江」，據（繫年）要録卷五十七改。汪按：再造本、文海本、中興聖政卷一二均作「沿江」不誤，應作校勘依據。

〔八九〕以爲　原作「已爲」，再造本、文海本同，據中興聖政卷一二、繫年要録卷五七校改。

〔九〇〕烏陵阿思謀　再造本、文海本作「烏陵思謀」，「烏陵思謀」於宋史等書中多見，似作「烏陵思謀」是。

〔九一〕檜入相凡一年　李校：（繫年）要録卷五十七在紹興二年八月，中興聖政卷十一同。然全文闕本年九月至十二月史事，疑是謄寫者誤脱。茲據中興聖政卷十一原文補足。汪按：宋史全文記本年九月至十二月史事部分再造本、文海本均有，且與李氏所補文字頗有不同，如多開頭的龜鑑文字等。現改用宋史全文文海本原文。

〔九二〕屆期　原作「戒期」，再造本、中興聖政卷一二同，因不文，據繫年要録卷五七校改。

〔九三〕丙辰　原作「丙寅」，再造本、中興聖政卷一二同，繫年要録卷五七作「丙辰」，依時序，作「丙辰」是，據改。

〔九四〕諭　原作「輸」，不文，據中興聖政卷一二、繫年要録卷五七校改。現再造本作「諭」字，但似被人改過。

〔九五〕出外　再造本、中興聖政卷一二同，繫年要録卷五七作「出身」，繫年要録載此事原委頗詳，實不涉出身事，故作「出身」誤。

〔九六〕德音　再造本、中興聖政卷一二同，繫年要録卷五八、建炎雜記甲集卷一一宣諭使作「德意」。

〔九七〕不償所費　原作「不償所廢」，再造本、中興聖政卷一二同，不文，據繫年要録卷五九校改。

〔九八〕王洋　再造本、中興聖政卷一二、中興小紀卷一三同，繫年要録卷五九作「汪洋」，誤。

〔九九〕兵數如此　再造本、中興聖政卷一二同，繫年要録卷五九、李幼武宋名臣言行録別集下卷二吕頤浩「如此」前均有「不過」二字。

〔一〇〇〕李藹　中興聖政卷一二同，繫年要録卷五九作「李靄」。「言」字原脱，據繫年要録卷五九補。

〔一〇一〕是月　據繫年要録卷五九補。

〔一〇二〕授　再造本、中興聖政卷一二同，繫年要録卷六〇作「篇」。

〔一〇三〕乙丑　中興聖政卷一二無，據繫年要録卷六〇補。

〔一〇四〕胡國瑞　再造本、中興聖政卷一二同，繫年要録卷六〇作「胡谷瑞」。

〔一〇五〕其親　再造本同，中興聖政卷一二、繫年要録卷六〇均作「期親」。從文義看，似作「期親」是。

〔一〇六〕後二日　中興聖政卷一二無，據繫年要録卷六〇補。

〔一〇七〕壬申　中興聖政卷一二無，據繫年要録卷六〇補。

〔一〇八〕帥守　原作「師守」，再造本同，據中興聖政卷一二、繫年要録卷六〇校改。

〔一〇九〕郝晸　原作「郝政」，再造本、中興聖政卷一二同，據繫年要録卷六〇、宋史卷二七高宗紀、李綱梁谿集附李綱行狀等校改。

〔一一〇〕有如　再造本、中興聖政卷一二同，繫年要録卷六〇作「如有」，似作「如有」較佳。

〔一一一〕具　原作「其」，再造本同，據中興聖政卷一二、繫年要録卷六〇校改。

〔一一二〕是月　中興聖政卷一二無，據繫年要録卷六〇補。

〔一一三〕辛卯　中興聖政卷一二無，據繫年要録卷六〇補。

〔一一四〕興祖　原作「興子」，再造本同，據中興聖政卷一二、繫年要録卷六一、中興小紀卷三六校改。

〔一一五〕劉洪道　再造本、中興聖政卷一二、宋會要輯稿食貨二之一〇又六三之八九同。繫年要録卷六一作「劉宏道」，誤。

〔一一六〕是冬　中興聖政卷一二無，據繫年要録卷六一補。

宋史全文卷十八下

宋高宗六

癸丑紹興三年春正月丁巳朔，上在臨安。己未，命諸路憲臣兼提舉常平司公事。用户部尚書黄叔敖請也。詔婺州年額上供羅並權折價錢。庚申，李横破潁順軍，降僞齊知軍事蘭和〔一〕，後二日敗僞齊兵於長葛縣。甲子，命户部侍郎姚舜明往建康總領大軍錢糧。總領名官自此始。李横復潁昌府。城陷，趙弼巷戰不勝，遂遁去。乙丑，手詔曰：「廷尉，天下之平也。曹劌謂『小大之獄雖不能察，必以情』爲忠之屬也，可以一戰，不其然乎。可布告中外，應爲吾士師者，各務仁平，濟以哀矜。天高聽卑，福善禍淫，莫遂爾情，罰及爾身。置此座右，永以爲訓。」臺屬憲臣，常加檢察，月具所平反刑獄以聞。三省歲終鈎考，當議殿最。」金人陷金州。辛未，雨雹而雷。癸酉，初復大火之祭，配以閼伯，歲以辰戌月祀之，用酒脯。己卯，詔太史局依舊頒降諸路轉運司曆日，其賣到淨利錢，赴榷貨務。壬午，知桂州許中奏詔市戰馬，得千四百匹，而弱不堪用。上命降中二官。樞密院因請即邕州置買馬司，馬必四尺二寸以上，每百匹爲一綱，令帥臣提舉收買，選見任官管押。自是，歲得千匹，雖道斃者半，然於治軍亦非小補。乙酉，減民間鹽錢。初，祖宗時，賣民間蠶鹽。政和三年，詔民間不願請鹽者，輸鹽錢十之六。渡江後不復予鹽，而差損其直。至是又申明之。

二月丁亥朔，陞桂州爲静江府。以上嘗領節度故也。工部尚書兼權吏部尚書席益言：「魏晉而下，甄別人物，專任選曹。至唐而銓法密矣，然不拘以微文，激濁揚清，時出度外。故杜淹表薦四十餘人，後多知名。韋思謙坐公事負殿，高公輔遽擢爲監察御史。國初猶存舊制，乾德四年，詔曰：『自今常調集選人吏部南曹，取歷任中多課績而無闕失、其人材可擢者，具名送中書，引驗加獎。』則是或尚任人，而不專任法也。其後官制釐改，典選者一切不得以意從事，振拔幽滯，無復聞焉。望稽用乾德詔書，凡常調中材行可取者，許長貳具名以聞。」從之。右諫議大夫徐俯進春秋解義，至天王使宰渠伯糾來聘〔二〕，用左氏說，父在故名。上謂俯曰：「魯桓公篡立〔三〕，天王當致討，既四年不問，乃使其宰往聘，失政刑矣，故書名以貶之。」戊子，俯乞編之記注。己丑，言者論軍中虚費四事：一曰冗兵，二曰虚券，三曰廣作名目以收使臣，四曰招集游手以充效用。大略謂：「或有一軍不過三二千，而使臣至五六百。又效用之給，倍於上禁軍，今乃以供雜役。望詔統兵之臣，與應副錢糧官，同心體國，愛惜財用，立定使臣員數，選汰效用。」詔樞密院申嚴行下。辛卯，初，置買馬司於賓州，仍命撥本路上供、封樁、內藏錢合二十七萬緡，欽州鹽二百萬斤，爲買馬費。陝西都統制吳玠與虜遇於真符縣之饒風關〔四〕。先是，知興元府劉子羽聞金州陷，即遣統制官田晟守饒風關，拒虜來路〔五〕，且馳檄召玠。時宣撫司未有行下，玠曰：「事迫矣，諸將不能辦，我當自行。」自河池一日夜馳三百里，中道少止。子羽移書曰：「虜旦夕至饒風嶺下〔六〕，不守此，是無蜀也。公不前，子羽當往。」玠即復馳，與虜遇，玠軍纔千人，益以洋川義士萬三千人〔七〕。玠先以黃柑遺撒離曷曰〔八〕：「大軍遠來，聊奉止渴，今日決戰，各忠所事。」撒離曷大驚，以杖擊地曰：「吳玠爾來何速耶。」時金房鎮撫使王彥自西鄉以八字軍來會，諸軍見援至，稍弛。玠怒欲斬壕寨將，而壕寨將走降虜人，告以虛實，且言統制官郭仲地分雖險〔九〕，而兵寡弱易敗。乃夜以輕兵襲取之。仲果退走。虜既得山寨，遂乘高下闞饒風，以精兵夾攻王師之背。王師盡卻，玠斬之不能止，凡六日，關陷。癸巳，都司檢詳官奏下營田法於諸路行下，悉以陳規條畫爲主。凡授田，五人爲甲，別給菜田五畝爲廬舍、稻場。初年免田租之半。兵屯以使臣主之，民屯以縣令主之，悉以歲課多寡爲殿最。丁酉，饒風關陷。吳玠收餘兵趨西縣，王彥收餘兵奔達州。彥潰兵走通明縣，破之，四川大震。己亥，御筆：「臨安自兵火後，民地爲官司軍營所占者，其預買絹皆除之。」翌日，輔臣言：「上户往往已免，下户不能自陳，宜遵詔旨蠲放。」上曰：「文王發政施仁，必先四者。凡施當先及下，彼豪家雖立法抑之，猶能侵細民，不可不察也。」是日撤離曷入興元府，經略使劉子羽焚其城而遁〔一〇〕。初，饒風關陷，子羽與吴玠謀守定軍山，玠憚之，遂西。子羽亦退屯三泉縣，從兵不及三百，與士卒同粗糲，至取草木芽蘗食之。遺玠書曰：「子羽誓死於此，與公訣矣。」時玠在興州之仙人關爲守備，得書而泣。其愛將楊政大呼軍門曰：「節使不可負劉待制，不然政輩亦舍節使去。」玠乃從麾下，由間道與子羽會於三泉。虜游騎甚迫〔一一〕。玠夜視子羽方酣，寢傍無警呵者，曰：「此何時，而簡易乃爾。」子羽慨然曰：「吾死，命也，夫何言。」玠泣下，復往守仙人關。子羽約玠共屯三泉，玠曰：「關外蜀之門户，不可輕棄。虜人所以不敢輕入者〔一二〕，恐玠議其後耳。若相與俱下，虜必隨入險反守，徐取間道，則吾勢日蹙，大事去矣。今經略既下，玠當由興州河池遶出其後褒斜山谷，如行鼠穴，虜見玠遶出其後，謂將用奇設伏，邀其歸路，勢必狼顧。吾然後據險邀擊，可使遁去，此所謂善敗者不亡者也。」子羽以潭毒山形斗拔，其上寬平有水，乃築牆壘，凡十六日而成，其衆稍集。既而統制官王俊又以五千人至，於是軍勢復振。庚子，詔伯琮特除和州防禦使，賜單名從王，令學士院擬二十字進入，上自擇瑗字以名之。辛丑，詔天章閣神御，旦望、節序、帝后生忌應用羊肚者，以他物代之。上以每位當用一羊，故有是旨，且諭大臣曰：「祖宗以仁覆天下，豈欲多殺物命。」壬寅，宗室瑗爲貴州防禦使。甲辰，詔諸州經總錢並委通判拘收。乙巳，河南鎮撫司統制官李吉敗僞齊兵於伊陽。丁未，知成都府王似始受川陝宣撫處置副使之命。先是，宣撫處置使張浚見似除書，上疏言：「都統制吴玠、參議軍事劉子羽有功於蜀，不應一旦以似加其上。」尚書左僕射呂頤浩與似連姻，聞浚論似非才，不悦。或告右僕射朱勝非，以浚起義兵平江時，嘗有斬勝非之語。勝非又毁之。浚由是得罪。時浚承制以子羽爲宣撫判官，與似同治事。大事多與子羽謀之，似充位而已。虔賊周十隆犯循、梅、汀州。庚戌，廬壽鎮撫使胡舜陟改充淮西安撫使，應本路鎮撫司並受節制。辛亥，工部尚書兼權吏部尚書席益參知政事，新除翰林學士徐俯簽書樞密院事。故事，簽樞下執政一等，至是，特詔鈞禮，又例外賜以金帶。壬子，提舉浙東茶鹽公事王然罷，仍貶秩一等。先是，宣諭官朱異論：「然置明州三縣鹽場，將沿海下户一例勾籍，其間有不願結甲及雖結甲而不願貸本錢〔三〕，至有憂畏而自縊者，或持杖而逐保正者。」言者亦論其擾民。故有是命。甲寅，詔自今守臣到任半年，先具民間利害或邊防五事來上，因以察其才能。兩浙轉運副使徐康國罷任，貶秩二等。先是，康國獻羨錢十萬緡，上不受，宣諭官朱異、左司諫唐煇論康國抛羅民户米麥，踰年不償，故有是命。

三月戊午，詔兩浙諸州和買物帛，聽以三分折納見緡。己未，中書舍人趙思誠言：「州縣武臣添差甚衆，一郡至有三四十人，貪污不法，民受其弊。望自今惟忠義及有功勞於國之子孫，朝廷特加優恤者，許添差外，餘並禁止。若以員多闕少，當自稍清入仕之門，以息官冗民貧之弊。」詔除宗室外，令吏部開具申尚書省。淮西安撫使胡舜陟至廬州，潰卒王全與其徒來降。前郡將王亨籍官逋之在民者亡慮數萬緡，舜陟盡蠲之。亨又託名贍軍，令市販輸金，舜陟亟罷之，流民稍稍自歸。舜陟發粟貸民，俾濟農事。會歲大穰，所收至倍，公私皆給焉。甲子，知建康趙鼎爲江西安撫大使兼知洪州。京西招撫使李横傳檄諸軍收復東京[一四]，朝廷嘉之，特遷右武大夫、忠州觀察使。丙寅，詔讀書習射童子求試者九人，惟習射者令召見，餘賜帛罷之。上因謂大臣曰：「上有所好，下必有甚焉。蓋繇昨嘗推恩一二童子，故求試者雲集，此雖善事，然可以知人主好惡，不可不謹也。」己巳，潁昌捷奏至。詔李横再進翊衛大夫。癸酉，東流令王鮪坐贓抵死，除名編管新州。自是贓吏罕復黥配矣。甲戌，尚書左司員外郎王庭秀言：「朝廷比來深疾貪吏，然州縣之間，豈無廉介自將沈於下僚者。望命五使所至，以廉潔清修可以師表吏民者，具名來上，參以公議，不次陞擢，以厲士風。」從之。丁丑，初，惠州獄囚黄四等七人有司以爲强盜當死。推勘公事孟師尹録問，駁正無罪。及是上聞之，特遷右宣教郎。既而有司言，師尹嘗平反死囚五人，復命遷一秩。知藤州侯彭老獻賣鹽羨錢十萬。上批其奏，付三省曰：「縱有寬剩，自合歸之有司，非守臣所當進納。或恐妄有刻剥，取媚朝廷。特降一官以懲妄作，所進物退還。」翌日，徐俯又以爲言，彭老遂罷。壬午，韓世忠充淮南東路宣撫使，泗州置司。朝廷聞李横進師，議遣大將，以世忠忠勇，故召見而遣之。通判和州賈直清提舉淮西茶鹽公事。兩淮舊爲分鎮地，至是始命監司。言者論軍屯所至發掘塚墓，及借取平民首級之弊。詔以付神武諸將。癸未，詔今後贓吏依祖宗舊制，斷訖令刑部鏤板行下。以兵部員外郎劉景真有請也。大理正劉藻請：「諸路獄案情犯未真者〔一五〕，除命官外，更不取旨，令刑寺悉行兩斷，委憲司遣官審問，定歸一斷。事下本寺。本寺奏如所請，其不可定歸一斷者，即上朝廷酌情處斷施行。」從之。

夏四月丁亥，尚書左僕射朱勝非以母魯國太夫人楊氏憂去位。己丑，韓世忠言：「近被旨措置建康府江南北岸荒田，爲屯田之計。沿江荒田雖多，大半有主，難以如陝西例乞募民承佃。」都督府奏如世忠議，仍蠲三年租，田主自訟則歸之，滿五年不言，給佃人爲永業。於是詔湖北、浙西、江西皆如之。尋又免科配徭役。駕部員外郎韓膺胄轉對，論：「刑罰輕重，國祚短長繫之。望追法仁祖舊章，凡獄官失入死罪者，終身廢之，雖經赦宥，永不收叙。」上曰：「此仁祖之事也。其仁民詳刑如此乎。」乃命有司申嚴行下。上曰：「縣令於民最親，今多非其人。」呂頤浩言：「漢以九卿爲郡守，郎官宰百里。今縣令但以資格差注。」上曰：「豈在官資卑崇，惟在得人。」庚寅，安復鎮撫使陳規知池州兼沿江安撫使。規守德安七年，賊不能犯。至是，召還，入對首乞罷鎮撫使。又言諸將跋扈，請用偏裨以分其勢。上皆納之，以安、復二州隸湖北帥司，自是不復除鎮撫使矣。辛卯，劉光世爲江東宣撫使，屯鎮江。時光世與韓世忠更戍，世忠至鎮江城下，而姦細入城焚其府庫，光世擒而鞫之，皆云世忠所遣，於是訴於上。江東統制官王德請於光世曰：「韓公之來，獨與德有隙耳，當身往迎見之。」謁入，世忠大驚，謂德曰：「公誠烈丈夫，曩者小嫌，各勿介意。」因致酒結歡而別。金人去興元。自虜入梁〔一六〕、洋，蜀中復大震。劍南諸路皆爲徙治之計。撒離曷留屯中梁山，踰月，始自斜谷去興元。劉子羽與吳玠謀以兵邀之於武林關，不及，張浚遣統制官王俊復洋州、興元府。撒離曷既還鳳翔，乃遣十餘人持書與旗來招子羽、玠。子羽盡斬之，惟留一人使還，曰：「爲我語賊，欲來即來，吾有死耳，何可招也。」玠亦遺撒離曷書，以大義責之。撒離曷乃止。壬辰，移都督府於鎮江，照應江淮兩軍機務。於是，建康府榷貨務都茶場亦移於鎮江。浙東宣諭朱異薦簽書鎮東軍節度判官廳公事張九成、義烏縣令閭丘昕、知龍泉縣汪汝則、知瑞安縣熊彦詩、知嵊縣姜仲開政績。詔並進一官。吕頤浩言：「仲開臣之外親，乞勿賞，恐外議以臣爲私。」上曰：「不可。有功必賞，乃所以爲公，使有罪，雖卿之親亦不當貸。」岳飛以大軍次虔州。癸巳，執政奏事，上色不怡久之，曰：「昨夕暴雨，朕通夕不寐，恐於蠶麥有傷。」徐俯曰：「暴雨不害蠶麥，久則爲害矣。」上色稍和。詔禮官重別討論昭慈獻烈皇后謚號。時登仕郎鄒況上書，言其兄浩直諫事，且乞雪昭慈后元符之謗。前二日，上諭輔臣曰：「此哲宗朝事，言之毋傷乎。」徐俯曰：「陛下母事昭慈，追崇極典，天下共知，其謗已雪矣。」上曰：「昭慈勳臣之家，當時備禮而納正后，此本朝盛事。」俯曰：「宣仁聖烈太后尤重家法，欲正后生元子，繼萬世之統。以哲宗少年，戒之在色，不欲其多近嬪嬙，小人陰連宫掖，因是得行媒孽，遂致廢后。」上曰：「皆當時大臣不諫之罪也。」翌日，詔況引對。上曰：「況，浩之弟，故欲擢之。」俯曰：「浩自有子柄。」上曰：「直臣之子復擢用之爲御史，使言事，聳動四方，亦足爲國家之光也。」甲午，知嚴州顔爲條上便民事，乞嘗得解及應免解人並免丁役。許之。其後太學生亦免。戊戌，湖南安撫使折彦質所遣統領官劉深以兵至鼎州。時鼎寇楊太兵益盛，僭號「太聖天王」，且用以紀年。己亥，詔復五帝日月之祀，四方帝以四立日，黄帝以季夏之土王，春秋分朝日夕月，禮如感生帝。湖南宣撫使薛徽言奏：「郴道州、桂陽監去年旱，民乏食。」詔户部劄刷本路諸州米二萬斛，付提刑司充賑濟。命未至，徽言即諭漕臣發衡永州米賑糶，而以經制銀市米償之。民賴以濟。壬寅，尚書右司員外郎劉岑請訪四方遺書，以實三館。從之。童子彭興祖五歲能誦書，劉轂五歲能騎射，二人皆神武右軍小校子也。都統制張俊以聞。上召見於内殿，以興祖爲右迪功郎，轂爲進武校尉，皆賜袍笏。丁未，神武副軍都統制岳飛遣統領官張憲、王貴分道擊虔寇彭友等獲之。友先據龍泉，至是乃敗。戊申，詔諸緣宣諭所按發置獄，除正犯人外並放。上嘗諭大臣曰〔一七〕：「向遣五使宣諭，意在利民，至於贓吏，所當深治，然所在多置獄，横及無辜，非朕本意。此後惟謹監司〔一八〕，不必每事遣使。」故有是命。明州觀察使高士曈爲保寧軍承宣使，權管客省四方館閤門公事。士曈初召見，乞落階官。上曰：「士曈以宣仁近屬，故稍優之。然躐等亦不可，高爵厚禄留待立功將士。朕於外戚，未嘗假以恩澤。今後宫之家官未有過保義郎者，此曹何厭之有。雖與之正任承宣使，又望節鉞矣。」詔自今大軍所過，並令本州通判充錢糧官。自入境隨軍，出至境上。邕州進士昌慤特補忠州文學，充廣西買馬司準備差使。初，提舉峒丁李棫既罷，經略司更委通判賓州任彦輝就本州買馬，道里迂遠，大理馬遂不至。及是，朝廷復置司買馬，慤上疏：「請招來之，仍諭諸蕃中馬及三百匹，賜錦袍銀帶。如有出格之馬，依溪洞搭價收買，不可循其舊例。每蕃令提舉官以綵帛爲信。如遣效用入蠻，許借官錢，多市鹽綵，結託山獠及諸蠻，令開拓道路。庶幾諸蕃忻慕，曲盡招馬之術。」疏入，遂授以官，俾行其說焉。

五月乙卯朔，上諭大臣曰：「朕省閱天下事，日有常度，每退朝閱群臣及四方章奏，稍暇即讀書史至申時，而常程皆畢，乃習射。晚則復覽投匭封事。日日如是也。」詔諸路宣諭官所薦人才，並俟終，更令入對，當不次陞擢，以勸能吏。左承奉郎林儼獻書二千卷，詔官其家一人。尋以儼監西京中嶽廟。丙辰，初，馬氏據湖南，始敷郴道永州、桂陽監茶陵縣丁錢絹米。其後丁有逃亡而不除其數，民極以爲患。至是，湖南宣諭薛徽言奏：「道州丁米萬七千餘斛，乞以其半敷之田畝，半取之身丁。」事下漕司相度，未幾，守臣趙坦亦以爲言，乃命田畝敷三分之二。詔博糴米斛，以度牒、官告償其直者，中糴數多之家，多給官告，數少者給度牒。戊午，大理少卿元衮言：「律令煩多，非明察詳審而熟於憲章者，未免有失。故四方請讞比擬，繆誤者十常二三。望令刑寺官具法令引用有可疑者，爲之推原法意，申明以頒天下，俾郡縣無承用之駁，而姦吏絶因緣之市，以廣陛下欽恤之意。」詔刑寺看詳，如其請。辛酉，詔築第百間以居南班宗室，仍以睦親宅爲名。壬戌，應童子舉張揉爲迪功郎。揉年九歲，能誦書，爲古風詩、孫子論。上親試而命之。癸亥，呂頤浩奏事，因論祖宗兵制。上曰：「祖宗制度，自朕家法。至於仁宗臨御最久，恩澤及人深，朕於政事間未嘗不紬思仁祖，庶幾其髣髴也。」乙丑，侍御史辛炳入對，言：「艱危多事之時，冗食之官當減。今福建八州而添差至百八十餘員〔一九〕，理宜改正。」詔付吏部。炳又言：「宣諭大臣，自今勿廢都堂公見之禮，則必無乏材之嘆。」詔三省通知。監察御史鄭作肅言：「通判出於帥守之門，則於州事無所執守，視過咎無敢刺舉。今藩屏之權已重，於此尤所宜謹。」乃詔諸州通判見任守臣所辟者並罷。丁卯，尚書吏部侍郎韓肖胄同簽書樞密院事，充大金通問使。給事中胡松年試工部尚書充副使。神武中軍統制楊沂中以大軍至桐廬縣，而魔賊繆羅與其徒八人已就招。詔沂中速往招捕餘黨。沂中捕斬其徒九十有六人。壬申，言者論：「五使所至，訟牒紛起。其間固有久負屈抑不得自伸，至於因緣嫌怨、虛誕不實者十蓋八九。望令有司具申朝廷，特置嚴憲。」從之。乙亥，天申節。韓世忠進生鹿，上不欲卻，諭輔臣曰：「將放之山林，以適物性。」丙子，知永州黃陞與其州官文武六人並罷。以湖南宣諭薛徽言劾其贓污不法也。金房鎮撫使王彥復金州。丁丑，左中奉大夫王聲英州編管。坐權知岳州受賄當絞也，仍以其獄示諸路州縣。戊寅，左宣教郎李長民守監察御史，左修職郎程克俊、右迪功郎監明州比較務歐陽興世、登仕郎鄒沉並特改京官。先是，四人俱得召對，上問輔臣曰：「長民性行比兄正民如何？」呂頤浩對：「二人皆淹博，文詞則長民優。」上曰：「陳襄薦司馬光等，朕得其稿以示從臣，而正民以爲光等皆不合時宜者，士大夫笑之。」徐俯言：「正民之父景淵，長者，持論平，乃不以元祐爲非。」上曰：「顧長民材行何如耳。元祐之人雖賢，其子孫亦不必偏用，餘人亦不可偏廢〔二〇〕，惟賢則用之。」又問況何如人，頤浩等對以浩之弟。上曰：「浩固賢矣，更當議況之賢否爾。」席益曰：「陛下不以正民之過而廢長民，雖已知浩之賢，而又問況之賢否，可謂至公矣。」上曰：「朕未嘗偏有好惡，況用人乎。」既而侍御史辛炳言：「況本非士類，編評無聞〔二一〕，玷辱名臣之後。望授降等差遣。」從之。己卯，湖南宣諭薛徽言上通判永州劉延年、祁陽令張登治狀。上問延年何如人，輔臣皆言不識。上曰：「古人求賢如不及，然人故未易知，雖聖人猶難之。大臣既不識，何由知其賢否。通判非如縣令之不可數易也。」乃召延年赴行在，登就任增秩。徽言又奏擅發錢米賑糴飢民，乞黜責。上釋其罪，因詔自今宣諭官合用錢物，並申朝廷，違者重置典憲。延年嘗權興國軍，巨寇李勝以迎奉神御爲名，將徒衆數千人拏舟入軍。延年禦之有方，勝屈伏而去，江西人至今稱之。辛巳，罷宣撫司便宜黜陟。初，張浚既受黜陟之命，事重者出敕行之。參知政事席益、簽書樞密院徐俯大不平，指以爲僭。及是浚還行在，而王似等代之，故有是旨。

六月甲申朔，徽州童子林國佐九歲能誦書。詔免解賜帛，自是遂爲故事。乙酉，詔以臨安獄多淹滯，命察官一員詣府監視遣決，事大者趣之。婺州進士張志行賜號沖素處士。志行，東陽人，以學行爲鄉里所推。大觀中，數舉八行不就。浙東宣諭官朱異言於朝，故以命之。志行年幾七十矣。丙戌，復置六部架閣庫。自崇寧間，何執中爲吏部，始建議置吏部架閣官。其後諸曹皆置，凡成案，留部二年，然後畀而藏之。又八年，則委之金耀門文書庫，人以爲便。迄宣和再置再省。至是，都官員外郎蘇良治奏復之，遂命末廳郎官兼領。丁亥，同簽書樞密院事韓肖胄、工部尚書胡松年入辭。肖胄言：「今大臣各徇己見，致和戰未有定論。然和議乃權時之宜，今臣等已行，願毋先渝約。或半年不復命，必別有謀，宜速進兵，不可因臣等在彼而緩之也。」肖胄母文氏聞肖胄當行，爲言：「韓氏世爲社稷臣，汝當受命即行，勿以老母爲念。」上聞之，詔特封榮國太夫人以寵其節。文氏，彥博孫也。庚寅，上謂呂頤浩等曰：「爲法不可過有輕重，然後可以必行，而人不能犯。太重則法不行，太輕則不禁奸。朕常語徐俯，異時宮中有所禁切，令之曰：必行軍法。而犯者不止。朕深惟其理，但以常法處之，後更無犯者。乃知先王立法，貴在中制，所以決可行也。」壬辰，江南東西路宣諭劉太中言：「建昌軍教授李彌正、玉山縣丞張絢清修廉潔，文學過人。」詔並進官，赴行在。甲午，神武前軍統制王𤫉爲荆南府潭鼎澧岳鄂等州制置使。時鼎寇楊幺復犯公安、石首二縣，湖南安撫使折彦質數請濟師，乃命𤫉總舟師以行，凡湖南北兵並受𤫉節度。已而𤫉請招安金字牌。上曰：「近來盜賊踵起，蓋黄濳善等專務招安，而無弭盜之術。高官厚禄以待渠魁，是賞盜也。幺跳梁江湖，罪惡貫盈，故命討之，何招安爲。但令𤫉破賊後止戮渠魁數人，貸其餘可也。」辛丑，進士歐陽凱士特送洪州編管。凱士嘗上書論時事，前四日，上諭輔臣曰：「頃上書人間有狂妄者，朕多留中，不欲置罪。今凱士狂妄之甚，若不懲戒，且慮煽惑群聽，亦害政之一端也。可以其書付從官議罪來上，仍宣示臺諫議上。」故斥之。時方審量濫賞，而以左右司領之。吕頤浩當國時，有所縱舍，左司員外郎王岡輒持不可，曰：「管仲奪伯氏駢邑三百，飯疏食没齒無怨言，何謂也。法者，天下公共之法，大臣行法與衆棄之，尚誰怨。前日論甲黜三官，且至乙矣輒貸不問，今日復論丙如甲。公秉國鈞於天下具瞻之地，不平謂何，而怨始有所歸矣。」頤浩瞿然〔三〕。自吕頤浩、朱勝非並相，以軍用不足，創取江浙湖南諸路大軍月樁錢，以上供、經制、係省、封樁等窠名充其數。茶鹽錢蓋不得用，所樁不能給十之一二，故郡邑多横賦於民，大爲東南之患。今江浙月樁錢，蓋自紹興二年始。丙午，詔内外從臣各舉宗室一人以備器使。先是，知大宗正丞謝伋條上宗室五事曰：舉賢才以强本支，更法制以除煩苛，擇官師以專訓導，繼封爵以謹傳襲，修圖譜以辨親疏。時已用伋議，復置宗正少卿，因有是命，惟襲封不行。丁未，詔即駐蹕所在學置國子監，以學生隨駕者三十六人爲監生，置博士二員。江東宣撫使劉光世引兵發鎮江。時淮南宣撫使韓世忠屯登雲門，光世懼其扼己，改途趨白鷺店。世忠遣兵千餘襲其後，光世覺之，乃北〔二三〕。既是〔二四〕，光世奏世忠掠其甲士六十餘人，且言世忠身爲大將，當國家多事之時，正宜謹慎共濟大事，而乃不循法度，强奪戰兵，若非臣彈壓嚴切，必致兩軍相挺〔二五〕，上貽聖憂。樞密院言：「近兩軍申奏各互有招過官兵。」詔同都督孟庾體究發遣〔二六〕，如無實迹，行下逐司照會。上尋遣使和解，仍書賈復、寇恂事賜之。壬子，自陝西既陷，買馬路久不通。至是，知秦州、節制階文軍馬吴璘始以茶綵招致小蕃三十八族以馬來市，西馬復通蓋起於此。

秋七月甲寅朔，宣諭朱異言：「建州觀察推官林安宅清廉守正，嘗面折范汝爲。」詔循二資，令入對。丙辰，吕頤浩言：「行宫北門未成而役夫少〔二七〕，欲於忠鋭第八將范温麾下擇不堪出戰二百人助役，且令温自董之。」上問其故，席益曰：「役夫出入禁闥，非素所撫循〔二八〕，無以彈治。」上曰：「不可。四方聞之以爲使將帥舍甲兵而事營繕，非今日整兵經武之道也。」己未，置博學宏詞科。用工部侍郎李擢奏也。其法以制、詔、書、表、露布、檄、箴、銘、記、贊、頌、序十二件爲題，古今雜出六題，分三日試，命官除歸明、流外、進納及犯贓人外，願試者以所業每題二篇納禮部，下兩制考校，堪召試者每舉附省試院收試。上等改京官，除館職；中等減三年磨勘；下等減二年，並與堂除。奏補出身人以賜進士及第、出身、同出身爲三等之差，著爲令。詔太史局每月具天文、風雲、氣候、日月交食等事，實封報秘書省。初置提舉孳生牧馬監官，於饒州置司。時益市馬於廣西，故先擇牧地鄱陽，置官提舉。甲子，時大旱，上以爲民咨怨而傷和氣，諭大臣曰：「雨不濡土，當務修政事以感天意。和買未爲良法，重困吾民，其令監司覈實，勿爲文具也。」丙寅，詔鄉貢進士石公儒〔二九〕、李郁並令赴都堂審察。公儒，臨海人，長於春秋傳，不事科舉。郁，光澤人，父深，元祐黨人，母，陳瓘女兄弟也。郁早從楊時學，時以其子妻之。宣諭朱異言其賢，故召。丁卯，詔録用六朝勳臣自曹彬至藍元振三百二十人子孫。其後得趙普、趙安仁、范質、錢若水諸孫，皆官之。己巳，詔以久旱，令兩浙憲臣行所部慮囚。左司諫唐煇乞令憲臣所至親自引問，庶使冤枉獲伸。從之。庚午，詔無職田選人及親民小使臣並月給茶湯錢十千。職田少者通計增給。先是，御筆增選人、小使臣俸，以養廉。輔臣進呈，上諭以：「今飲食衣帛之直，比宣和不啻三倍，衣食不給，而責以廉節難矣。雖變舊法，亦權一時之宜。」户部尚書黄叔敖言：「文武官料錢，各有格法，不可獨增選人、小使臣。乞令提刑司均州縣職田〔三〇〕，於一路通融應付，無職田及職田少者增支。」從之。癸酉，宰相吕頤浩、參知政事席益、簽書樞密院事徐俯以旱乞罷政。上親答曰：「與其去位，曷若同寅協恭，交修不逮，思所以克厭天心者。」〔三二〕頤浩等乃復視事。乙亥，朱勝非起復舊官，守尚書右僕射、同中書門下平章事兼知樞密院事。丙子，詔諸路監司分按州縣，親録囚徒，以察冤滯。以久旱，用工部員外郎朱締奏也。泉州洪水溢壞城郭，墊廬舍，凡三日乃平。己卯，進呈左司諫谷燁奏：「講筵所祗應人以經進書推恩，内門下後省私名慕允中换進義副尉，仍與不作非泛補授，乞追改施行，遵守朝廷約束。」上曰：「此講筵所奏，御寶批也。既有例，當依例施行。」席益曰：「此事固有前比，當如聖旨施行。然副尉而煩諫官論執，乞陛下從所奏。」上頷之。徐俯曰：「既有例，當如何？」上曰：「然凡朝廷所行事，既有法有例而行之，因言者論列而改，則是朝廷所行果非也，且此小事，非關大體。」吕頤浩、席益又固請從燁之説。上可之。庚辰，輔臣奏事，吕頤浩言雨足。上曰：「日者亢旱，朕甚憂之，以爲穡事無望矣。今霑足如此，殆將有秋。春秋二百四十二年，書大有年者纔一，書有年者再而已，以此知豐登之難得也。」先是，自六月丙午不雨，上命議獄、省刑，弛力役，進素膳，及是雨乃足。翌日，上始御玉食焉。

八月丙戌，初，忠鋭第八將徐文叛降僞齊，劉豫大喜，命以海艦二十益其軍，令犯通、泰州。辛卯，詔諸路州軍，自去年以後奏案未得斷敕者，具月日申報取斷。先是，禮部尚書洪擬入對〔三〕，論諸路獄案凝滯。上諭輔臣曰：「奏案遺決濡滯，刑獄禁繫者多，何以召和氣。」呂頤浩曰：「奏案法有日限。」上曰：「但不舉行耳，可常催趣，務在刑清，庶革久弊。」乃有是旨。甲午，上謂大臣曰：「元祐黨人固皆賢，然其中亦有不賢者乎？」呂頤浩等曰：「豈能皆賢。」徐俯曰：「若真元祐黨人，豈有不賢。但蔡京輩凡己之所惡，欲終身廢之者，必名之元祐之黨，是以其中不免有小人。」庚子，詔都轉運使移司撫州。甲辰，手詔曰：「比者雨暘弗時，幾壞苗稼。朕方寅畏怵惕之中，又復地震，蘇、湖益甚，朕甚懼焉。蓋天之降災，其應必至，皆朕失德，不能奉順乾坤，叶序陰陽之故。咨爾在位，大小之臣，有能應變弭灾，輔朕不逮者，極言無隱。」時已命諸路憲司起發州郡所負積年禁軍闕額錢，是日，上諭輔臣恐不便於民，速令除放。詔自建炎已來皆蠲之。御史臺主簿陳祖禮言：「按臺令有三院御史分詣三省檢點之文，六察官輪詣六曹按察之制，望申行之。」詔自下半年爲始。提舉廣南市舶姚焯請得具便民或邊防五事，如守臣例。許之。自是監司皆得條上。乙巳，詔復置史館，以從官兼修撰，餘官皆直館、檢討，若著作佐郎有闕，依元豐例，差郎官兼領。戊申，罷江淮等路轉運司。是月，韓肖冑等始至雲中，見宗維議事。

九月癸丑，尚書左僕射吕頤浩引疾求去。時天象示變，臺諫交章論頤浩之罪，上始厭之。秘書少監孫近請命前宰執供具建炎四年二月以前時政記〔三三〕，仍令修注官補建炎以來起居注，命百司各以朝廷所施行事報進奏院。從之。丙辰，朱勝非言：「近聞泉州水灾，已下本州詰問。」上謂大臣曰：「國朝以來，四方水旱，無不上聞，故修省、蠲貸之令隨之。近日蘇、湖地震，泉州大水，匿不以聞〔三四〕，何也？」既而泉州奏其事〔三五〕，乃詔民之被害者除其稅，其當濟給及營繕者以度牒二百賜之。

臣留正等曰：書曰：「明四目，達四聰。」蓋言人君之視聽，貴於無壅也。管子曰：「堂上長於百里，堂下遠於千里。」蓋言人主之視聽，易於隔絕也。今欲去隔絕之患，而使之無壅，其唯言路乎。四方雖遠，有水旱灾異，使之上聞，雖不出户庭，而周知天下之疾苦，其視聽廣矣。能乎是，則天下之事無不聞矣。蓋人情喜聞其美，而惡言其非所樂聞之事。今也，水旱灾異而使得以上聞，則凡可以達一人之聽者，果何憚而不言乎。奸佞之肆欺，盜賊之竊發，若是之類，使其無之則已，有則必以實告，得其實而預圖之，天下無難事矣。其爲益豈小補哉。噫！此祖宗之深意，而太上皇帝所以責監司、守臣也。

權刑部侍郎章誼言：「朝廷比修紹興敕令，去取之間，不無舛錯。望詔監司、郡守與夫承用官司，參考祖宗舊典，各摭新書之闕遺，條具以聞，然後命官删去訛謬。」從之。戊午，尚書左僕射、同中書門下平章事呂頤浩罷爲提舉臨安府洞霄宮。頤浩再相凡二年，侍御史辛炳劾其不恭不忠，敗壞法度。及頤浩引疾求去，殿中侍御史常同因論其十罪。詔諸路水旱等事令監司、郡守即時聞奏，如敢隱默，當置典憲。己未，手詔以絹計贓者，三千爲一匹。舊法，千三百爲一匹。建炎初，增爲二千。至是，言者欲舉祖宗之制，杖脊贓吏於廟堂，上以絹直高，故有是旨。都省言：「近降金銀錢帛和糴米一百萬斛，務欲利國便民。聞前時和糴，郡縣多將糴米留不即支及阻節減尅〔三六〕，民户實得無幾，致所糴數少。今宜革去前弊。」詔有違戾者，當職官吏並徒二年。庚申，夜，朝天門外火，燔民居甚衆。辛酉，川陝宣撫司統領官吴勝敗僞齊兵於黄堆寨。壬戌，吕祉知建康府。建康自南渡後，率以前執政或侍從官爲帥。至是，特有此授。祉既至，對於内殿，首論：「治道之要，先自治而後治人，兵家之法，先爲不可勝以待敵之可勝。」因條十事：一形勢，二軍政，三守將，四屯田，五通貨，六省費，七謹賞，八民兵，九斥堠，十間諜。上嘉納之。癸亥，起居郎曾統言：「記注之官，職司言動，國朝尤重其選，多以諫臣爲之，聽直前奏事，所以廣聰明也。元豐官制，始正起居郎、舍人之名，不復並任諫列，然有史事亦許直前。頃者，權臣用事，言路浸壅。居是官者，既無言責，率以出位爲嫌。陛下雖有好問之誠，人臣雖有輸忠之意，而舊制日隳，莫之或舉，誠爲可惜。」乃命依元豐舊制。

皇后母福國夫人熊氏以邢焕薨故〔三七〕，乞賜皆踰常制。上諭輔臣曰：「祖宗待戚里皆有常憲，朕不敢逾，豈曰后族故私之邪。」後復以皇后受册乞恩。上曰：「朕於外戚不敢有所私也。況待遇后家，又不敢與宣和家等，今請雖不已，視其援母后爲比者亦勿聽。」丙寅，江南西路安撫大使趙鼎爲安撫制置大使兼知洪州。河南布衣朱敦儒特補右迪功郎，敦遣赴行在。以宣諭官明橐言其深達治體，有經世之才，參政席益、直諫院陳與義交稱其賢，故有是命。庚午，上謂輔臣曰〔三八〕：「日來稍撥忠鋭軍隸大將，而江上防守諸將部分悉定，顧今歲防秋比日前爲略具矣。」朱勝非曰：「今歲防秋，誠非前此可及。」上曰：「今有兵僅三十萬，當更精擇，止得勝兵二十萬，器械悉備，訓而用之，可以復中原，威夷狄，豈獨扞防險阻哉。」殿中侍御史常同言：「朝廷設官有當廢而置，當存而罷者。自渡江以來，不除寺監之官，豈非欲減冗員省浮費。然在外諸司屬官，浸增舊員。以江、湖、荆、浙、閩、廣九路約計，無慮百餘員。事之倒置如此。今添差一路分都監之類，月俸數百緡，輟一員之費已可養十寺監丞。況一郡之官有踰百員，而在庭之臣反不及此數，非所以尊王室。臣愚以爲當裁減諸路屬官之數，復除寺監丞官。一則可以分掌郎曹繁劇之務。二則可以養試人才，以觀其功能，而於此選除郎官、監司。三則資淺而可用者，不至僥倖而躐遷。其爲利便灼然明甚。」是日進呈。上曰：「郎官高選，前此多歷寺監丞乃得之。自渡江以來，省併官曹，序進人材，徑至郎官非是。其議復置如同言。」壬申，自軍興以來，機速事皆以白劄子徑下有司，既報行，然後赴給、舍書押降敕，其後擬官、斷獄皆然，兩省之職殆廢。至是，中書舍人孫近言：「國家倣唐舊制，分建三省，凡政令之失中、刑賞之非當，其在中書，則舍人得以封還，其在門下，則給事得以論駁。蓋先其未行而救正其失，則號令無反汗之嫌，政事無過舉之迹。今給、舍但書押已行之事，雖欲論執，而成命已行，非設官本意。望申嚴舊制，應非軍期急速不可待者，並先書讀而後行。」詔：「自今非急速不可待時者，並報應給、舍書讀。如無封駁，令晝時行下。」大理少卿張礿言：「親民之官莫如縣令，比來縣令不職，奸贓日聞，豈特爲令者之罪。蓋在於舉之不審，用之不當，任之不久，遇之不厚。臣欲乞每歲監司聚議，舉縣令治狀尤異者一人，保明列奏，乞行誅賞。庶幾人自奮勵，化爲循良。吏部注授縣令，並用合格之人，不得注初補官子弟及文學衰懦之士。」是日進呈，上曰：「縣令尤爲近民，須一任有舉主及格者乃得爲之。比來一切之制行，或初官便得爲令，已釐正矣，當謹守之。」乃命以礿所言送吏部，後多施行。甲戌，江南宣諭劉大中言：「知寧國縣李椿年練習民事，稽稅有條，湯鵬舉悉心撫字，人服恩信。」詔並進一官，俟任滿赴行在。乙亥，江東宣撫使劉光世爲江東淮西宣撫使，置司池州。淮南東路宣撫使韓世忠爲建康鎮江府淮南東路宣撫使，置司鎮江府。神武前軍統制王𤫊爲荆南府岳鄂潭鼎澧黄州漢陽軍制置使，置司鄂州。神武副軍都統制岳飛爲江南西路舒蘄州制置使，置司江州。侍衛親軍步軍都指揮使郭仲荀知明州兼沿海制置使。神武中軍統制楊沂中兼權殿前司公事。仍詔仲荀以紹興府、温台明州爲地分。始，諸將雖擁重兵而無分定路分，故無所任責。朱勝非再相，始議分遣諸帥各據要會，某帥當某路，一定不復易。

冬十月癸未，起復尚書右僕射朱勝非等上吏部七司敕令格式一百八十八卷〔三九〕。自渡江以來，官司文籍散佚〔四〇〕。議者以爲銓法最爲急務，會廣東轉運司以所録元豐、元祐吏部法來上，乃命洪擬等以省記舊法及續降指揮詳定，至是成書。丁亥，詔撫州進士鄧名世、左承事郎李公懋、左從政郎徐嘉並召赴行在。以宣諭官劉大中薦也。戊子，浙西提點刑獄公事張宗臣罷。宗臣初除大理卿，坐贓去，會婺州以賣鹽不法事被劾，宗臣欲逮平民數十人，府官就白，宗臣大怒曰：「此事左相專遣人封來，知之否？」簽書鎮東節度判官廳公事張九成曰：「九成但知有聖旨，不知有宰相。主上屢下恤刑之詔，惟恐無辜被繫。公身爲部使者，不能上體聖意，而觀望宰相耶！」聞者莫不快意，宗臣大慚，九成因投檄去。殿中侍御史常同奏宗臣夙負，且言其朋附權貴，居五客之一，故罷。庚寅，大理少卿元衮言：「四方之獄，雖非大辟，情法不相當者皆得奏請裁決。今奏案來上，大率皆引用情重法輕之制，而所謂情輕法重者鮮矣，豈人之犯法而無情輕者乎。欲望申敕，凡遇麗於法而情實可矜者，俾遵守成憲，請讞以聞。」詔申嚴行下。甲午，大理國請入貢且賣馬。上諭大臣曰：「令賣馬可也，進奉可勿許，安可利其虛名而勞民乎。第令帥臣、邊將償其馬直當價，則馬當繼至，庶可增諸將騎兵，不爲無益也。」尚書吏部員外郎劉大中宣諭江南路還，入見，以舉刺官吏、申明利害、平反獄訟、科撥財賦爲八冊來上。大中出使僅一歲，所按吏二十人，薦士十六人，所薦士後多知名。乙未，提點浙東刑獄周綱言：「新法弓手皆不逞之徒，乞廢武尉一司，將見役人隸於文尉。」事下户部，如所請。丁酉，禮部員外郎兼祕書省著作佐郎舒清國言：「自有狄難(四二)，盜賊間起，人民離散，户口減少，而守令或不究心撫存凋瘵。謂宜以户口增否立守令考課之法，而優其賞格，庶幾守令惠愛及民。」從之。戊戌，手詔略曰：「士大夫趨向尚多趨附征利，蓋奔競之不息，則朋比之勢漸成。可令臺諫伺察其微，即行糾劾。」舒清國試起居郎，仍詔以見闕官日下供職。自是職事官除拜不俟給舍書讀，率得堂帖即視事。己亥，僞齊陷鄧州。癸卯，詔福建憲、漕置司去處並依舊制。李横棄襄陽奔荆南，知隨州李道亦棄城去。趙鼎遣糧舟至，横遂以所部如洪州。甲辰，荆潭制置使王瓔率水軍至鼎口與賊遇，接戰不利，瓔爲流矢及木老鴉所中，遂趨鼎州。僞齊陷郢州，守將李簡棄城去。

丁未，手詔曰：「邇來注擬榜闕之際，姦弊百出，貨賂公行，寒士困苦，安得如毛玠清公，使天下之士莫不廉潔自厲，三省可行措置，柏臺嚴加糾察。」初，上以吏部注擬多弊，手詔戒飭，略曰：「安得如皇甫鎛之流，鈐制吏姦，除其弊源。」既而上以鎛迎合貢羨，恐臣下有疑，翌日，御筆改用毛玠事，且諭朱勝非曰：「他時詔語未當，三省便可進呈改定。」徐俯曰：「此所以見盛德。」戊申，詔今後省試並就行在。自諸路置類省試，行之纔二舉，議者以爲奸弊百端。且言：「本朝省試，必於六曹尚書、翰林學士中擇知舉，諸行侍郎、給事中擇同知舉，卿、監爲參詳官，館職、學官爲點檢官，又以御史監視，故能至公至當，厭服士心。」詔檢累降指揮申嚴行下，於是遂罷諸路類試。庚戌，復置宗正少卿一員，太府司農寺〔四二〕、軍器將作監，各復置丞一員。太府寺、大理左斷刑、右治獄各復增丞一員。始用常同請也。辛亥，詔添差官州十縣已上勿過十員，三縣已上五員，已下二員，縣萬户已上三員，已下二員，仍並以二年爲任。

十有一月丙辰，執政進呈修運河畫一。朱勝非曰：「修河似非急務，而饋餉艱難，故不得已。但時方盛寒，役者良苦，居民遷避，皆非所便，恐議者或以爲言。」上曰：「禹卑宮室而盡力乎溝洫，浮言何恤焉。」廣西經略司走馬承受俞似爲諸司所劾罷。自是走馬承受遂不復除。丁巳，開封府布衣李漢英上書，言：「國家之弊，在用柔太過，故虜得逞。」〔四三〕上曰：「光武治天下以柔，漢室復興。漢英所言狂易，朕不以爲忤，聞罷可也。」庚申，禮部員外郎虞澐請銓試初出官人〔四四〕，以經義、詩賦、時義、斷案、律義爲五場，就試人十分取七，榜首循一資。從之。癸亥，詔：「諸路上供錢物，令户部歲終舉劾稽違侵隱去處，申朝廷取旨責罰。」御前忠鋭第一將崔增、統制吴全與湖寇遇於陽武口，死之。甲子，樞密院言韓肖胄、胡松年使還。上即位，遣人入虜〔四五〕，六七年未嘗報聘。至是，宗維始遣李永壽、王翊等九人與肖胄偕來。乙丑，殿中侍御史常同言：「皇城司以鄆王提領而不隸臺察，閤門、客省、四方館以内侍鄧文説提領而不隸臺察，祕書省以新置而不隸臺察。若謂近要之司不當察，則三省、樞密院尚有分察之法，豈有官司在六部之下，而不隸臺察之理。」時閤門、皇城司皆援靖康詔旨，依祖宗法隸屬。中書省同復奏御史臺格，乃詔並隸臺察。同又言：「六曹尚書、侍郎拘執繩墨，願少假以權，使隨事裁決。」上曰：「國朝以法令御百執事，故凡有司以奉法爲能，而不敢以私意更令，祖宗成憲，朕不敢改也。」

臣留正等曰：任人固愈於任法，而自秦、漢以來，鮮不爲法之用，何哉？公道不行，私意交勝，人不足任，而法爲可守爾。況乎一代之興，必有一代之法，而所謂一代之法者，本非成於一代，其所循持亦遠矣〔四六〕。特因時之宜而少爲損益爾，遵之可以致治，違之則至於亂，蓋已有明效大驗於前世，庸可率意而輕之歟。常同之請，知任人任法之説，而未察公道私意於時世也。尚書、侍郎，雖未必皆徇私之人，要其所御皆宿姦巨猾，法明如是，彼猶舞而用之，法意一縱，則將何所不至哉。臣謂今日弊正在於不知謹守祖宗之法，而上下因循廢弛。儻每事一以祖宗之法御之，何患於不治。太上皇帝謂祖宗成憲，朕之家法，不敢改也。是宜保之〔四七〕，以爲致治之龜鑑。

詔沿淮諸寨鄉兵，毋得輒擅侵擾齊國界分。庚午，臨安府火。壬申，御筆：「皇城司係專一掌管禁庭出入，祖宗法，不隸臺察，已降指揮更不施行。」先是，常同援臺格奏陳，而幹辦皇城司馮益等復言：「本司自祖宗至今，並無隸臺察指揮。」輔臣進呈，上曰：「政使皇城司隸臺察，何所憚。顧祖宗法不可易，今如易之，後將輕言變祖宗成憲者衆，故不可不慎也。」癸酉，詔：「行在民居失火，延燒官屋數多者，取旨依軍法。」甲戌，廣南宣諭明槖奏廣西提點刑獄董弁等十二人治行。詔並進官一等，俟滿秩赴行在。乙亥，詔復司馬光十科舉士之制，令文武侍從官歲各舉三人。用宰相朱勝非請也。丁丑，詔宣諭官所劾贓吏罪至死者，令刑寺責出情理巨蠹之人三兩名〔四八〕，令所在留禁俟旨。時議舉祖宗杖黥之制，故有是命。初令賓、横、宜、觀四州守臣專管買發戰馬，如邕州例。以提舉廣西買馬李預言「逐州並係接連外界，可以招誘」故也。己卯，蠲南劍州所負民間獻納錢十六萬緡。葉濃之亂，諸司悉取爲軍費，至是，户部責償，而侍御史辛炳言：「本州累經殘破，今再取於民，其爲數百萬户之害，豈特十六萬緡而已。」乃寢其命。庚辰，詔：「諸州大辟應奏者，從提刑司具因依繳奏。」申舊制也。

十有二月壬午，玉山縣丞張絢除正字。用劉大中薦也。初，監察御史劉大中自江南還，言：「虔、饒兩監二年所鑄新錢纔二十萬緡，而用本錢十二萬緡，吏卒之費又二十三萬緡，得不償費。望減併官吏。」癸未，從之。乙酉，臨安火，後二日又火，燔民居甚衆。宰相朱勝非引咎乞罷政，不許。己丑，詔四川諸州犯私茶鹽人並不用赦蔭原免。自是天下茶鹽皆用重法矣。壬辰，詔：「諸路監司令三省選擇差除，自今臣僚差遣並不得自具闕乞差。」時御史建言：「祖宗朝除用監司，必擇累任知州、通曉政事、實有政績或久任省府推判、練達老成之人，故使按察吏治，發擿姦伏，薦舉人材，撫存百姓，無有不宜。若有本路利害，就委措置，無有不當。近年任用太易，以一路耳目之寄，付新進望輕之人，欲使政事修舉，姦宄消伏難矣〔四九〕。望令中書慎簡聰明公正之人，參之衆論，書之於籍，以待有闕按籍除授。」疏入，上諭輔臣曰：「今奔競之風未息，每有一闕，必至干乞。宜明戒諭，毋得具闕乞差，庶修士檢。」然循習已久，終不能革也。癸巳，詔修蓋殿宇，迎奉祖宗神御赴行在。乙未，詔初磨勘改官人許注外路教官，著爲令。宰執進呈差沈昭遠催軍糧事。上曰：「差官數有言者，蓋常賦自有轉運司官，苟不職，自當別選能吏，豈可每每差官催督乎。至於因事差官出外，自祖宗時有之，亦不得俱廢也。」甲辰，詔南班宗室新第，仍舊以睦親宅爲名。丙午，虜使李永壽〔五〇〕、王翊至行在。

是歲，宗弼引兵攻和尚原拔之。海寇黎盛犯潮州，焚民居。盛登開元寺塔，望吴氏故居，問曰：「是非蘇内翰藏圖書處否？」麾兵救之，民賴免者甚衆。王寵既陷僞齊，劉豫令赴京擢用，終不受僞命而去。

校證

〔一〕知軍事　原作「知軍士」，再造本、文海本同，據中興聖政卷一三、繫年要録卷六二作「事」。

〔二〕使　原作「所」，再造本、文海本同，據中興聖政卷一三、繫年要録卷六三、黄震黄氏日抄卷七讀春秋校改。

〔三〕魯桓公　繫年要録卷六三、熊克中興小紀卷一四、王應麟玉海卷四〇藝文同，再造本、文海本、中興聖政卷一三作「魯威公」。

〔四〕虜　原作「敵」，據再造本、文海本回改。

〔五〕虜　原作「其」，據再造本、文海本回改。

〔六〕虜　此「虜」與下文三「虜」字，原均作「敵」，據再造本、文海本回改。

〔七〕洋川　再造本、文海本、中興聖政卷一三、繫年要録卷六三均同，然劉時舉續宋編年資治通鑑卷八、章如愚群書考索别集卷二五邊防則作「洋州」，洋州又稱「洋川郡」，故二者不異。

〔八〕撒離曷　原作「薩里罕」，據再造本、文海本回改。本卷下文「撒離曷」同此。

〔九〕郭仲　李校加「荀」字，謂：原脱「荀」字，據（繫年）要録卷六十三補。汪按：再造本、文海本、中興聖政卷一三、徐夢莘三朝北盟會編卷一五五均無「荀」字。郭仲荀位不在吴玠下，且此時不在西部，不可能參加此次戰役，李校不當，今不從。

〔一〇〕遁　再造本、文海本、繫年要録卷六三均同，惟中興聖政卷一三作「避」。

〔一一〕虜　原作「金」，據再造本、文海本回改。

〔一二〕虜　此「虜」與下文二「虜」字，原均作「敵」，據再造本、文海本回改。

〔一三〕貸本錢　原作「貨本錢」，再造本、文海本同，據中興聖政卷一三、繫年要録卷六三校改。

〔一四〕李横　原作「李槿」，文海本字不清，據再造本、中興聖政卷一三、繫年要録卷六三校改。

〔一五〕未真　再造本、文海本作「未員」，中興聖政卷一三、繫年要録卷六三作「未圓」。

〔一六〕虜　原作「敵」，據再造本、文海本回改。

〔一七〕諭　李校：原作「論」，據（繫年）要録卷六十四改。汪按：文海本亦誤作「論」，中興聖政卷一三闕頁，再造本作「諭」，應爲首據。熊克中興小紀卷一四作「上諭宰執」，可爲佐證。

〔一八〕惟謹監司　再造本、文海本同，繫年要録卷六四、中興小紀作「惟謹擇監司」，差强。

〔一九〕百八十　「百」字原脱，再造本、文海本、中興聖政卷一三同，據繫年要録卷六五、宋史卷三七二辛炳傳補。

〔二〇〕偏用……偏廢……　中興聖政卷一三、繫年要録卷六五同，再造本字不清，文海本作「偏廢……遍用……」，中興小紀卷一四作「遍廢……遍用……」。

〔二一〕編評　文海本同，再造本字難辨，中興聖政卷一三、繫年要録卷六五作「鄉評」。似作「鄉評」是。

〔二二〕瞿　再造本、文海本同，中興聖政卷一四、繫年要録卷六六作「瞿」，「瞿」、「瞿」義近。

〔二三〕乃北　文海本同，再造本、中興聖政卷一四、繫年要録卷六六作「乃止」。

〔二四〕既是　再造本、文海本同，中興聖政卷一四、繫年要録卷六六作「既而」。

〔二五〕相挺　繫年要録卷六六同，再造本、文海本、中興聖政卷一四作「相挻」，似作「相挺」稍佳。

〔二六〕發遣　文海本同，再造本、中興聖政卷一四、繫年要録卷六六作「發還」。

〔二七〕行宫北門未成而役夫少　「行宫」，原作「役宫」，文海本同，據再造本、中興聖政卷一四、繫年要録卷六七校改。「役夫少」，原作「役又少」，文海本同，再造本字殘不辨，據上引中興聖政、繫年要録校改。

〔二八〕素所撫循　原作「措所撫循」，再造本、文海本同，不文，據上引中興聖政、繫年要録校改。

〔二九〕石公儒　宋元文獻中「石公儒」、「石公孺」互見，如文海本此作「石公儒」，下文即作「石公孺」，繫年要録卷六六作「石公儒」，卷七七卻作「石公孺」。然作「石公孺」較多，如宋史卷二〇二藝文志、林表民赤城集均作「石公孺」。

〔三〇〕均　原作「内」，文海本作「肉」，據再造本、中興聖政卷一四、繫年要録卷六七校改。

〔三一〕克厭　原作「克應」，再造本、文海本同，據中興聖政卷一四、繫年要録卷六七、宋史卷二七高宗紀校改。

〔三二〕洪擬　「擬」原作「凝」，據再造本、文海本、中興聖政卷一四、繫年要録卷六七校改。

〔三三〕供具　原作「恭具」，據再造本、文海本、中興聖政卷一四、繫年要録卷六八校改。

〔三四〕匿不以聞　文海本字模糊，再造本、中興聖政卷一四、繫年要録卷六八、中興小紀卷一五均作「輒不以聞」，宋史卷三六二呂頤浩傳作「輒不以奏」。似作「輒」是。

〔三五〕奏　原作「委」，文海本字模糊，據再造本、中興聖政卷一四、繫年要録卷六八校改。

〔三六〕糴米　再造本、中興聖政卷一四同，文海本字模糊，繫年要録卷六八作「糴本」，從文義看，似當作「糴本」。

〔三七〕邢焕　原作「刑焕」，再造本、文海本同，據中興聖政卷一四、繫年要録卷六八校改。

〔三八〕輔臣　原作「甫車臣」，據再造本、文海本、中興聖政卷一四、繫年要録卷六八校改。

〔三九〕一百八十八　原作「一百八十入」，據再造本、文海本、中興聖政卷一四、繫年要録卷六八校改。
〔四〇〕文籍　原作「文集」，再造本、文海本同，據中興聖政卷一四、繫年要録卷六八校改。
〔四一〕狄難　原作「邊難」，據再造本、文海本回改。
〔四二〕司農寺　原作「司農守」，再造本、文海本同，據中興聖政卷一四、繫年要録卷六九校改
〔四三〕虜　原作「敵」，據再造本、文海本回改。
〔四四〕澐　原闕，據文海本、中興聖政卷一四、國學叢書本繫年要録卷七〇補。
〔四五〕虜　原作「北」，據再造本、文海本回改。
〔四六〕循持　再造本闕文，文海本、中興聖政卷一四、繫年要録卷七〇注引中興聖政均作「循治」。
〔四七〕保之　文海本同，再造本闕文，中興聖政卷一四、繫年要録卷七〇注引中興聖政均作「寶之」。
〔四八〕責出　文海本同，再造本闕文，中興聖政卷一四、繫年要録卷七〇作「摘出」。
〔四九〕姦宄　李校：原作「姦究」，據文意改。汪按：再造本闕文，文海本作「姦究」，中興聖政卷一四、繫年要録卷七一作「姦宄」，可依後二書校改。
〔五〇〕虜　原作「敵」，據文海本回改。